建築空間計画

積田洋
福井通
赤木徹也
金子友美
鈴木弘樹
山家京子
著

彰国社

デザイン・宇那木孝俊（宇那木デザイン室）

執筆分担（50音順）
    赤木 徹也   2.1（集合住宅）、2.2、2.7、2.8（福祉）、2.10
    金子 友美   1.4、1.11、2.9
    鈴木 弘樹   1.2、1.3、1.10、2.1（独立住宅）、2.6、2.8（医療）、2.10
    積田 洋   1.7、1.8、2.0、2.3
    福井 通   1.1、1.6、1.12、2.5
    山家 京子   1.5、1.9、2.4

執筆協力
    中山茂樹、花里真道
図版協力
    貝塚登美雄、鎌田光明、須賀睦、中山佳彦、羅靖

デザイン・宇那木孝俊（宇那木デザイン室）

まえがき

建築計画は、人間の行動・行為の有り様の中から普遍的かつ社会や時代の要請・背景を通して、人々の共通したコンセンサスが得られた事象を我々計画者や設計者など専門家が都市や建築において空間として再構築し、具体的な形として、具現化するための基礎的な知見といえよう。

建築計画については50年以上の歴史の中で培われた研究成果が特に平面計画として示されている。現代においてもこの中で不変的な計画の基本というべき知見が多数ある。こうした知見を理解して次世代を担う新たな発展的デザインを創出していくことになる。しかしながら現代の建築や都市においては、従前の平面計画的な視点のみならず、様々な空間の雰囲気を持った3次元の空間としてそこに生活する主体となる人間、すなわち機能的な利便性のみならず、居心地の良さや快適性、さらに魅力や美しさやといった意識や心理的な評価が重要である。本書は一つに「空間の魅力」をキーワードとして、500点以上にもおよぶ魅力的な建築や都市空間をカラー写真で掲載して紹介している。

これが本書の最大の特徴であり、書名を「建築計画」とはせずに「建築空間計画」とした所以である。

建築空間計画を学ぶに当たり大切なことは、先人達が残した魅力ある建築や都市空間を知り体験することである。本書で紹介した作品を手掛りとして実際の空間を多数体験して、建築や都市空間の計画を理解していただきたい。

本書は、建築を学ぶ学生のための教科書として用いられることを念頭に置き編集している。そのため通年での講義回数に合わせて第1部、第2部とも章の数を決めている。第1部は本書の特徴といえる空間論的な視点から「空間をどう捉えるか」と題して12の項目について、各々見開きで解説した。

第2部は「施設を計画・設計する」と題して、各ビルディングタイプの計画の要点を計画から実際の設計に至るプロセスに対応して解説している。各項目のタイトルを動詞形としたのもその点を考慮したものである。なお各施設計画の解説の前に、施設計画に共通した項目である敷地、法規制、階段、便所などについて纏めて解説している。多くの事例を掲載することで、計画に基づく様々な設計事例を理解できる。計画の基本的な概念は変わらないものの、設計段階では敷地や周辺環境、法規制など建設にかかわる様々な条件をクリアして、建築・都市空間として存在する。生き生きとした空間の魅力を醸し出していくための知見を学んでいただきたい。

最後に本書の企画当初から、特に住宅について安原治機先生には多くのご意見・ご協力をいただいた。ここに記して感謝の意を表します。また、本書で紹介した知見や図版は多くの研究者により得られた貴重な資料を引用・転載させていただいている。諸先輩ならびに貴重な写真を提供していただいた方々に厚くお礼申し上げる。

2012年8月

執筆者代表　積田　洋

目次

まえがき ··· 3

第I部　空間をどう捉えるか ······························· 7
  1.1　空間・機能 ······································ 8
  1.2　感覚・知覚 ····································· 10
  1.3　記憶・イメージ ································· 12
  1.4　寸法・比例 ····································· 14
  1.5　アクティビティ・動線 ··························· 16
  1.6　広場・中庭 ····································· 18
  1.7　アプローチ・シークエンス ······················· 20
  1.8　街路・景観 ····································· 22
  1.9　集落・都市 ····································· 24
  1.10　ランドスケープ・環境 ·························· 26
  1.11　保存・再生 ···································· 28
  1.12　図化・表現 ···································· 30

第 2 部　施設を計画・設計する	33
2.0　計画と設計	34
2.1　住居（独立住宅・集合住宅）	40
2.2　教育	58
2.3　文化（博物館・美術館、劇場・ホール、図書館）	66
2.4　コミュニティセンター	80
2.5　商業	88
2.6　業務	98
2.7　宿泊	108
2.8　医療・福祉	114
2.9　祝祭（教会堂、葬斎場、茶室）	122
2.10　複合	132
建物リスト	139
図版・写真出典	143

第I部 空間をどう捉えるか

1.1　空間・機能

■**空間力**　古来より、「空間には力がある」と解釈されてきた。アリストテレスの「場所論」を引用するまでもなく、数千年にわたる過去の建築・都市空間の事例を見れば、このことは自明である。現代では「アフォーダンス」が、人間のみならず生物にとって空間・環境は独自の力があることを証した(1〜5)。

■**空間論の二つの系譜**　空間の定義は「物体が存在しない場所。あいている所」である。空間論は大別すると古代より二つの系譜がある。一つは、「空間は何もない均質な広がり」という考え方（ピュタゴラス派）。もう一つは、「空間は均質ではなく多様な何かで満たされている」という考え方（アリストテレス）である。

この対立する二つの考え方は、近代初期にも引き継がれた。前者はニュートンの「連続的で均質な無限の広がり」という空間のイメージ、後者はライプニッツの「モナド」論に代表される。モナド（monado）は空間を満たす単子で、その内部は「内的差異を発生させる多様性をもつ」と考えられた。

今日では、この二つの空間のイメージは、「絶対空間」と「相対空間」として、アインシュタインの特殊相対性理論と一般相対性理論に対応し、二つは異なる空間ではなく、空間の二つの属性と理解されるようになった。

■**建築空間の二つの系譜**　建築空間も大別すると二つの系譜がある。一つは近代建築の合理主義に繋がる「均質空間」の系譜、もう一つは表現主義に繋がる「意味空間」の系譜である。

均質空間の系譜はユークリッド幾何学系で、空間内のあらゆる部分が等価な空間特質をもつ(6〜10)。意味空間の系譜は非ユークリッド幾何学系で、空間内は均質ではなく多様な空間特質をもつ(11〜15)。この二つの空間の質的差異は、理知的に左脳でつくる空間と、身体感覚的に右脳を発動させた空間の違いがある。

■**二つの系譜の関係性**　「均質空間」と「意味空間」という二つの異なる空間の系譜は、同時代の人々の共通の価値観・共同幻想の現れと見ることができる。同時代の人々が共有する空間図式＝空間の型のようなものと理解できる。「建築様式」はその典型である。

この二つの空間図式は時代により、「図」と「地」の関係が反転し歴史上に交互に姿を見せる。例えば、ルネサンスには「均質空間」の系譜が「図」となり「意味空間」の系譜は「地」として背後に退く。次のバロック・ロココの時代には「意味空間」の系譜が「図」となり「均質空間」の系譜は「地」となるように、交互に現れる。

近代では、時代の進展とともに再び「均質空間」の系譜が「図」として主流となり「意味空間」の系譜は「地」として背後に退いたが消滅したわけではない。

■**空間と機能**　「機能」とは「相互に関連し、全体を構成する各因子が有する固有な役割。物の働き」[注1]を指す。機能を重視した考え方に「機能主義」がある。建築のみならず、社会学や文化人類学などでも用いられる用語である。「形態は機能に従う（form follows function）」と主張するL.H.サリヴァンの言葉が、建築における機能主義の主張を要約するスローガンと見なされてきた。機能主義とは、「作品の美的形態は、その作品の実用的な機能によって規定される」[注2]とする考え方である。

この考え方は、先に述べた建築空間の二つの系譜のうちの一つ、合理主義的「均質空間」の系譜で特に支配的な思想となった。近代建築の巨匠の一人、ル・コルビュジエの「機械」のメタファや数々の作品、ミース・ファン・デル・ローエの思考と作品等、工業時代の進展とともに、近代建築の主流を占める思想となっていった。エンドレス空間としての「ユニバーサルスペース」の概念、後に様々なビルディングタイプに及ぶ「国際様式」なども、この「均質空間」の系譜といえる(16〜20)。

「機能」の概念はY＝f(x)のような関係性を示す用語であるゆえ、例えば心理的機能にまで拡張して解釈することも可能である。しかし、この合理主義的系譜での空間の機能は、物理的空間の使われ方と関連する実用的機能を指すと理解するほうが分かりやすい。

■**機能主義を超えて**　現代建築は、近代建築の機能主義を超えようと模索してきた。K.リンチの『都市のイメージ』[注3]、C.N.シュルツの『実存・空間・建築』[注4]、R.ヴェンチューリの『建築の多様性と対立性』[注5]等は、その嚆矢となる著作である。わが国でも1960年代の後半ころから重要な著作が刊行された。磯崎新の『建築の解体』[注6]、瀬尾文彰の『意味の環境論』[注7]、原広司の『空間〈機能から様相へ〉』[注8] など、いずれも機能主義を超えて空間の「意味」の問題に言及したところに、共通性がある。

これらの著作で示された思考は、空間論の二つの系譜で述べた「均質空間」から「意味空間」の系譜へと、図と地が反転する志向性をもつものであった。この志向性はその後の作品においても同様で、今日の現代建築にまで継続している。およそ1世紀を支配した近代建築後の現代建築の動向は、機能的な「均質空間」の系譜から、より身体感覚的な「意味空間」の系譜へとパラダイムシフトし、21世紀の幕開きとともに新たな空間認識・表現の段階に入ったと理解することができる(21〜24)。

注1：『広辞苑』岩波書店 1969、注2：『哲学・思想事典』岩波書店 1998、注3：岩波書店 1968、注4：鹿島出版会 1973、注5：鹿島出版会 1982、注6：美術出版社 1975、注7：彰国社 1981、注8：岩波書店 1987

1. ミナレット。天を志向する空間の原型　2. ポタラ宮。天空への階段　3. ステップウェル。地下空間の原型　4. クンダ。地下空間への階段　5. パンテオン。内部空間の原型　6. ミレトス（前5世紀）。均質空間の系譜　7. 平安京。同　8. ジャンタル・マンタル。天体観測器の一部　9. 輝く都市　10. バウハウス　11. マッサ族の住居群平面図。意味空間の系譜　12. リラ修道院教会の天井。同　13. ファティプール・シクリの中心柱　14. 聖ワシリイ大聖堂　15. サグラダファミリア教会　16. スカイスクレーパー・シティ。ヒルベルザイマー　17. ファンズワース邸　18. ユニバーサル・スペースの例。クラウンホールIIT　19. インターナショナル・スタイルの建築事例。デファンス　20. 同　都市の事例。ニューヨーク　21. 岡山西警察署。森のメタファをもつエントランス　22. 国立新美術館　23, 24. 東大門デザインパーク・プラザ

1.1　空間・機能

1.2 感覚・知覚

■**感覚・知覚を知る**　人間は、都市や建築空間で起こる様々な物理現象を感覚によって捉えている。環境や空間と人間の相互の関係によって、人間は行動をしたり、生活をしている(1〜7)。感覚は、外部の刺激を目や鼻、耳など人の受容器(8)で知ることを指し、近い用語として知覚がある。知覚は、刺激に対して経験や慣れなどが働き知覚として捉えられる。心的深度により感覚、知覚、認知（1.3章参照）と段階がある。しかし、それらは、厳密に区別することが難しい。

感覚を代表するものに、視覚、聴覚、触覚（皮膚感覚）、嗅覚、味覚がある。これらは、人間の五感と呼ばれている。その他として、平衡感覚、運動感覚、温度感覚などがあり、皮膚感覚は、触、熱、温、冷、痛に分けられる。人間は、それらを総合的に感じ、組み合わせることにより建築や都市の空間を感じ、自身の行動などを決定している。また、その現象としてパーソナルスペース、ヒューマンスケール、行動の習性などの現象が起こる(9,10)。「あの人は空間感覚が良い」という場合がある。この場合の「空間感覚」は「感性」に近く、外部の物理的刺激に対してこれまで体験した経験による評価能力、弁別能力の優れた人を指す。

■**空間と視覚を知る**　空間を捉える知覚の中で、視覚は最も情報量が多い点において重要な感覚である。視覚には四つの要素があり、視力、視野、光覚、色覚によって成り立っている。

視力は、物の見える度合いを示し、明るさ、対象物のコントラストなどにより左右される。視野は、眼球を固定して見える範囲を静視野といい、頭を固定して眼球を動かし見える範囲を動視野という(11)。

視野で良く見える範囲の視角は、約1〜3度である。視野の視軸の水平方向を基準にして上の方向の角度を仰角、下の角度を俯角という。自然な形で見る視線方向は水平ではなくやや下向きの俯角となる。その角度は立位では10度。座位など床面に近い姿勢では下向きの傾向が強くなり、正座では15度となる。

■**空間と距離および視認性を知る**　対象物は、その距離によって視認できる状況が異なってくる。また、対象物の素材や形状や大きさ、色彩などによっても異なる。対人に対しては、表情が分かる、男女の差が分かる、人として判断できる、などのおおよその距離がある(12)。建築のファサードやサイン計画などは形状や大きさ、バランス、色彩などに留意して計画することが望ましい。距離（奥行）の知覚は、両眼視差などにより知覚され、過去の経験や記憶と照合し奥行を判断する。

建物の見え方としては、素材のテクスチャーを考慮して計画する必要がある。また、建物の立体感が強調される手法として、光による陰影の強調がある。壁面に凹凸をつけたり、庇や屋根、ルーバーによって影をつけると立体感が増す(13,14)。

■**錯視を知る**　錯覚は大きさや長さ、形などが実際の状況と違った見え方をする視覚的現象である。様々な錯視図形が考案されているが、統一した原因を説明する理論は確立されていない。また、錯視は健全な精神状態で現れる正常な知覚現象である。また、視覚的矯正手法として、パルテノン神殿や神社の鳥居の反りがよく知られる事例である。また、広い室内の天井を水平につくった場合は垂れ下がって見えるため若干中央を上げると水平に見える(13,15〜18)。

■**空間の水平性と垂直性の特性を知る**　空間を感じる際、垂直線、水平線は空間知覚の基準となるため、それを崩す場合は慎重に意図をもって計画する必要がある。また、平面計画でも直角は場所の定位を認識しやすいが、鈍角や鋭角は場所の定位を失いやすい。閉鎖された空間では特に注意が必要であり、適宜外部空間を見せることが、人が自分の位置を知るためには効果的である。

■**色彩の知覚を知る**　物の色は、色相（色合い）、明度（明るさの度合い）、彩度（鮮やかさの度合い）によって成り立っている。それらは客観的に記号と番号で表され、1905年にマンセルがA Color Notation（色彩表記法）として発表したものを基礎として修正を加えたものが一般によく知られている(19)。

色彩の心理的効果などとしては、医療福祉施設では黄色や赤色など暖色系の暖かいイメージの色が、美術館などでは、背景色として白色や灰色などの無彩色が用いられることが多い。また、色は面積効果があり、同色でも面積が大きい場合は、明度・彩度を高く感じる。小さい色見本による判断は、そのことを考慮して数値を微調整する必要があり、照明の明るさや色温度など、計画している光環境を同じ条件で判断することが望ましい。色の機能的な側面として、手術室は血の色を識別しやすくするために、補色（補色関係の色を混色するとグレーになる）の緑系の色を使用したり、注意喚起の黄と黒の模様は、黄色は非常に目立つ色で進出色、黒が後退色で、縞模様にすることによりさらに視認性が良くなる。色覚障害者対応としての点字ブロックが黄色である理由も視認性が良いことによる(20)。しかし、点字ブロックと床材の明度差が少ない組合せは識別しにくいため、床材との色の組合せには配慮が必要である。非常灯の緑色は、プルキンエ現象により暗いところでも視認しやすい理由による(21)。ほかに視覚には、暗順応、明順応、色順応の現象がある。暗順応は、明るいところから暗いところに行くと最初は見えにくいが次第に目が慣れその環境に順応することをいい、その逆を明順応という。暗いほうに順応するほうが、時間がかかり、個人差はあるが完全に順応するには約30分を要する。

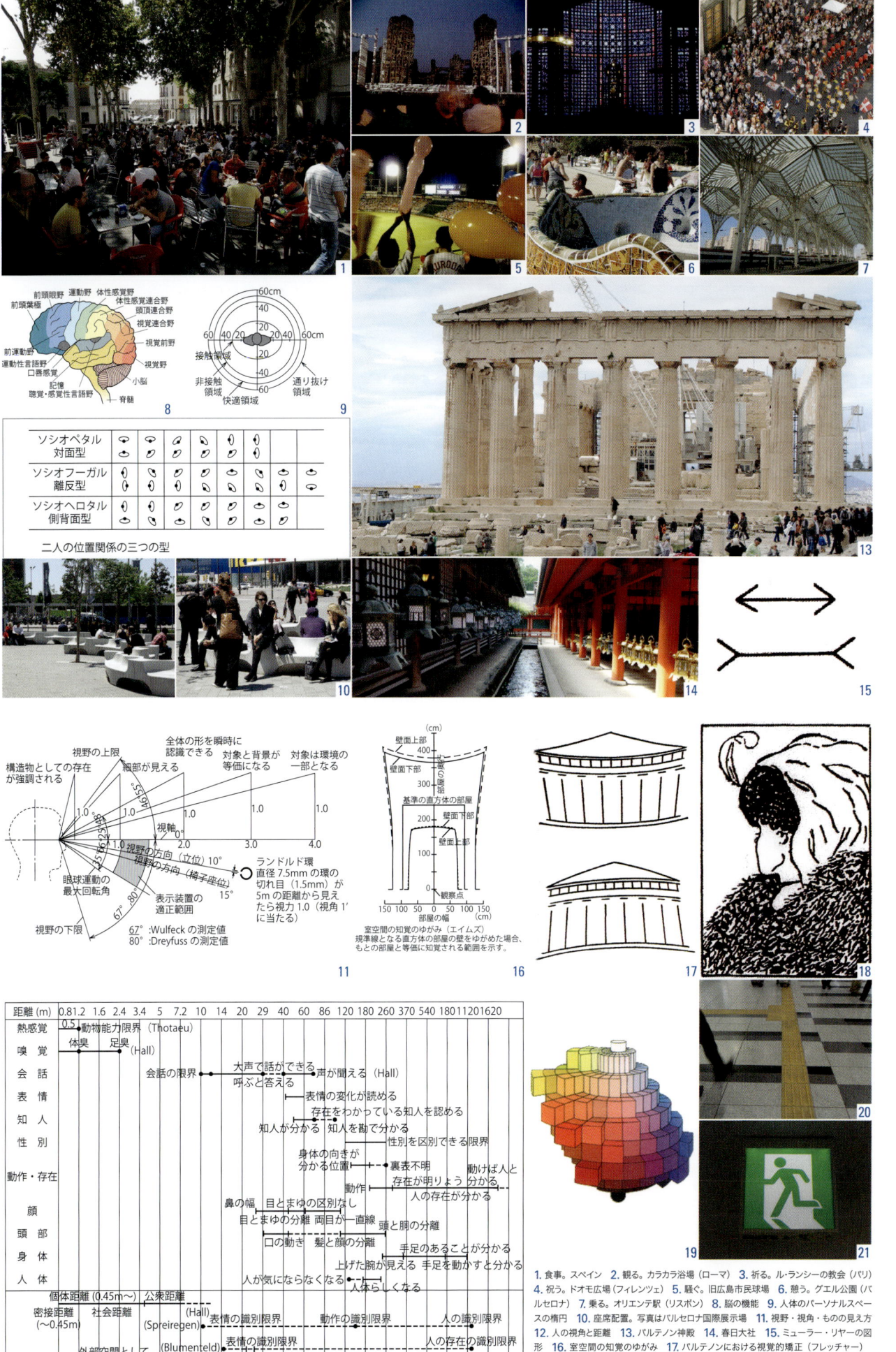

1. 食事。スペイン　2. 観る。カラカラ浴場（ローマ）　3. 祈る。ル・ランシーの教会（パリ）　4. 祝う。ドオモ広場（フィレンツェ）　5. 騒ぐ。旧広島市民球場　6. 憩う。グエル公園（バルセロナ）　7. 乗る。オリエンテ駅（リスボン）　8. 脳の機能　9. 人体のパーソナルスペースの楕円　10. 座席配置。写真はバルセロナ国際展示場　11. 視野・視角・ものの見え方　12. 人の視角と距離　13. パルテノン神殿　14. 春日大社　15. ミューラー・リヤーの図形　16. 室空間の知覚のゆがみ　17. パルテノンにおける視覚的矯正（フレッチャー）　18. 老母と若い婦人（ボーリング）　19. マンセル色立体　20. 点字ブロック　21. 非常灯

1.2 感覚・知覚

1.3　記憶・イメージ

■**記憶と空間を知る**　人間は、様々な体験を通し、その内容を心的に保持し、その後思い出す。その状態を「記憶」と呼び、人間の感情や行動などに大きく影響する。また、人間は、事象からの大量の情報を忘れ、その中からある特定したある意味性がある内容が記憶される。建築や都市の空間に焦点を移せば、建築や都市を計画・設計する者とって「記憶に残る空間」(1～10)を建築・都市をいかに意匠的に計画・設計するかは重要なことである。心的深度により感覚、知覚、認知と段階がある。認知心理学では「記憶」は、重要な用語として扱われている。人間の記憶の過程は、コンピューターのシステムと比較され、記銘→保持→想起の3段階に分けられ、広く用いられる理論である。

■**イメージと空間を知る**　イメージについては、記憶に大きく関わりがある。また、イメージには幾つかの側面があり、狭義から広義の意味をもつことがある。一般的に過去に知覚・経験された記憶を頼りに物事をイメージすることである。K.リンチの『都市のイメージ』では、「環境のイメージは観察者と環境との間に行われる相互作用の産物である。　中略　イメージは、各個人がつくり出して胸に抱いているものであるが、同じグループのメンバーの間では本質的に一致が存在するようである。たくさんの人々に使われるための環境を形づくろうと大望を抱いている都市計画家たちの興味を引くのは、たくさんの人々の間に一致がみられるこのグループイメージなのである。」と言い、「パブリックイメージ」の重要性を説いている。また、認知される都市空間の特質の中でLEGIBILITY（分かりやすさ）に着目し、空間の認知のされやすさをIMAGEABYITY（イメージアビリティ）と呼び、イメージを構成する重要な要素として、

　a．パス（Paths）
　b．エッジ（Edges）
　c．ディストリクト（Districts）
　d．ノード（Nodes）
　e．ランドマーク（Landmarks）

を挙げ、都市を考えるうえでの重要な指標となっている(11)。これらは、記憶に残った都市のイメージをイメージマップとインタビューにより明らかにしたものである。現在のイメージの調査方法としては、サインマップ、断面想起法などの、都市から建築の空間のイメージを調査する方法が存在する(12,13)。また、現代社会では、情報社会の中で虚構のイメージを形成し「・・・らしい」などと表現する場合がある。京都と言えば、桜や紅葉の中に神社仏閣があり、舞妓さんや町屋などをイメージする。実際は、市街地は現代建築が並び、車が行き交う東京と同じような風景も多く存在する。この場合イメージは、イメージするものと現実に相違があり、合理的、客観的評価というより、らしくない部分を排除した虚構の心的構造によるイメージが形成されたものと考えられる(14～19)。一方、イメージは、想像と同義として扱われる場合がある。知覚されないものを心に描き出すことで、芸術家などが言う「イメージが湧かない」はこの場合が多い。また、連想としても使われる(11)。

■**イメージと空間手法を知る**　人々が共通してイメージされることを利用し空間をつくる手法が幾つかある。それらは空間を創造するに当たり基本的な手法といえる。例えば、シンメトリー、バランスを取る、見立てなどである。以下に内容を示す。

1) シンメトリーのイメージ　シンメトリーには、左右対称、線対称、点対称などがある。人間の顔や月、花など自然界にそれに近いものはあるが、完全に対称形をもつものは存在しない。対称に近づけそれを強調することにより象徴性や威厳などのイメージを受けることを利用するものであり、建築や都市の空間には、多く存在する空間的手法である(16)。

2) バランスのイメージ　安定したバランスの実例として富士山やピラミッド、パルテノン神殿の破風の部分など三角形は安定したイメージをもつ。芸術の世界でもミケランジェロのピエタ像は、均整のとれたバランスをもち、美しさを演出する手法である。一方、異なる大きさや違った形を組み合わせ、バランスをとる手法がある。日本料理の膳や建築と言えば桂離宮の雁行配置、床の間などの手法である。特に日本人の感性では安定の中の破調を見いだす美のイメージがあるといわれている(1,20,21)。

3) 見立てとイメージ　人間が記憶した現象の型やイメージに合うように現実のものをなぞらえ、抽象化、記号化する手法である。例えば、星座のさそり座や銀閣寺の向月台、龍安寺の石庭は海に見立てたといわれている。見立ては、記憶されたイメージに裏打ちされた空間手法である(22～24)。

■**イメージの共通性と違いを知る**　空港や万博やオリンピックなど国際的な施設では、人種や性別、年齢に左右されず、学習や予備知識がなくても理解できるピクトグラム(25)を用いるのが一般的である。1936年O.ノイラートが発表した「国際絵ことば」でアイソタイプを提案し、ピクトグラムのきっかけとなり評価されている。一方、年齢や性別、立場や状況によって見えるものは違ってくる。年齢の違いの例として、子どものころ過ごした小学校の教室は、大人になっても大きく、机や椅子は身体的にはちょうどよくイメージされている。しかし、大人になりその時の教室を見ると、教室は小さく、机や椅子は非常に小さく感じる経験がある。年齢や性別、身障者と健常者など状況によって見えるものは違い、イメージは変化する。その違いをよく理解し空間を計画・設計する必要がある。

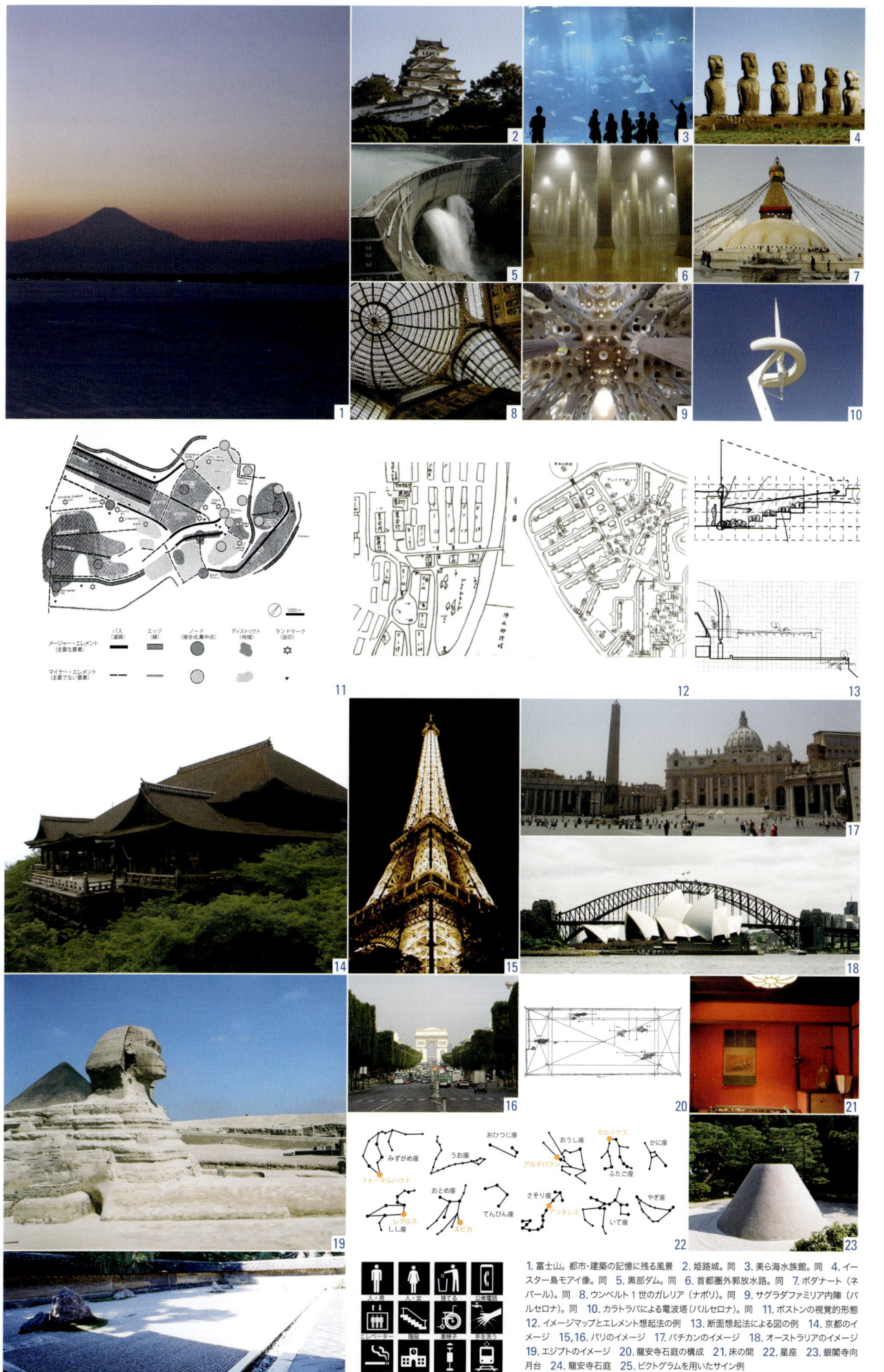

1. 富士山. 都市・建築の記憶に残る風景 2. 姫路城. 同 3. 美ら海水族館. 同 4. イースター島モアイ像. 同 5. 黒部ダム. 同 6. 首都圏外郭放水路. 同 7. ボダナート (ネパール). 同 8. ウンベルト1世のガレリア (ナポリ). 同 9. サグラダファミリア内陣 (バルセロナ). 同 10. カラトラバによる電波塔 (バルセロナ). 同 11. ボストンの視覚的形態 12. イメージマップとエレメント想起法の例 13. 断面想起法による図の例 14. 京都のイメージ 15, 16. パリのイメージ 17. バチカンのイメージ 18. オーストラリアのイメージ 19. エジプトのイメージ 20. 龍安寺石庭の構成 21. 床の間 22. 星座 23. 銀閣寺向月台 24. 龍安寺石庭 25. ピクトグラムを用いたサイン例

1.3 記憶・イメージ

1.4 寸法・比例

■**人体と寸法** 建築に限らずモノの大きさを考えるとき、私たちは人体の大きさを一つの尺度としてきた。(1)に示すように各国に人体寸法をもとにした単位が存在する。一方で、今日わが国で長さの単位として用いられているメートル法は、人体の大きさとは関係なくつくられた単位体系である（現在は光が真空中で1/299,792,458秒の間に進む距離とされる）。日常的にはメートル法表示が定着しているが、今なお建築の現場においては人体寸法をもとにした尺や寸、坪といった単位が用いられている[注1]。

■**動作寸法と単位空間** 人間がある動作を行うときに必要な寸法が動作寸法である。動作に必要な物品と人体の動きに必要な大きさを含む寸法で、これを三次元的空間に展開したものが動作空間となる。この動作空間の一つないし複数から構成され、一般に床・壁・天井で仕切られた一つの室として認識することができるものが単位空間となる(3～5)。しかし単位空間の捉え方は使用者の意識や計画の内容によっても可変的であり、新しい装置の出現、あるいは文化や宗教によっても違いが生じる(8)。

■**寸法とスケール** 建築は巨大な建造物であり、一般に試作品をつくることは難しい。それゆえ、図面や模型あるいはCGによる十分な検討が必要であるが、どのスケールにするかによって検討内容は変わってくる。例えば敷地に対する配置計画や大まかなゾーニングなどは分母の大きなスケールで可能だが、木造建具の納まりなどは原寸かそれに近いスケールでなければ細かな寸法を検討することができない。このようにスケールによって役割が異なるため、検討内容に合わせたスケールの図面や模型を複数用意する必要がある。そしていずれのスケールにおいても忘れてはならないのは、人間の大きさとの比較である。それは建築が人間のための空間を形づくる器であり、また人間のサイズとの比較によって、空間の大きさを知ることもできるからである(13)。これは前述の人体寸法が今もなお使われている理由でもあろう。

■**モデュール** 建築物の寸法関係を定めるときに基準とする単位寸法のことである。人体・動作・家具などの寸法にも合い、比例関係も調和することが必要である。モデュールを用いて建築空間を構成することをモデュラーコーディネーション（MC）という。モデュールを用いる利点としては生産性の向上（量産化、工業化、分業化）と、意匠上の統一が挙げられる。

　日本の伝統的建築においては、柱の断面寸法を基準とした木割りが用いられた。木割りも建築各部の比率と大きさを決める基本原理で、平内家伝書の『匠明』5巻が有名である。また畳の寸法を基準としたモデュールとして京間（本間）と田舎間（関東間）がある。田舎間は柱の中心線間の寸法を基準とするのに対し、京間は畳の大きさを統一し柱の内法をその倍数で決めていく。

■**モデュロール** ル・コルビュジエによって提案された建築モデュールで、身長183cmの男性が手を上げたときの指先の高さ、頭、みぞおち、つま先の間の寸法が黄金比になっていることに着目し、フィボナッチ数列に展開したものである(9)。建築構成材の量産化・工業化を目標としたモデュール理論に、伝統的に最も美しい調和を示すとされている黄金比[注2]を機能的な人体寸法に関連させ、比例、美の概念を持ち込んだ功績は大きい。ただしその寸法の導き方に明らかなように、平面方向のモデュールとしては実用性がなく、垂直方向の比例を生み出すシステムと捉えられている。コルビュジエ自身の設計で、モデュロールを適用した例としてマルセイユのユニテ・ダビタシオンがある(10～12,14～16)。

■**プロポーション（比例）** 物体の面積は長さの2乗に比例し、重さは長さの3乗に比例する。ある物体のプロポーションを保ち高さを2倍にすれば、底面積は4倍となるが重さは8倍となる。これは、大きなものほどその重さに耐え得る安定したプロポーションが必要になることを意味する。しかし建築におけるプロポーションに求められる評価基準は、安定することだけではない。それはモノの形状に直結することから美しさも求められる。そして技術とデザインのバランスから、時には不安定な形状に答えを見いだそうとする場合もある(17,18)。

■**使用者による寸法** 今日の様々な建築製品には、標準的な寸法によって導き出されたものが多いが、これらの寸法がすべての人の快適性に繋がるわけではない。ユニバーサルデザイン（2.0章参照）の考え方にも示されるように、誰もが無理なく使用できることが望まれる。その意味で設計者は、使用者による寸法の違いについても配慮が必要である。車椅子使用時の必要寸法はその代表的例であり、不特定多数の人が利用する建築空間においては、必ず配慮しなければならない事項である(19,20)。また差尺（椅子の座面高から机の甲板までの垂直距離）も個人差のある寸法である(21)。一般に読書などには座高の1/3程度の差尺が望ましいとされるが、高齢者ではこの値は小さくなる。使用者が特定される住宅などの設計においてはこうした個人差も考慮すべきである。

注1：尺貫法　尺（長さ）、升（体積）、貫（質量）を単位とする日本古来の度量衡法。1959年廃止。主な単位をメートル法に換算すると、長さ：1尺＝10寸＝約3.03cm×10　面積：1坪＝6尺×6尺＝約3.3m^{2}となる。特に坪は、今日でも土地や建築物の面積に用いられる単位である。

注2：黄金比　線分AB上に点Pをとって$AP \times AB = PB^2$となる分割を黄金分割、このときのAP：PBを黄金比という。数値的には約1：1.618となる。この比率は長方形の縦と横の関係等安定した美感を与える比として、古代ギリシャ以来建築や工芸に用いられてきた。実例として桂離宮(2)、パリの凱旋門(6)、ピラミッド(7)などがある。

※フィボナッチ数列　1,1から始めて前2項の和によって得られる数列。
　　　　　　　　　　1,1,2,3,5,8,13,…

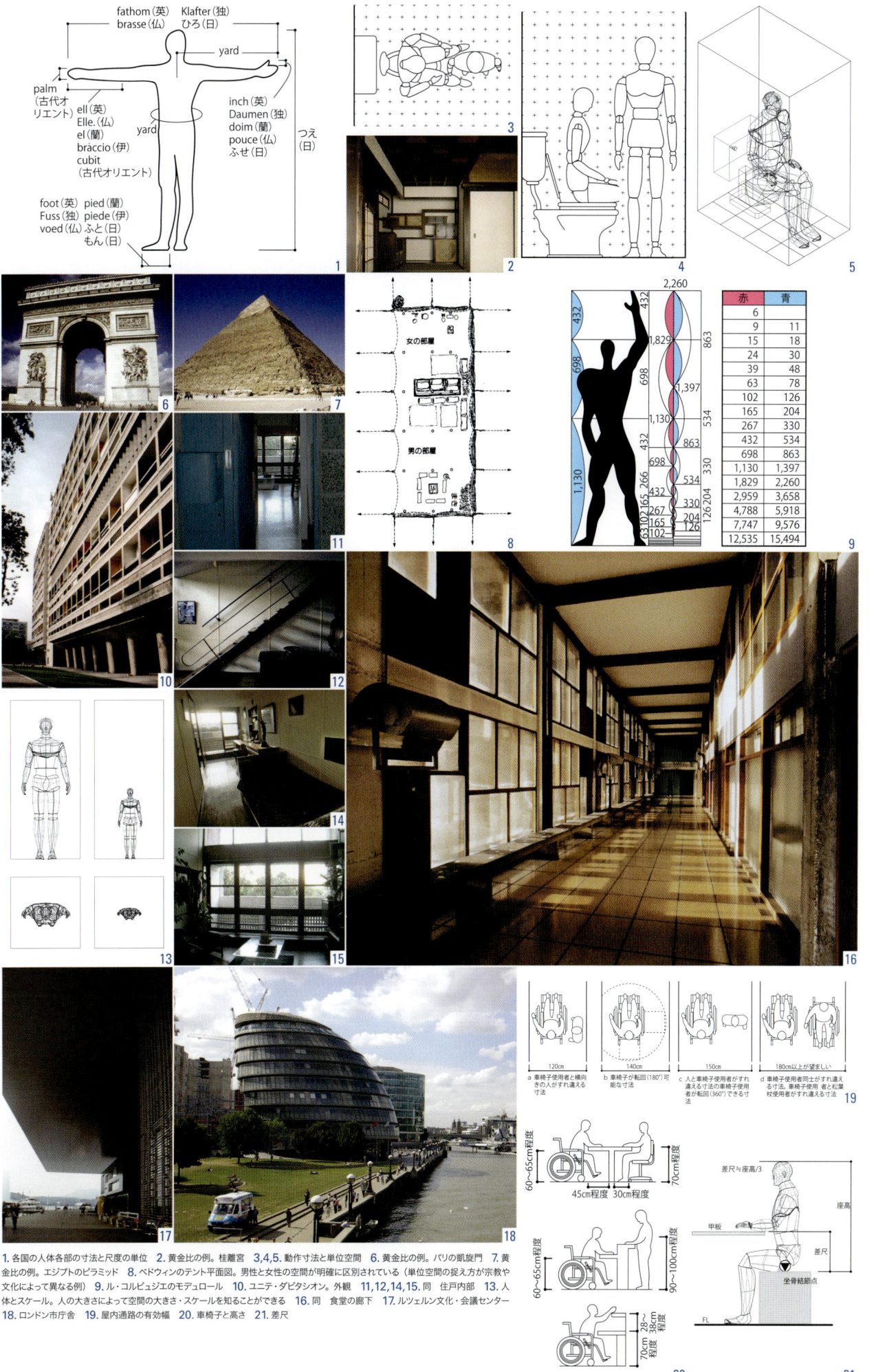

1. 各国の人体各部の寸法と尺度の単位　2. 黄金比の例。桂離宮　3,4,5. 動作寸法と単位空間　6. 黄金比の例。パリの凱旋門　7. 黄金比の例。エジプトのピラミッド　8. ベドウィンのテント平面図。男性と女性の空間が明確に区別されている（単位空間の捉え方が宗教や文化によって異なる例）　9. ル・コルビュジエのモデュロール　10. ユニテ・ダビタシオン。外観　11,12,14,15. 同　住戸内部　13. 人体とスケール。人の大きさによって空間の大きさ・スケールを知ることができる　16. 同　食堂の廊下　17. ルツェルン文化・会議センター　18. ロンドン市庁舎　19. 屋内通路の有効幅　20. 車椅子と高さ　21. 差尺

1.5　アクティビティ・動線

■**アクティビティ・動線とは**　アクティビティは活動、行動を指す。具体的には、学校における授業、オフィスの執務や会議、病院の診察や療養などで、施設の用途・機能のうち人に関わる部分をイメージすればよいだろう。多くの人に利用される都市建築にあっては、都市的アクティビティをいかに引き込むかが重要な計画課題となる。都市的アクティビティは、人々が行き交う、集う、コミュニケーションを図るなど、多くの人たちによってもたらされる活気のある様子を指す(1〜3,7)。また、具体的な行為は想定されなくても、人の生活そのものをアクティビティと捉え、人が密に存在すればそれだけアクティビティは高いと判断することも可能である(4)。

　動線は人と物の流れを指す。例えば、美術館における入館から退館までの観客の動きがそれに当たる。観客はエントランスから入場し、切符を買い、荷物を預け、適宜休憩しながら展示室を回る。そしてミュージアムショップや図書室などを利用しながら退出する。一方、美術館職員は観客とは異なった動線をもつ。美術品は搬入口から荷解き室を経て収蔵庫や展示室へと運ばれ、レストランやミュージアムショップへの納品は別の経路が想定される。このように、一つの建築物においても、立場の異なる人と目的の異なる物品の流れを動線として把握し考慮しなければならない。

■**把握と可視化**　建築空間において人々がどのように行動し移動するのか、またどのような活動を想定した建築空間を構想するのか、これらアクティビティ・動線に関する検討は建築計画における重要な課題といえる。建築計画学では、計画する際の基礎資料に資するために、実際の建築におけるアクティビティや動線についての調査・分析を行ってきた。建築計画学の黎明期にあっては、住宅を対象とした使われ方調査が盛んに行われた(5)。私たちは住宅における生活について知りたいと思っても、実際の生活に立ち会うわけにはいかない。そこで、家具の配置やしつらえを調べることでその生活の実態を把握するのである。その他、行動観察により保育所や小学校における園児・児童の行動を把握したり、病院の手術室回りにおける医療スタッフの動線を調べる方法も検討されている。これらの結果は建築計画学の知見として実際の建築空間に還元される。

　上記方法などにより把握されたアクティビティ・動線は、一般に図面に重ねて記述することにより表現される。近年、これらアクティビティ・動線を可視化する手法についても検討が進み、計画に援用する手法が試みられている。空間的喚起力をもった可視化は、新しい建築空間の構想の可能性を広げるものであり期待される（1.12章参照）。

■**アクティビティ・動線と建築計画**　一般に、建築を計画する際にアクティビティはプログラムとして示される。設計の与条件として提示されるプログラムでは、アクティビティに対応する所要室を想定し、必要に応じた面積が割り振られる。また、それら所要室を機能や部門に応じてグルーピングし、すなわちゾーニングを行い、人・物の流れを示す動線図とともにダイアグラムとして表現される(6)。

　基本的に、異なる目的をもった動線の不要な交錯は避けなければならない。特に、病院計画では緊急を要する患者の搬送から手術までなど、効率がよく分かりやすい動線が求められる。また、非日常性の演出が重要なホテルなど商業施設にあっては、客と裏方との動線の交錯は避けなければならない。多くの人が利用する駅や商業施設においても、非常時の避難動線の確保は必須である。

■**アクティビティ・動線と建築空間**　アクティビティ・動線は建築計画における与条件としてまとめられ、とりわけ平面計画を解く前提となることが多い。また、都市建築にあっては都市的アクティビティの誘引や創出がデザインの主要テーマとなり得る(1,7)。

　近年、アクティビティ・動線をデザインの拠り所とする、すなわち想定されるアクティビティ・動線を直接空間化する試みが見られる。例えば、アクティビティを分布（プロット）として捉え、それらを成立させるよう建築化する(8〜11,13)、あるいは弱く誘導する程度に建築化する(12)などである。また、（都市空間はそもそも人の動きから成立しているとの見解から、）人の動きそのものを建築化する例も見られる(14〜19)。

　ミース・ファン・デル・ローエが提唱したユニバーサルスペースは、どのようなアクティビティにも対応する均質空間だが、最大限のフレキシビリティを供給するようであって、かえって何に対してもそれなりの対応でしかないとの批判もある。ル・コルビュジエの考案したドミノシステムはスラブ・柱・階段のみを主要要素とし「自由な平面」を具現化する形式だが、天井高や仕上げにバリエーションをもたせることで、アクティビティを誘導することも可能である。

　また、J. J. ギブソンによって提唱されたアフォーダンス（affordance）の概念も建築デザインに関連が深い。アフォーダンスとは人が知覚できる「行為の可能性」を指すが、例えば、「椅子」は座る経験によって学習した結果「椅子に座る」のではなく、「椅子」の形状が私たちに「座る」ことを教えてくれる（アフォードする）、というものである。すなわち、段差や部屋の形状、広さ、天井高などがあるアクティビティを誘発すると考えられ、建築デザインを考えるうえで興味深い考え方である。

1. 京都駅ビル 2. クイーンズスクエア横浜 3. ローマの屋外スケート場 4. AC図 5. 住み方の例 6. 全体の構成と動線 7. 表参道ヒルズ 8,9,13. 千葉市立美浜打瀬小学校 10. アクティビティ図（美浜小学校） 11. せんだいメディアテーク・コンペ案 12. 安中環境アートフォーラム・コンペ案 14. サバーバンステーション 15. 葛西臨海公園展望広場レストハウス 16,17. 新潟市民芸術文化会館 18,19. 潟博物館

1.5 アクティビティ・動線

1.6　広場・中庭

■ **内部と外部**　建築の計画・設計は、内部と外部を含む環境全体をデザインすることが重要である。生活環境として、内部と外部は空間的に等価であると考える思想である。

長く支配的であった近代建築理論による建築・都市空間には、魅力ある外部空間の事例は少ない。設計のイメージが内部中心で、外部は彫塑的にデザインされている建築が多いからである。この傾向はインターナショナルスタイルの形式にも受け継がれ今日に至っている。

環境全体のデザインが要請される現代の建築・都市空間では、特に外部空間が重要となるが、後述するように近代以前の空間に参考となる事例が少なくない。

■ **わが国の広場・中庭**　広場・中庭は、都市文化の中で育まれた形式である。都市文化が異なるわが国には、優れた庭・坪庭はあるが、諸外国のような広場・中庭の文化はない。代わりに「道」の文化が発達した(1,2)。

近代になり、内部中心の近代建築理論による都市づくりや車社会の浸透などの結果、都市空間は閉塞状態となり悪化した。現代都市は、その結果を反映している。

1970年ころから、景観・街づくり問題を契機に近代的都市計画理論に対する反省が行われた。その結果、「都市計画から街づくりへ」の標語に見られたように、よりきめ細かな街づくりに対する意識が高まった。現代の建築・都市では環境問題への意識とも相まって、緑化を含む豊かな外部空間へのデザイン志向が高まってきた(3,4)。

■ **機能と意味**　広場と中庭は、いずれも面的な広がりをもつ外部空間である。コミュニケーションや憩いの空間として共通の機能と意味をもつ空間で、種類も多様である[注1](5)。

異なる側面もある。広場は、建築と都市を媒介する空間で、建築に属すると同時に都市に属し、不特定多数の人々が集まるパブリック空間という特質がある。都市の中心的空間に位置し、「ハレの空間」として象徴的・多義的空間であることが多い。古代ギリシャのアゴラ（agora）、古代ローマのフォーラム（forum）、中世・近世の教会前広場、市庁舎前広場はその典型である(6,7)。

これに対し中庭は、基本的には建築に属し、ある共同体のメンバーが共有するコモンの空間である。集合住宅の中庭など、メンバー以外の人々は何となく入りにくい雰囲気があるのはこのためである。この意味で中庭は、セミパブリック、あるいはセミプライベートな空間である。広場が「ハレの空間」とすれば、中庭は「ケの空間」の意味合いがある。利用者の人数も広場よりは少なくスケール的にも小さいが、様々な共同体に対応した多様な機能と魅力をもつ空間である(8,9)。

■ **構成要素と空間構造**　広場・中庭の計画・設計には、構成要素と空間構造がキーワードとなる。構成要素の確定には、具体的形（shape）と型（form）を区別することが重要である。具体的な材質や形などの構成要素は多岐にわたり無数にある。したがってこれらを抽象的レベルに類型化した型（form）としての構成要素を考える必要がある[注2]。

a. 境界：空間を囲む壁のように、無限定な空間を区切り空間を限定する要素(10)。
b. 場所：アクティビティの場となる中心をもち、内部として体験される面的広がりをもつ要素(11)。
c. 出入口：空間に節目を与えるために、連続した空間を区切りながら繋ぐ要素(12)。
d. 通路：一つの場所と他の場所とを線的に連結し、構造化する要素(13)。
e. しるし：他の存在と区別されることにより何ものかを表示、あるいは表徴する要素(14)。
f. 周域：場所の外側にある面的な広がりをもつ要素。

a.からd.までは不可欠となる基本的構成要素、e.、f.は副次的構成要素である。これらの構成要素は単独に存在するのではなく、相互に密接な空間構造を形成している。空間構造とは、広場・中庭を構成している構成要素間の相互関係を指す。

■ **魅力ある空間の事例**　魅力ある広場・中庭の事例は多数ある。その魅力の源泉となる主要項目として、a. スケール、b. 空間構造、c. 表層を挙げることができる。

a. スケール：特にD/Hが重要である。D：幅とH：高さの関係を示す指標で、1〜1/2が良いとされる[注3](15)。実在する魅力ある空間は多様で、例外も少なくない。ファティプルシークリーなどはその典型である(16,17)。
b. 空間構造：空間構造が明確なものは視覚的にも分かりやすく、空間の魅力に繋がる。ローマのカンピドリオ広場、シエナのカンポ広場などはその典型である(18,19)。また、空間構造が少し複雑になると体験される空間は多義性や迷路性が増し、新たな魅力の源泉となる。スペイン広場やダルバール広場などはその例である(20,21)。
c. 表層：表層もまた空間の魅力に欠かせない要素である。表層とは、床面や壁面のテクスチャー、色彩、パターンなどのことである。大理石による複雑な床パターン、素朴な緑の床などが広場・中庭の表層を彩ってきた。サンマルコ広場やカンピドリオ広場の床パターン、マチュピチュの緑の広場などは魅力的な典型事例の一つである(10,18,22)。

注1：三浦金作著『広場の空間構成』鹿島出版会、1993
注2：志水英樹・福井通他著『新・建築外部空間』市ヶ谷出版社、2001
注3：日本建築学会編『空間学事典　改訂版』井上書院、2005

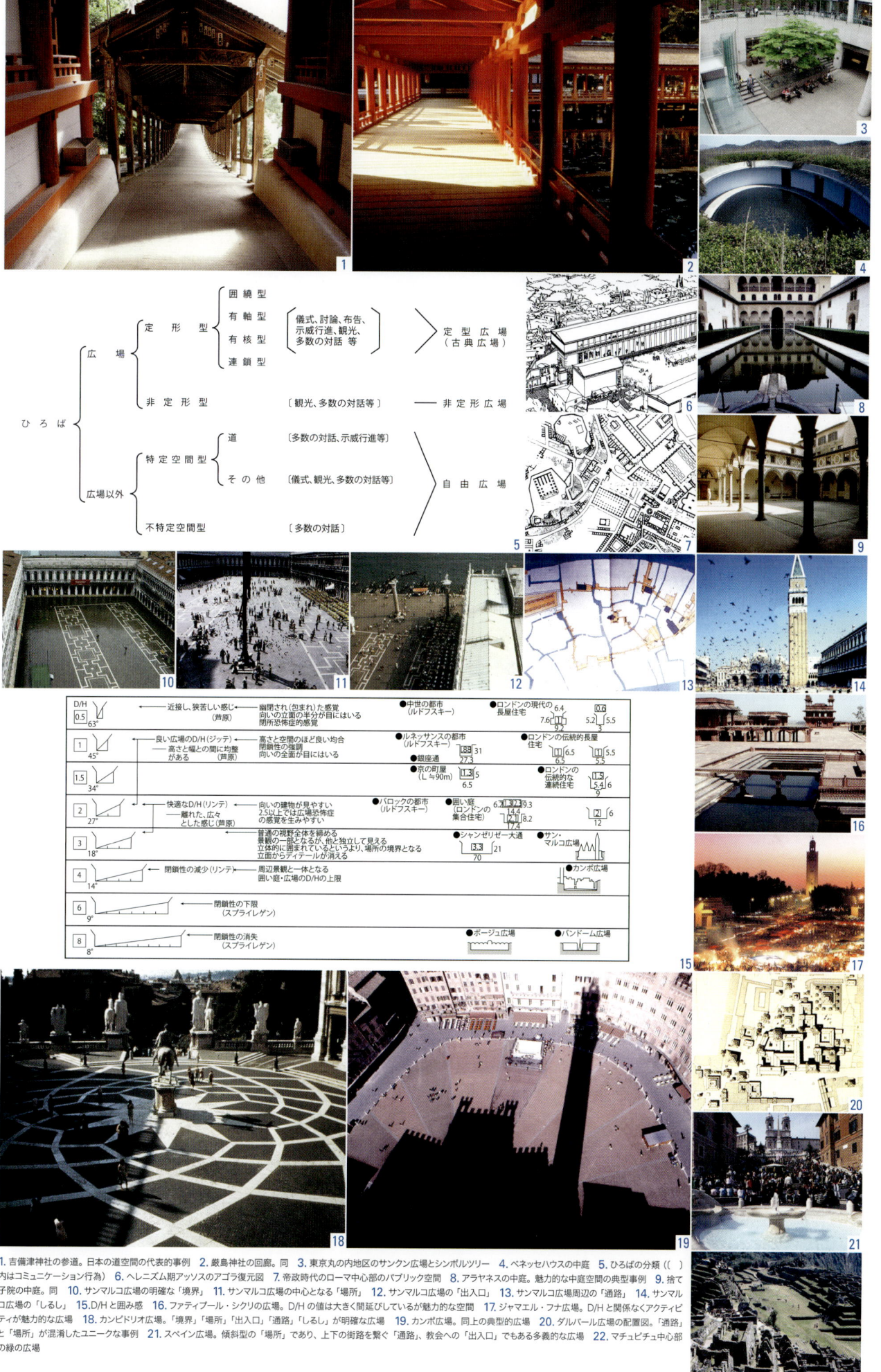

1. 吉備津神社の参道。日本の道空間の代表的事例 2. 厳島神社の回廊。同 3. 東京丸の内地区のサンクン広場とシンボルツリー 4. ベネッセハウスの中庭 5. ひろばの分類（（ ）内はコミュニケーション行為） 6. ヘレニズム期アッソスのアゴラ復元図 7. 帝政時代のローマ中心部のパブリック空間 8. アラヤネスの中庭。魅力的な中庭空間の典型事例 9. 捨子院の中庭。同 10. サンマルコ広場の明確な「境界」 11. サンマルコ広場の中心となる「場所」 12. サンマルコ広場の「出入口」 13. サンマルコ広場周辺の「通路」 14. サンマルコ広場の「しるし」 15. D/Hと囲み感 16. ファティプール・シクリの広場。D/Hの値は大きく間延びしているが魅力的な空間 17. ジャマエル・フナ広場。D/Hと関係なくアクティビティが魅力的な広場 18. カンピドリオ広場。「境界」「場所」「出入口」「通路」「しるし」が明確な広場 19. カンポ広場。同上の典型的広場 20. ダルバール広場の配置図。「通路」と「場所」が混淆したユニークな事例 21. スペイン広場。傾斜型の「場所」であり、上下の街路を繋ぐ「通路」、教会への「出入口」でもある多義的な広場 22. マチュピチュ中心部の緑の広場

1.6 広場・中庭

1.7　アプローチ・シークエンス

■**アプローチを演出する**　建築や広場、モニュメントなどへ誘導する空間がアプローチである。目的となる空間に向かって、進むにつれて期待感や高揚感を高めるなど、誘導空間としてその計画は重要であり、その目標のもつ性格に相応する計画を考える必要がある。歴史的な建物で、宮殿や聖堂、寺院、霊廟などモニュメンタルなものでは、軸線の構成が多く用いられてきた。一方で日本の参道空間やF.L.ライトやA.アアルトの建物のアプローチ空間では、シーンが継起的に変化するシークエンシャルな構成が用いられている。

■**軸線で構成する**　バチカン市国にある世界最大のカソリック教会、サン・ピエトロ大聖堂へのアプローチは、寺院に向かって一直線に進む軸線でシンメトリーの構成である(1〜4)。シンメトリーは、軸線や中心点の周囲に要素を同じバランスで配分する原理である。パリのルーヴル、コンコルド広場、シャンゼリゼを通って凱旋門のあるエトワール広場、さらにデファンスのアルシュまで、一直線に北西の方角に結ばれる軸の構成は見事である。軸線に対してシンメトリーに構成するか、アシンメトリーに構成するかによって、空間のもつ雰囲気は、全く異なったものとなる。軸線の構成では、目標となる建物が焦点となり、視線を集中させ目標物の存在感や象徴性を強める。しかし、アプローチ空間は進むに従って雰囲気の変化が少なく単調なものとなる。

■**シンメトリーを崩す**　日本の伝統的な建築の空間構成には、法隆寺の金堂・五重塔・大講堂の伽藍配置の立面に見られるような、シンメトリーを崩したダイナミックシンメトリーと呼ばれる構成があり、これは軸線に対して非対称であるが、全体として「調和」を生み出している好例で、日本的美意識による優れた手法である[注1]。

■**シークエンスをつくる**　参道や回遊式庭園などにおいて、アプローチに沿った移動に伴う景観の連続や変化、シーン展開の継起的な繋がりをシークエンス（sequence）という。参道などのシークエンシャルな空間では、構成する要素が変わったり、灯籠の数や緑の量が増減されたり、鳥居間の距離が短縮されるなどで空間全体として雰囲気が変化し、また折曲りの方向を誘導するアイストップとなる建物などが置かれ、神社の本社や本殿に向かって意識の高揚を演出している。

1) 連続する視覚　G.カレンは『都市の景観』[注2]において、イプサムの街並みを「連続する視覚（serial vision）」と称し、その経路を数多くのスケッチして、西欧の歴史的街並みの視覚シークエンスの劇的な構成について「次々と新しい光景が開けてくる。連続する突然のコントラストが平坦な行程に彩りを添え、視覚的にインパクトが与えられる」とシークエンスの重要さを述べている。またP.シールは、西欧の空間と比べ日本の参道空間や回遊式庭園の構成について、「日本の例は、いくつかの水準で分析するのに大変有意義な材料を提供している」と環境デザイン的視点から、連続体験の効果を示すとともに「運動事象（身体移動）」と「空間事象（視覚空間）」の概念から、空間を分解して物的環境の表記法を提案している[注3]。

2) 見え隠れ・障り　視点の移動に伴い、対象を見せたり隠したりすることにより、これらの要素を印象深く見せ、空間をシークエンシャルにドラマチックに演出する。アプローチの折曲りや高低差などによって直接全体を見せないことで、心理的な変化を与えている。このように灯籠、滝、亭など特定の要素の全体像を見せずに樹木などで隠す伝統的な造園技法を「障り」という。

3) 露地　茶庭ともいい、特に千利休の待庵や織田有楽斎による如庵（2畳半台目）(5〜8)、などの草庵風の茶室に付随する庭園である。中門を境に外露地と内露地とがある二重露地では、苑路が延段や飛石で有機的につくられ、待合が設けられ、灯籠、蹲踞など様々な構成要素が、四季折々の景色を演出し、茶事に臨む心地よい空間をつくっている。

4) 回遊する　桂離宮や西芳寺（苔寺）の池泉回遊式庭園は、池の周りに苑路を巡らして、茶室や東屋を配し、橋や小島を設けた構成である。苑路を進むにつれ、緑で覆われた空間や開放的な風景が現れたり、さらに池や茶室が見え隠れしてシーンが劇的に変化するシークエンスが、アプローチを魅力的に演出している。桂離宮の数寄屋造の古書院・中書院・新御殿の雁行配置も内部空間での折曲りの構成による景色の展開を感じるシークエンスが見られる(9〜11)。

5) 心理的シークエンス　アプローチを構成する樹木や階段など様々な物理量が変化することで、空間の雰囲気もシークエンシャルに変化する。神社参道空間の心理的な構造を明らかにするためSD法[注4]による心理実験を行い、因子分析を行った結果から、参道空間の特有な威厳因子と期待性因子の心理評価の変化を見ると、威厳因子は神社の本殿・本社に向かうにつれ心理量が増している。つまり、概ね威厳のある感じが高まっていく。期待性因子についても、変化の幅は振れつつも、期待感が本殿・本社に向かうにつれ高まっていく様子が分かる(12〜16)。現代建築においても地形や周辺環境、建物の性格により様々なシークエンシャルなアプローチ空間が計画されている(17〜20)。

注1：都市デザイン研究体著『日本の都市空間』彰国社、1968
注2：北原理雄訳『都市の景観』鹿島出版会、1975
注3：Philip Thiel著「連続経験に基づく環境デザイン」建築文化 1963年12月号、彰国社
注4：船越徹・積田洋編著『建築・都市計画のための 空間の文法』彰国社、2011

1. サン・ピエトロ大聖堂。配置平面図　2. 同 ドームからの眺望　3. サン・ピエトロ大聖堂　4. サン・ピエトロ広場　5. 如庵（国宝）。配置図　6. 同 アプローチ・苑路　7. 同 中門　8. 同 外観　9. 桂離宮。配置図　10, 11. 同 回遊式庭園　12. 金刀比羅宮参道。空間の雰囲気の違いにより八つの空間に分節される　13. 同 両側に土産店が並ぶ「一の坂」　14. 同 「五人百姓」「桜の馬場」へと続く　15. 同 「旭社」へと続く急な階段　16. 心理量シークエンス図　17. 高知県立牧野植物園アプローチ　18. 島根県立古代出雲歴史博物館アプローチ　19. ラ・ヴィレット。50万m²の公園の中に30個の赤いフォーリーがグリッド状に配置されている　20. ロビー邸アプローチ

1.7　アプローチ・シークエンス

1.8 街路・景観

■**街並みをつくる**　現代において、改めて歴史的な街並みがもつ豊かな雰囲気に着目して考えると、大きく2通りの空間構造で成り立っていることが分かる。一つは、歴史的な街並みが残るロンドンなどのヨーロッパの都市では、街路に面する建築の屋根や窓の形、テクスチャーなど、建築様式や形態、壁面の位置や高さがそろっていて、全体の構成としても壁や開口部の比率などが同程度で美しく統一されている。日本でも、糸屋格子や駒寄せが整然と並ぶ京都の祇園新橋通り(2)などでは、軒高や壁の色、テクスチャー、さらに格子などの空間構成要素のデザインがそろい連続的で統一感を与えている。一方、イタリアの都市のフィレンツェ(5)では、上述の構成とともにドゥオモや庁舎が象徴的なランドマークとなって街の印象や個性を高めていることが分かる。街路景観をデザインするうえで、景観から受ける印象を主体となる人間がいかに評価するか、また実際の街路空間を構成する様々な物理的要素との対応関係を数量的に捉えることにより、新たな景観形成や、整備のための評価・計画・設計上の客観的な視点が明らかとなる。上記は建物の高さや街路に面する窓や壁など構成要素の数量をコントロールしようとするものであり、後者は景観の「図」と「地」の概念からその街路特有のランドマークやサインを「図」として構成することにより、その街のアイデンティティを高めようとするものである。

■**間隔を測る**　建物の隣棟間隔や街路の幅員について、空間の開放感の視点から芦原義信[注1]が示したD/Hがある(1)。建物と建物の間隔が「D/H＝1のとき、高さと隣棟間隔の間にある均整が存在する」とし、それ以下で迫った感じ、それ以上では離れた感じになるとした。

■**「図」と「地」の構成を解く**　ゲシュタルト心理学の基礎概念で、図形において注目され浮き上がって見える部分を「図」、その背景となる部分を「地」という。芦原義信はイタリアや日本の空間を比較しながら「図」と「地」の問題に言及し、PNスペースの概念を示した。建築や構築物の壁面から内側に向かい求心性の高い空間をポジティブスペース（Pスペース）、外側に向かい周囲が開かれて境界のはっきりしない遠心性の高い空間をネガティブスペース（Nスペース）と呼び、PとNは互いに補完的であり、「図」と「地」のように反転する場合もあるとしている。例えば街の「図」と「地」の関係では、地図の白黒を反転してみると、イタリアの街路や広場では輪郭のはっきりした「図」としての性格を保持し得るものであり、一つ一つの建物はよく見ると異なっていても、歴史的経過とともに「多様の統一」が挙げられ、街路の構造化された「図」として認め得る街並みの構成をもっている。つまり西欧の空間はポジティブであり、日本の空間はネガティブであるとした(8)。

■**「図」と「地」の構成を読み取る**　「図」と「地」の概念から街路空間の中で特に印象に残ったり、記憶にとどめる建築や装置など、意識として「図」となるもの、いわゆるキーエレメントとして配置する。具体的には街路空間の特徴的、かつ印象に残るエレメントを抽出するために、「この通りにおいて想い出すもの、印象的なもの、特徴的なものを思いつく限り挙げてください」という直接エレメントを指摘してもらう「指摘法」を用いた研究である[注2]。イタリアのアルベロベッロにおいて行った実験結果(12)がある。単体としては円錐形の特徴的な屋根（トゥルッリ）の建物が印象に残るが、街全体としてはそれらトゥルッロ（トゥルッリの複数形(13)）が「地」となり全体の雰囲気をつくり出している。高台に建つサンタントニオ教会が、キーエレメントとして「図」なっている。フィレンツェのドゥオモも同様である。ロッテルダムのブラーク駅の広場は集合住宅や路面電車と地下鉄の駅舎の特徴的フォルムが広場のキーエレメントとなり、ランドマークとして存在している(6,7)。

■**様々な要素で景観を創出する**

1) 看板　看板やサインは街路景観にとって雑多な印象を与える要素であるものの、ザルツブルクの鋳鉄でデザインされた看板の連続(3)、琴平町の年に一度の金毘羅大芝居開催時の幟の連続(4)は、景観に生き生きとした変化を与えている。また照明も夜景を楽しく演出する(14)。

2) パブリックアート　都市の公開空地など公共な場所に彫刻やオブジェなどの芸術作品を置くことにより、都市のアメニティを高めようとする計画である(10,11)。

3) モール　人間と車とが共存して街路をつくる計画にコミュニティモールや、トランジットモールがある。L.ハルプリンによるニコレットモール(15,16)は先駆的な例である。横浜元町(17)では車道を曲げることにより、速度を緩めさせ、1階部分をセットバックして、歩道を広げ、車道と一体的なデザインとしている。オランダのボンエルフで計画されたハンプ（突起）やシケイン（障害物）を用いて強制的に車の速度を抑え、集合住宅地の住民との歩行空間の共存を図った計画は、その後の集合住宅地の計画に大きな影響を与えた(18)。

■**景観を規制する**　建築の単体のみならず建築が集合した街路や都市の景観は、都市住居者にとって快適な生活を楽しむため、いかに計画していくかは重要な問題となっている。こうした関心の高まりから2005年景観法が施行された。また市町村により、その地域の特性を生かした景観ガイドラインなどが制定されている。

注1：芦原義信著『外部空間の設計』彰国社、1975
注2：日本建築学会編『建築・都市計画のための空間計画学－外部空間の構造をとらえる－街路空間の図と地』井上書店、2002

1

2

3

4

5

6

7

8

9

10

11

12

13

14

15

16

17

18

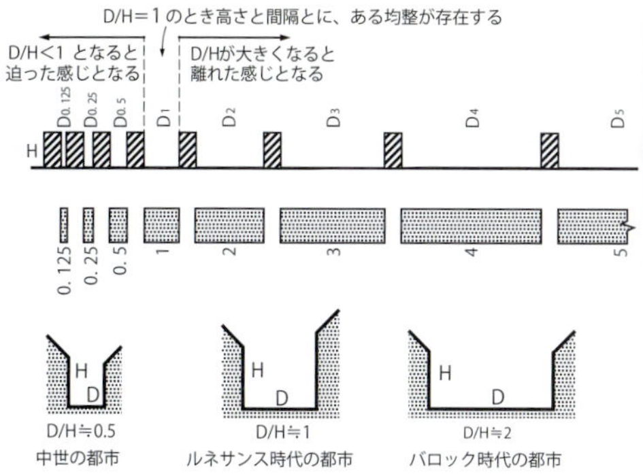

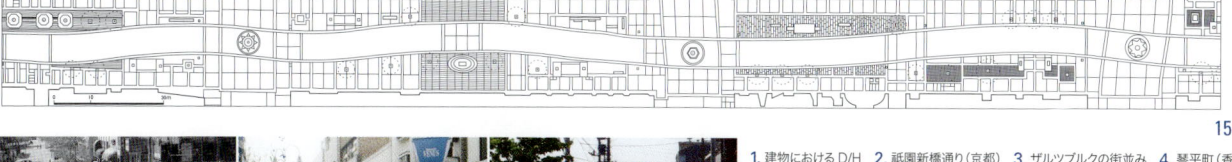

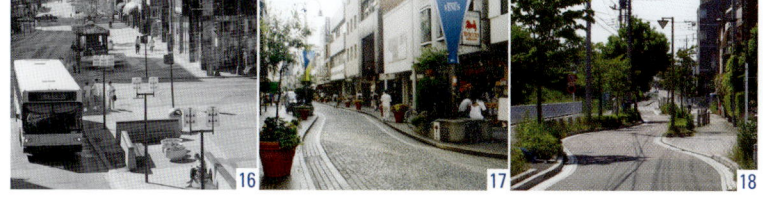

1. 建物におけるD/H　2. 祇園新橋通り（京都）　3. ザルツブルクの街並み　4. 琴平町（香川）　5. フィレンツェ（イタリア）　6,7. ロッテルダム（オランダ）・ブラーク駅の広場。ピート・ブロム設計の集合住宅がある　8. トラステヴェレ地区　地図反転（ローマ）　9. プラハ（チェコ）　10.「LOVE」のオブジェ（新宿アイランド）　11. ファーレ立川　12. ドットマップ図（アルベロベッロ、イタリア）　13. アルベロベッロの街並み　14. 東京国際フォーラム　15. ニコレットモール平面図　16. ニコレットモール　17. 横浜元町通り　18. ボンエルフ（横浜市旭区川井宿町）

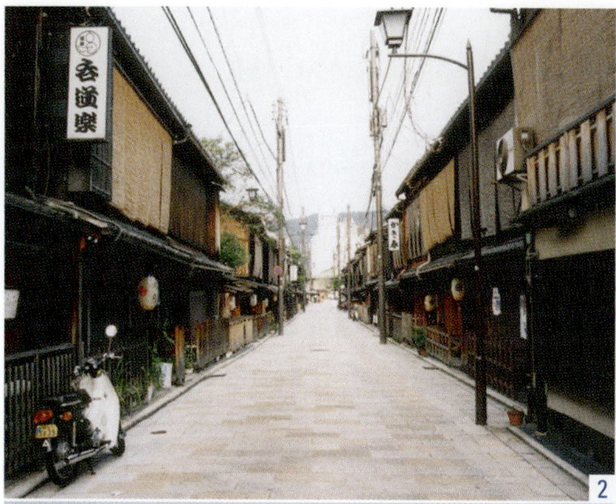

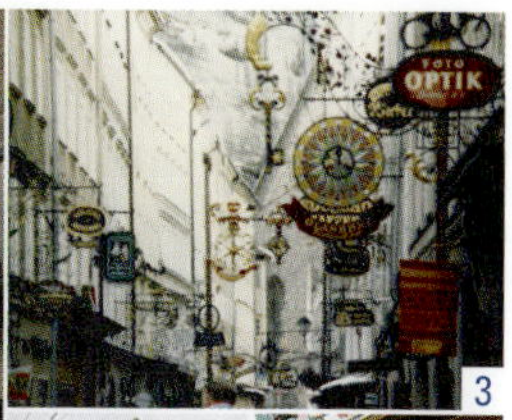

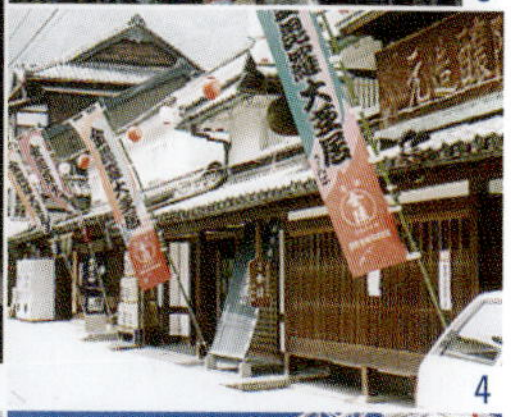

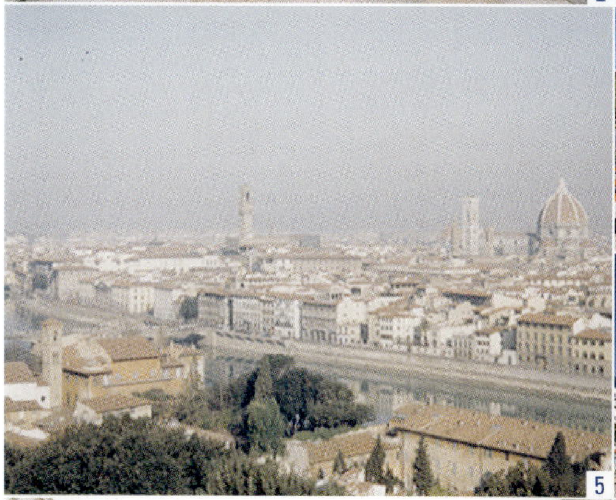

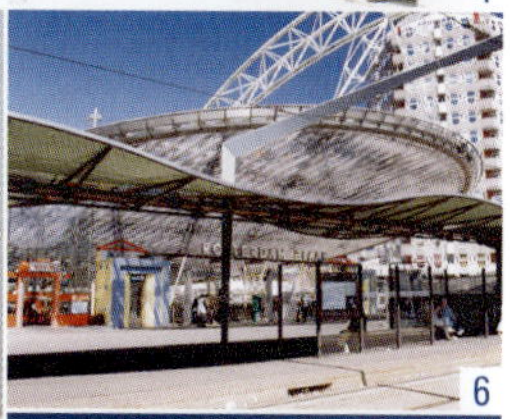

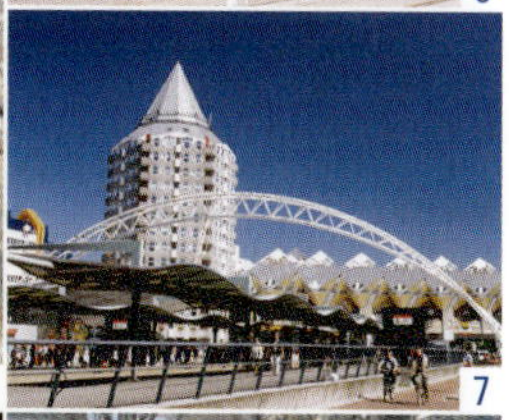

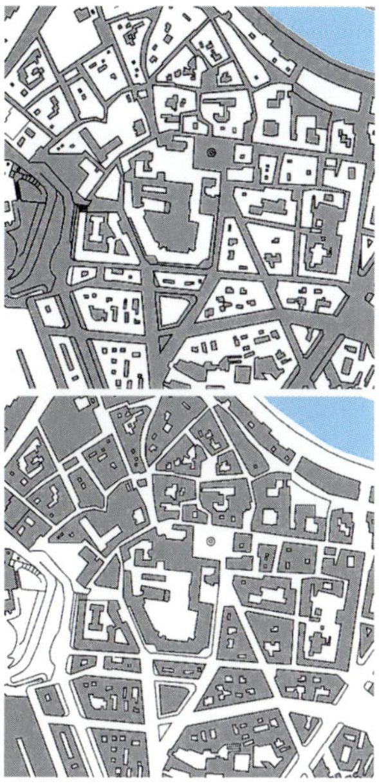

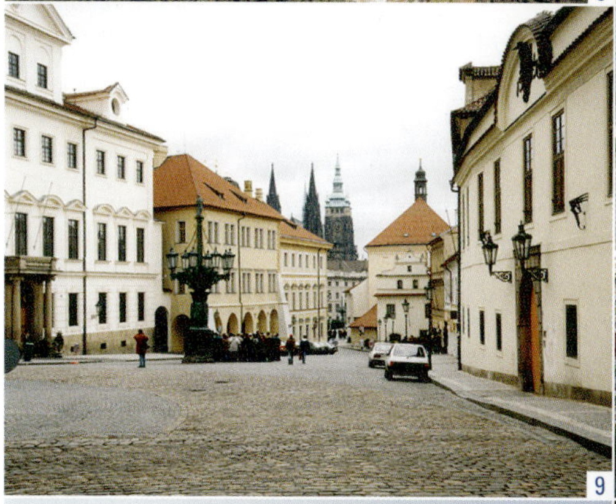

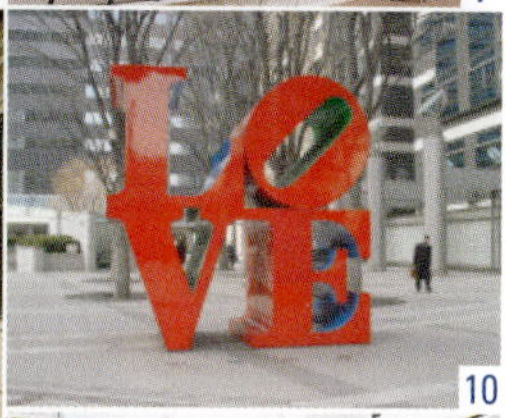

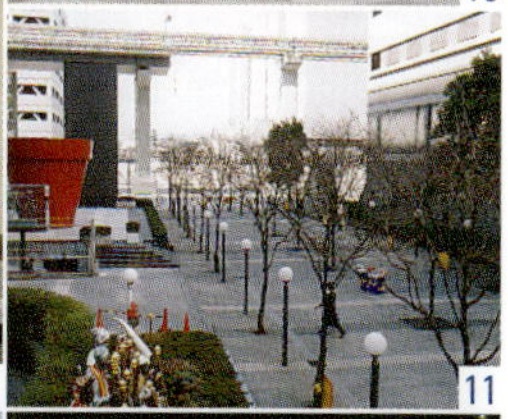

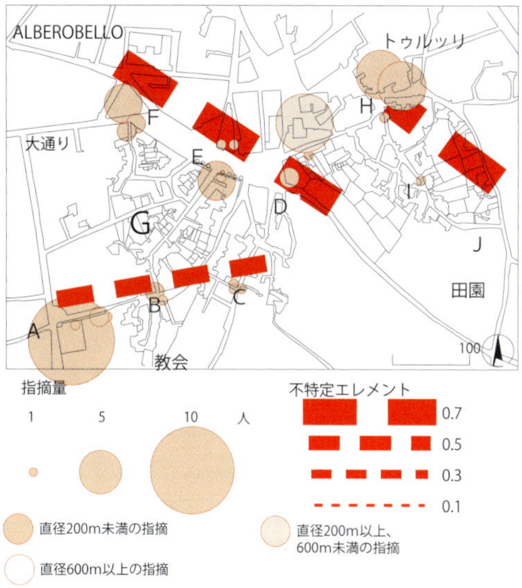

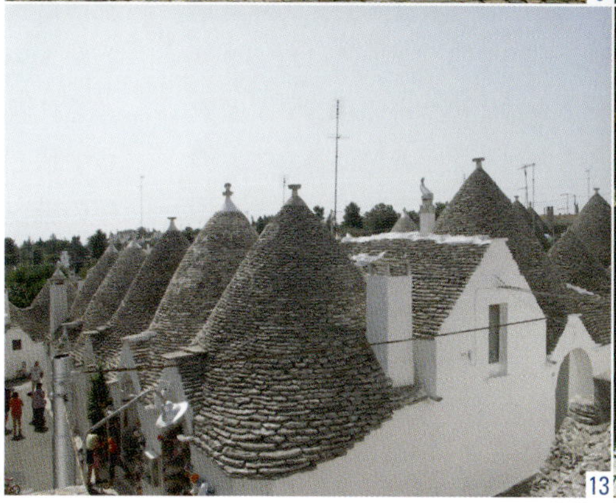

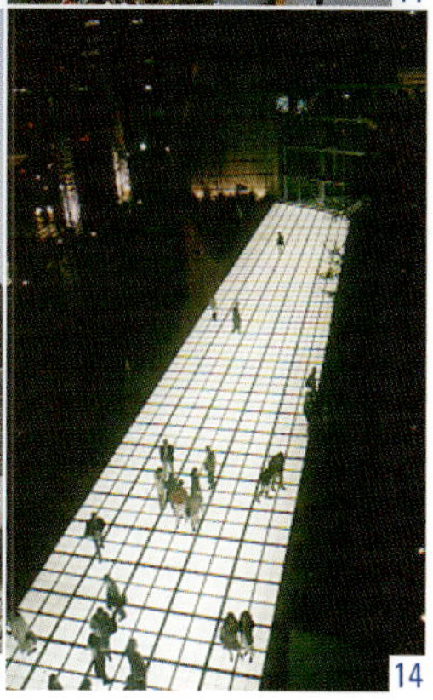

1.9 集落・都市

■**配置と構成** 集落・都市は建築物と外部空間から構成される。集落・都市の配置や構成は建築の集合のあり方や群としての構成を考える際に参考になる。

集落・都市の構成には自然に沿う有機的な構成と、人間の意思や介入を表す幾何学的構成がある。地形に沿って配置される多くの集落や、イタリアの山岳都市などは有機的な構成といえる(1)。人間が集まって住むときには、距離の近さによる便益と外部から侵入に対する防御から、集塊的配置をとることが多い。その一方で、南アメリカや日本の砺波平野には離散的配置をとる集落があり、大声で呼び合うと聞こえる距離を保ちつつ分散配置している(2,3)。幾何学的構成としては、軸線を通す、求心性をもたせる、シンメトリーに配置する、グリッドパターンを採用する、などが挙げられる。ヨーロッパの都市などに見られる軸線や正面性の強調は神の視点や権力を表現するといわれる(4)。一方、パリやワシントンは幾つかのランドマーク的建築物からの視点を複数設定することによりヴィスタを確保しており、都市美（シティビューティフル）を追求する構成となっている(5)。グリッドパターンは合理的で分かりやすい反面、空間認識の手掛かりは得にくい(7)。

■**集落・都市の読解** 独創的な空間をつくり出すためには、空間を「読む」力も必要である。集落・都市は参照すべき空間の宝庫といえ、私たちの先達はこれまでも多くの集落・都市を読んできた。

1970年代、日本の集落や家並みを対象としたデザインサーヴェイが盛んに行われた(6)。デザインサーヴェイは1960年代半ばに行われたオレゴン大学による金沢の調査が最初とされる。実測や野帳に記録するなど方法において歴史的調査と共通点は多いが、異なるのはその目的で、歴史学的調査が正確に史実を明らかにしていくのに対して、デザインサーヴェイはあくまでもデザインの拠り所を求めるものであった。

1980年代後半、ヨーロッパにおいてコンテクスチュアリズム（文脈主義）が注目された。既存の街並みをコンテクスト（文脈）として読み、そのコンテクストに合うように建築の設計を行う。コンテクスチュアリズムは日本にも紹介されたが、むしろ東京などカオティックであることが評価される中で横滑りしていった感がある。原広司は世界の集落調査から得られた空間デザインの「教え」をまとめている。デザインサーヴェイ同様、作り手の立場から書かれたもので、一部を次に紹介する。

[52] 山（一部抜粋）注1：集落の教えのひとつは、空間の組立て、構造が分かりやすく提示されるように集落や都市をつくる方法を考案することの示唆。もうひとつは〈集落は集団の諸活動の場である〉ことの示唆。場は、〈仮想の地形〉を誘起。それを最も単純に捉える概念が山。

■**集落のような建築** 集落のような建築として、小さなボリュームを敷地全体に配置する方法がある(8,9)。小さなボリュームの周囲にはアキが生じる。アキは外部としてデザインされるほか、ガラスにより全体を覆うことで機能的に連結する方法、通路により各ボリュームを繋ぐ方法(10)がある。各ボリュームのバランスだけでなく、アキのデザイン、すなわちアキのボリューム、用途、仕様の設定が重要である。

また、集落のような学校建築も多く設計されている。教室群を大きなボリュームで構成せず、クラスター状に外部空間と組み合わせて配置した事例(11)や、中庭の配置が中国のヤオトンを思わせる構成(12,13)も見られる。いずれも外部空間と諸室群との組合せが構成の鍵となっている。

建築群を配置する場合、地形に沿うような有機的構成と、軸線を通すなど幾何学的構成により人の意思の痕跡をとどめるような方法がある(14)。また、集落はその気候や風土にあった構法、材料と意匠が選択されており、配置や構成だけでなく、その持続可能性において参照すべき点が多い(15,19,20)。

■**都市へのまなざし** 1960年代後半の高度経済成長期において都市は急激に成長し、建築は都市とどう向き合うかが大きな課題となっていた。1968年に『都市住宅』が創刊されたのも、都市への意識の高まりといえるだろう。当初、都市居住を考える際に「都市＝悪」と考えられ、都市から防御するために閉鎖的な構えをとったり、快適な外部を敷地内部に用意するコートハウスが試みられた。また、都市と住宅の関係を反転させ「住宅に都市を埋蔵する」ことをコンセプトとした住宅も現れた(16)。

それ以降、「都市」との向き合い方は建築デザインの大きな主題となっている。都市住宅にあっては、敷地の法的条件の厳しさから狭小住宅という一つのジャンルをつくり出したように見える(17)。垂直方向に連続性をもたせたり、間仕切りや地下室を活用するなど、狭小でありながら快適性を確保するための工夫が試みられている。

また、多くの人が利用する公共性の高い都市施設にあっては、都市的アクティビティをどう導き入れるかがテーマとなっている。道路境界面に段差をつけるなど引き込む工夫や、内部に広場や街路のような都市的空間を配する方法が見られる(18)。さらには都市に対する面のつくり方、すなわち表層のデザインも重要である。前面にある並木をモチーフとしたり(21)、映像をそのままファサードとするデザイン(22)も見られる。

注1：原広司著『集落の教え100』彰国社、1998

1.マテーラの洞窟住居 2,3.離散型集落（ガタソ・チコ） 4.ローマ・ヴェネチア広場 5.ワシントン・地図 6.伊根亀山 7.マンハッタン・地図 8.森山邸 9.同 平面図 10.十和田市現代美術館 11.育英学院サレジオ小学校 12.埼玉県立大学 13.ヤオトン 14.群馬県立近代美術館 15.グルントヴィークス教会 16.原邸. アクソメ図 17.TOKYO 18.六本木ヒルズ 19.名護市庁舎 20.沖縄集落 21.TOD'S 表参道ビル 22.Q FRONT ビル

1.9　集落・都市

1.10 ランドスケープ・環境

■**ランドスケープの変遷を知る**　都市・建築空間とランドスケープは密接に関係する。その関係性は、双方の魅力を高め、古今東西を問わず、良好な関係をもつ空間は多い。ランドスケープは一般に風景や景観と訳されることが多い。造園雑誌の造園学用語解説によれば、

英語では　　　　　　Landscape
オランダ語では　　　　Lantschappen

が同義語とされ、ランドスケープという言葉の最も古い使用例は、オランダで1490年ころ作成された祭壇画のための契約書の中にあるといわれている。Landscapeやフランス語のPaysageの原義には風景画という意味がある。英語のランドスケープはLandに-scapeがついてできた言葉としており、16世紀に画家の専門用語として使用された。20世紀になってデザイン的用語として主に造園用語に用いられるようになった。近代のランドスケープの歴史は、ランドスケープのデザインおよび職能の礎を築いたニューヨークのセントラルパークの設計者であるF. L. オルムステッドに始まるといわれている(3)。一方、日本では、近代的な都市型公園の先駆けとして1903年に初の洋風近代公園である日比谷公園が開園し、その後、1915年、植生の循環や樹木構成の年次移行の考えを導入した明治神宮、ヴィスタの考えを導入した神宮外苑（1918年）などが造営された(4～7)。

■**日本の庭園の変遷を知る**　日本では、庭園に関する文献は多く、最古の庭園書は『作庭記』といわれ、その他江戸時代以前のものとして、『秘本庭造伝』『山水並野形図』『嵯峨流古法秘伝書』などがある。また、江戸時代の『築山庭造伝』に真行草の文字が使用され、庭園の真行草が広まったとされている。吉田兼好の『徒然草』には、「家の作りやうは、夏をむねとすべし。冬は、いかなる所にも住まる」とあり、和辻哲郎の『風土』には気候と文化に対する考えなど現代の環境や空間を考えるうえで示唆に富む文献がある。庭園の実例として、平等院や浄土院などの浄土庭園、桂離宮・修学院離宮、苔寺に見る回遊式庭園、寝殿造・茶室に付随する庭園、町屋の坪庭、龍安寺の石庭や岡山後楽園の流店など多種多様な庭園が存在する(8～11)。

■**モダニズムとランドスケープの関係を知る**　モダニズムとランドスケープが関係性をもち実際の空間として表現されたのは、1925年に開催されたパリ万国博覧会ではないかといわれている。建築では屋上庭園やテラス、ピロティにより、建築内部と外部が連続性のある関係性を提示したサヴォア邸、滝の上に建築した落水荘、ミース、ノイトラ、シンドラーによるインターナショナルスタイルの建築と外部空間の関係。工業製品と安い敷地、工費で計画された一連のケーススタディハウス、風土と呼応したシーランチ、マラパルテ邸、環境と建物がほどよい関係をもつP. ジョンソンの自邸に建つ建築群など様々な展開を見せるに至った(12～18)。

■**建築家とランドスケープアーキテクトの関係と可能性を考える**　近年、建築家とランドスケープアーキテクトの職種を超えた共同作業による事例が多く見られるようになった。ソーク生物学研究所では、建築はL. カーン、ランドスケープは建築家としても有名なL. バラガンによるものである。また、近年では、谷口吉生とP. ウォーカーによる豊田市美術館、槇文彦と三谷徹による風の丘葬斎場、建築とランドスケープが一体として評価された栗生明と宮城俊作らによる植村直己冒険館などがある(1,2,19,20)。

■**建築とランドスケープを一体で演出する**　建築やランドスケープ単体で空間を演出する手法は数多く存在する一方、建築とランドスケープの双方を関係づけて演出する手法もある。例えば、風景を窓枠や縁側などで切り取り、室内に取り込む手法の「借景」、建物や並木を両サイドに配置し近景から遠景の奥行をさらに強調させる手法の「通景ヴィスタ(vista)」、水面に建物を映し幻想的な風景をつくり出す「倒景」など、建築とランドスケープが一体となり演出する手法は魅力的な空間を創出する(21)。

■**ランドスケープで場を顕在化し、改善する**　ランドスケープを計画する場合、場所の魅力を詳細に読み取って計画することにより場の魅力を顕在化することができる(14)。また、クリストの作品に見られるある物質を介在してその対比や融合によって表現するアースワークや、ラ・ヴィレット公園（屠殺場）、モエレ沼公園（ごみ捨て場）などのように過去の忌み嫌われる場所を、価値あるものに置き換える手段としてランドスケープのデザインが用いられることがある。さらに、産業遺産を活用したテクノスケープ、自然を再生したビオトープなどの例もある(22～24)。

■**環境とサスティナブルデザインを知る**　都市・建築に関連する環境の考え方は、21世紀に入り劇的に変化し注目されるようになった。その背景は、1962年に出版された『沈黙の春』や2006年に公開されたドキュメンタリー映画「不都合な真実」の衝撃的な映像、1992年リオデジャネイロで開かれたUNCED、通称地球サミット(the Earth Summit)などが契機となった。地球サミットでは「環境と開発に関する会議」があり「持続可能な利用(sustainable manner)」を明記している。現在、CO_2削減（LCCO$_2$ライフサイクルCO_2）、低炭素社会の実現などを踏まえた太陽光発電など自然エネルギーの利用、屋上緑化、壁面緑化、CASBEEによる評価、ビルディングフィジック（建物物理）に立脚した建築空間やデザイン可能性など、都市・建築の空間を環境という側面で捉え、持続可能な利用をするための様々な取組みが模索されている。

1. 植村直己冒険館　2. 同　配置図　3. セントラルパーク　4. 日比谷公園　5. 明治神宮の森　6. 皇居　松の広場　7. 神宮外苑並木　8. 平等院庭園　9. 西芳寺(苔寺)　10. 桂離宮　11. 岡山後楽園の流店　12. サヴォア邸の居間とテラス　13. ファンズワース邸　14. 落水荘　15. バルセロナ・パビリオン　16. シーランチ　17. マラパルテ邸　18. P.ジョンソンの自邸に建つ建築群　19. ソーク生物学研究所　20. 風の丘葬斎場　21. ブリオンヴェガの窓　22. モエレ沼公園　23. ラ・ヴィレット公園のフォリーの一つ。平面図　24. 同運河に面したフォリー

1.10　ランドスケープ・環境

1.11 保存・再生

■**二つの耐用年数**　建築物の寿命（耐用年数）には構造的寿命と機能的寿命の二つがある。前者は建築物が物理的に成立する時間である。建築物の重要な機能としてシェルターつまり中身を守る働きがあるが、この機能を担えるか否かが一つの目安である。一般に建築物は数年以上使用に耐えることを前提としている（あらかじめ短い耐用年数を前提に建設されるものは仮設といわれる）。一方後者、機能的寿命は流動的である。商業施設など時代や流行に影響を受けやすい建築物の機能的寿命は比較的短い。住宅では家族構成の変化やエイジング（人間の一生を通じての変化）が関係する。また新技術の開発、研究成果の反映、あるいは事故などを契機として当初考えられていた寿命が突如短くなる場合もある。

■**保存と再生**　かつての日本の庶民住宅は木造が主流であったため、構造的寿命によって消費と生産を繰り返してきた。しかし現在、国内の特に都市部においては機能的寿命によって建築物が建て替えられる例も少なくない。スクラップアンドビルドといわれる行為が繰り返されている。それは本来、老朽化したものを廃棄し新しいものを設けることを指すが、現実には非能率的なものを廃棄し、新しい能率的なものに建て直すことを目的としている。これはまさに消費文化の象徴であり、近年はその反省からも保存や再生が見直されている。

建築物保存の理由は、前述二つの寿命から考えられる。機能的寿命よりも構造的寿命が短い場合、これは歴史的価値がある建築物や町並みなどに見られる現象だが、建築物の状態を保持する方法として指定・規制等の手段がある。具体的には国内レベルでは文化財の指定、国際的にはユネスコの世界遺産登録などが挙げられる(1)。また民間の活動で、破壊を防ぐために住民が土地や建造物を買い取り、保存・保護するナショナルトラスト[注1]運動もある。

逆に機能的寿命が構造的寿命より短い場合、これは商業施設や住宅など一般的な建築物で日常的に生じている現象である。建築を廃棄することなく生かす、つまり再生するには、要求される機能に合わせて空間を変化させることが必要である。再生の理由としては資源の有効利用とその建築物のもつ価値の保持の2点が挙げられる。

■**S・I建築**　情勢の変化に合わせて平面や内装を変えることができるように、構造体部分（スケルトン）と内装や設備部分（インフィル）をあらかじめ分離した形態の建築をS・I建築（スケルトン・インフィル建築）という。建築全体を破壊することなく再生できる手法として注目されてきた。このような考えに基づき造られた事例に大阪ガス実験集合住宅NEXT21がある(2,7)。

■**リノベーションとコンバージョン**　建築物全体を壊さずに寿命を延ばす方法としてリノベーション（renovation）やコンバージョン（conversion）がある。リノベーションは改革・刷新、修理・修復を意味し、既存の建物を改修することで用途や機能を変更して、性能を向上させたり価値を高めたりすることである。耐震性や安全性を確保し構造的寿命を延ばすものや、設備関係の更新、内外壁の補修、建具の取替え、平面の変更などがある。一方、コンバージョンとは転換・変化・改装・改造のことで、こちらは建築の用途変更を意味する。

■**制約を生かすデザイン**　リノベーションやコンバージョンのデザインでは、既存建築物によって制約が生じる。何を制約つまりデザインの条件とするかは、何を保持すべき価値と捉えるかによって異なる。言い換えれば、これらの建築はその制約＝条件を生かすデザインが望まれるのである。

1) 歴史的価値・文化的価値を生かす　古い建築のファサードをそのまま利用したデザイン(3)、既存の建築の部分を改修し全体の形状は維持しつつ新しい空間をつくり出したもの(4)、著名建築家の作品を公共建築として再生した例もある(6)。

2) 立地条件を生かす　児童数減少で廃校となった都心部の小学校や中学校を地域のコミュニティ施設として利用する例や、アーティストの活動拠点として再生している例がある。また元々の立地条件の良さを利用し、集客効果を期待した施設とする例もある(5,8,11)。

3) 形状を生かす　建築形状がランドマークとなる場合(8,10)、象徴的な意匠や空間を維持する場合(9,11,21)、また特徴を生かした要素を付加することで新しい空間の魅力を構成する場合(3,16,17)などがある。

4) 時代に合わせ用途変更する　車社会の現代、不要となったかつての厩舎を利用して都心の文化複合施設に再生したもの(11)、郊外のリゾートホテルに改築したもの(13,14)、高級住宅街へと生まれ変わった例(18,19)などがある。国内では戦後、軍関連施設や邸宅をホテルや美術館に転用した例がある(22)。また産業施設としての役目を終えた建築の空間特徴を生かした利用もある。発電所(8,9)、ガスタンク(10,15,16)、倉庫(17)、高架鉄道(20)、駅舎(21)などである。

5) 都市をコンバージョンする　施設が新しい機能をもつことによってその立地する都市空間も変化する。産業施設が商業施設と集合住宅として再生し、一つの街が形成された例(10)、開放された施設の中庭が市民の憩いの場となっている例(12)もある。これらは都市空間自体がコンバージョンされたといってよいであろう。

注1：ナショナルトラスト　自然環境や歴史的環境の保存を目的に1895年イギリスで発足した民間組織。世界各地に広まった同趣旨の運動をも指す。

1. 国宝の法隆寺金堂と五重塔　2. NEXT21（大阪ガス実験集合住宅）平面図　3. リヨンオペラ座　4. グレートコート（大英博物館）　5. コヴェントガーデン。修道院から市場施設、そして商業施設へと姿を変えてきた　6. 目黒区庁舎。村野藤吾設計の千代田生命ビルを区庁舎に　7. NEXT21 外観　8,9. テートモダン。発電所から美術館へ　10. ガソメーター。ガスタンクから集合住宅・商業施設へ　11. ミュージアムクォーター・ウィーン。王室の厩舎を美術館に　12. 同　一般に開放されている中庭　13,14. インド、マハラジャの別荘だった建物をホテルとして使用している　15. ガソメーター　断面図・平面図　16. 同　低層部から住宅部を見上げる　17. Warehouses。倉庫から集合住宅へ　18,19. ミューズ（Mews）。厩を住宅に　20. バスティーユ高架鉄道改修　21. オルセー美術館。鉄道駅を美術館に　22. 東京都庭園美術館。旧朝香宮邸を美術館に

1.11　保存・再生

1.12　図化・表現

■**図化は「形のことば」**　図化・表現は、思考とコミュニケーションの道具として、悠久の歴史がある。アルタミラの洞窟壁画や古代地図、イコン、シンボルなど、図的表現は人類の歴史とともに存在する。これらは「文字ことば」と並ぶ「形のことば」である。「形のことば」は単なる表現のツールではない。一見カオスに見える無数の星も、物語性をもつコスモス・星座として表現してきたように、人類が「世界」をどのように認識し、把握してきたかを示している(1,2)。

「形のことば」の特徴は、目で見てすぐに了解できる視覚的機能を有することである。また、「文字ことば」と異なり人類共通の言語として普遍性がある。国際空港のサインに絵文字が多用されるのはこのためである。

■**目的と方法**　図化の本質は、x・y・zの三次元の対象空間を、いかにx・yの二次元に正確に表現するかにある。目的により図化の種類、技法など、表現方法は異なる。大別すると「計画・設計」の「計画」に関わる図：機能図やダイヤグラムなどの分析図と、「設計」に関わる図：平面図や断面図などの設計図の2種類がある。(3)は計画と設計の関係を示した図である。縦軸は量、横軸は時間経過を示す。設計の始まりは建築計画的調査・分析が多く、時間が経過するに従い具体的設計図が増加し、最後にはすべて「形のことば」となることを示している。

■**図化・表現の種類**　種類としては大きく分けて計画図と設計図があり、さらに目的により表現が異なる。

1) 計画図　計画に関わる図には下記の種類がある。

a. スケッチ：「はじめにイメージありき」で、新しい空間の創造には空間イメージの認識・表現が重要である。スケッチは、イメージを直截に表現する最も有効な方法の一つである(4〜6)。手描きの線描画が一般的だが、ソフトの発達によりパソコンでも描けるようになった。

b. ダイアグラム：図形・線・矢印などで抽象的に表現した図。思考の整理、事象の分析などを表現するのに適する。空間と時間が関連する時系列の図化、システムなどの表現のほか、抽象的な空間イメージの表現にも用いられる(7)。

c. 機能図：ダイアグラムの一種で、単位空間相互の関係を表現した図。人・物の動き、空間におけるアクティビティと広さなど、平面的な相互関係の理解に役立つ。

d. 空間譜：ノーテーション(notation)ともいう。空間の雰囲気・魅力などを記録する方法。五感を通して感じた街路空間の記録など、空間の分節を記号化し五線譜に音符を記入するように譜として記すなど、多様な表現方法がある(8)。

2) 設計図　設計図には基本設計図、実施設計図、その他がある。基本設計図は施主の要求に応える基本的な空間設計の図面、実施設計図は予算・技術などを含む実施を前提とした図面である。ほかに施工のための施工図などがある。以下では基本設計図について述べる。

a. 配置図：敷地に建物の位置を示す図。屋根伏図で示すのが一般的だが、1階平面図と外構計画で示すこともある。

b. 平面図：空間を水平に切断し上から見た図。広さや使われ方などを検討するのに適する(9)。

c. 断面図：空間を垂直に切断し横から見た図。高さ方向の寸法と立体的空間が把握できる。一般に、断面が美しい建築は空間的に魅力がある(10)。

d. 立面図：空間を正面から見た外観図。

e. 矩計図：断面図の一種で、建物各部の高さを詳しく定めた図。

f. 詳細図：空間の納まりを詳細に表現した図。平面詳細図、断面詳細図などのほか、部分をスケールアップした部分詳細図などがある。

立体的表現の図面としては下記がある。

a. アイソメ：立体を斜めから見た図で、xyz軸が等しい角度（120度）となる。等角投影図ともいう(11)。

b. アクソメ：アイソメの一種で、平面図をそのまま斜めに立ち上げた図。簡便で寸法も実寸で表記できる(12)。

c. 透視図：遠近法により描かれた図。略語でパースともいう。ある視点からどう見えるかの描写に適する。視点により1点透視図、2点透視図などがある。

■**その他の図化・表現**　その他の表現手法として以下のものがある。

a. シミュレーション：CADの発達により図面と模型の双方を利用し、空間・景観の見え方や耐震など、各種のシミュレーションを行うことが可能となった(13)。

b. ペーパーアーキテクチュア：文字通りペーパーの上でしか存在しない建築を指す。実現しないことを承知で表現された空間のイメージ図、あるいは事情により実現できなかった建築・都市空間も含まれる。しばしば全く新しい、あるいは強烈な空間のイメージを表現し、記憶にとどめられることが少なくない(14〜16)。

c. 模型：図化と関連した重要な表現方法に模型がある。模型は大別するとスタディ模型と完成模型がある。スタディ模型は設計過程での検討用の模型で、何度も作り直しができるようにする。完成模型は施主にプレゼンテーションするための模型である。いずれも空間のコンセプトにより、スケール、材料などの選定が重要となる(17)。

1. 物語として表現された星座　2. 世界観を表現した曼荼羅　3. 計画と設計との関係図　4. ロンシャン礼拝堂のスケッチ（ル・コルビュジエ）　5. せんだいメディアテークのスケッチ（伊東豊雄）　6. 梅田スカイビルのスケッチ（原広司）　7. マイクロメガス（ダニエル・リベスキンド）　8. ノーテーション（アン・ハルプリン）　9. 平面図。中野本町の家（伊東豊雄）　10. 断面図。東京都新庁舎コンペ案（磯崎新）　11. アイソメ。ロンシャン礼拝堂（ル・コルビュジエ）　12. アクソメ。ラ・ヴィレット公園（レム・コールハース）　13. シミュレーション。地表と建築（望月諭）　14. ニュートン記念堂（エティエンヌ＝ルイ・ブレ）　15. 工業都市・製鉄所（トニー・ガルニエ）　16. ウォーキング・シティ（アーキグラム［ロン・ヘロン］）　17. プラトン・ボックス 500m×500m×500m（原広司）

1.12　図化・表現

第2部 施設を計画・設計する

2.0　計画と設計

■**建築計画から設計へ**

　建築や都市をデザイン・計画するときには、様々な要件を整えなければ実際に建設することはできない。計画する建物の種別、立地、敷地、コスト、周辺環境との関係性、さらにはバリアフリー、地球環境への対応といった社会的要請など多くの条件をクリアにしなければならない。同時に重要な視点はその建築のもつ空間性である。時代を超えて今に残る建築は単に機能的な構成を満たしているのみならず、空間としての魅力を有しているからである。

　そのため、まず建物の種別についての建築計画的な知識としての機能構成、必要面積、諸室の関係や繋がりなどの配置構成を理解しておく必要があり、これが建築計画学である。こうした専門的な知識を得たうえで、実際の建築計画が進められる。

・建築計画とは、その建物の目的や意義を明確にして全体構想を企画し、種々の要求や諸条件を満たして具現化する方針を設定することである。

・建築設計は、この方針に即して実際の建築を成立するための行為である。そのため平面・立面や断面計画について構造計画や設備計画も合わせて検討される(1)。

　計画から設計へのプロセスは、基本構想・企画から基本設計、実施設計と進める。基本構想の段階で現地調査、法規制を調べ、計画・設計の条件を整理する。このため発注者の要望、建設コスト、工期などを検討するとともにデザインコンセプトをまとめていく。次に基本設計で平面・断面・立面計画、ランドスケープ、サイン計画、照明計画、さらに構造形式や免震構造など耐震の方法などの構造計画、空調方式や機械室の配置など設備計画を重層的に検討を行う。これらをもとに具現化するための実施設計として設計図にまとめていく。特にサイン計画は機能が複雑な病院や駅などにおいても高齢者や身障者も含めて、適切な誘導ができ、かつ災害時に安全に避難できるようなデザインとする。さらに建設にかかる費用で建築の規模、仕様、構造、設備などの性能が決定される。竣工後もメンテナンスなどランニングコストも念頭に予算の十分な検討が必要である。

　またスクラップアンドビルドといった社会的状況において、ニーズに合わなくなると即建て替えるといった時代から、地球環境への負担軽減を考えリノベーションやコンバージョンなどに対応する寿命の長い建築が望まれるようになり、こうした対応も視野に入れておく必要がある。

　本書では、さらに建築空間としての快適性や魅力といった空間性についても解説する。

■**敷地の特性を把握する**

　計画する建物の敷地について、a.方位、気温、湿度、風向、降雨量、積雪量など自然環境、b.敷地の形状、高低差、地盤強度、地下水位、地下埋設物、樹木の位置や種類など敷地内の特性、c.人や車の交通量、隣接地の建物用途、高さ、形状など周辺状況、d.敷地ならびに周辺の用途地域、建蔽率、容積率、緑や駐車場などの付置義務などの法規制を調べる。これを現地調査と呼び、計画の基本的条件となる。

■**法規制を調べ計画としての最大ボリュームを把握する**

　計画する敷地には建築基準法などによる様々な法規制があり、これをクリアしないと建物を建設することができない。まず建築基準法において総括的規定、単体規定、集団規定があり、この集団規定の中で乱開発行為による都市計画を防ぎ、快適で安全な環境を人に提供するため、用途地域を定め建物用途、建蔽率、容積率、さらに建物高さ、日影などについての限度・制限を示している。これにより建築することのできる用途や規模が制限される(2,3,4)。

　法規制を調べることにより、計画する建物の概ねの階数や延べ床面積、さらに形状などの最大の大きさ、ボリュームが設定される。

■**機能・構成・規模を理解する**

　計画する建物の種別により必要諸室の機能や規模、それらの諸室の構成が要求する機能を満たし、かつ諸室の構成が利用目的に合わせて、人間や物品の移動などに支障をきたさないように動線計画も含めて有効に働くような諸室の関係や繋がりを近接性、階層性、独立性、利便性などの点から整理しておかなくてはならない。それぞれの室には、その室の利用目的に合わせた適正規模がある。広すぎたり狭すぎたりすることによって、その室の機能が失われることがあるので注意が必要である。さらにそれぞれの室には什器や備品など様々な物品が置かれる。この物品のレイアウトについても有効に機能するよう計画しなければならない。また内装や室内環境などの空間性能を考慮し、単に機能性や利便性のみで計画するのではなく、より新しい知見をもって快適性や空間性を創造し計画することが望ましい。なおそれぞれの建物にはエントランスやロビーなどその建物を象徴する空間がある。このような空間ではその建物の顔として魅力ある空間構成を演出してアイデンティティを高める（第2部各章参照）。

■**廊下・階段・エレベーター・エスカレーター・便所・駐車場をデザインする**

　どのような用途の建物であっても建築の基本的な要素として、階段、便所、駐車場は不可欠である。

1) 廊下　廊下の幅は通行上または避難上スムーズに行き来できるよう、特に学校の教室のように多数の人々が集まる室やストレッチャーや器具を伴って移動する病院などでは廊下幅の下限が決められている。さらに車椅子などの移動にも配慮して計画する必要がある(5)。

　高齢者対応などで廊下や階段の壁などに手摺を設ける場合、手摺の幅を除いて有効幅を確保する。

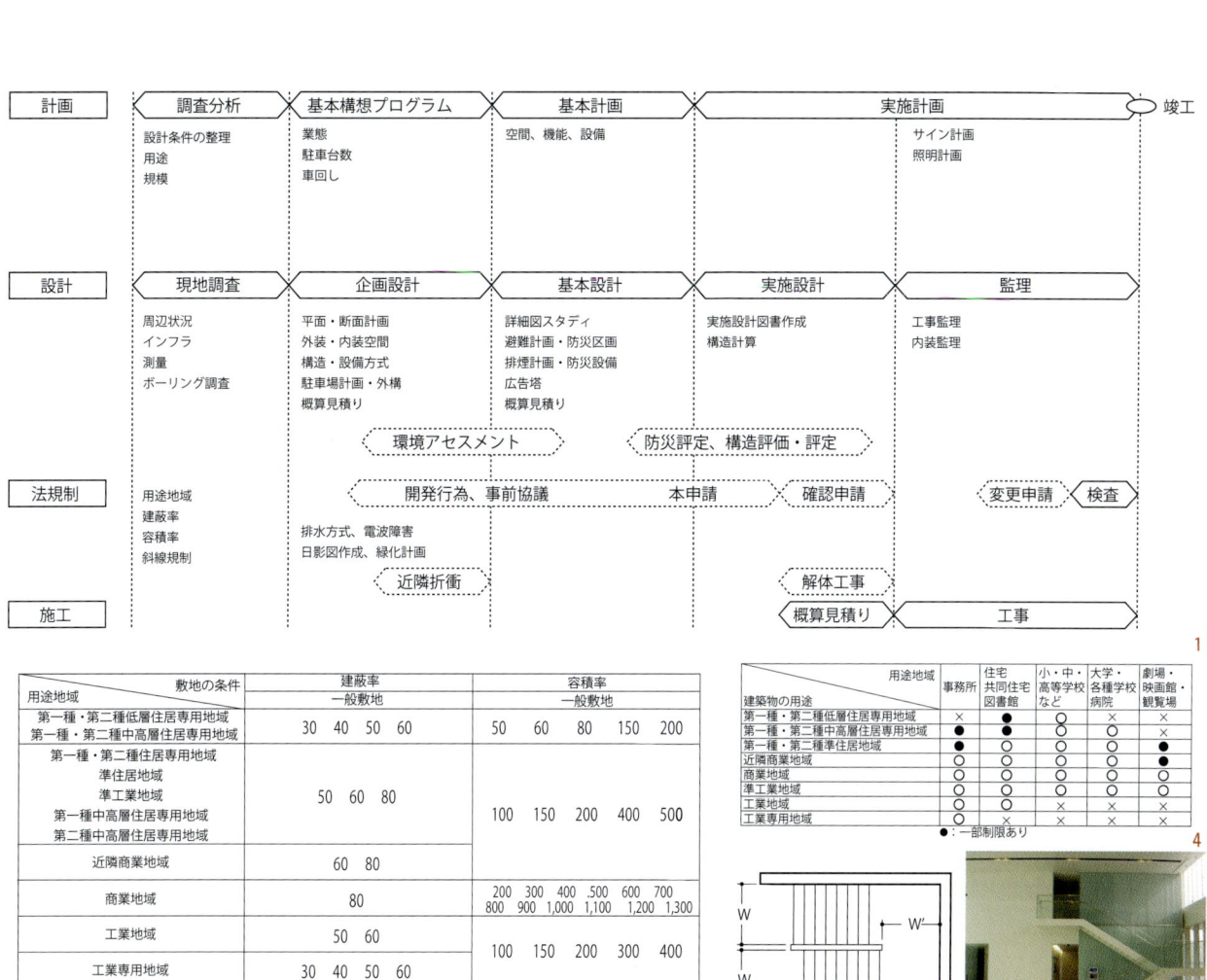

計画・設計フローチャート

計画	調査分析	基本構想プログラム	基本計画		実施計画	竣工
	設計条件の整理 用途 規模	業態 駐車台数 車回し	空間、機能、設備		サイン計画 照明計画	
設計	現地調査	企画設計	基本設計	実施設計	監理	
	周辺状況 インフラ 測量 ボーリング調査	平面・断面計画 外装・内装空間 構造・設備方式 駐車場計画・外構 概算見積り	詳細図スタディ 避難計画・防災区画 排煙計画・防災設備 広告塔 概算見積り	実施設計図書作成 構造計算	工事監理 内装監理	
		環境アセスメント	防災評定、構造評価・評定			
法規制	用途地域 建蔽率 容積率 斜線規制	開発行為、事前協議 排水方式、電波障害 日影図作成、緑化計画	本申請	確認申請	変更申請	検査
		近隣折衝		解体工事		
施工				概算見積り	工事	

用途地域別・建蔽率・容積率

用途地域 / 敷地の条件	建蔽率 一般敷地				容積率 一般敷地				
第一種・第二種低層住居専用地域	30	40	50	60	50	60	80	150	200
第一種・第二種中高層住居専用地域									
第一種・第二種住居地域 準住居地域 準工業地域 第一種中高層住居専用地域 第二種中高層住居専用地域	50	60	80		100	150	200	400	500
近隣商業地域	60	80							
商業地域	80				200 300 400 500 600 700 800 900 1,000 1,100 1,200 1,300				
工業地域	50	60			100	150	200	300	400
工業専用地域	30	40	50	60					
用途地域の指定のない地域	30	40	50	60	70	50	80	100	200 300 400

用途地域と建物用途制限

用途地域 \ 建築物の用途	事務所	住宅 共同住宅 図書館	小・中・高等学校 など	大学・各種学校 病院	劇場・映画館・観覧場
第一種・第二種低層住居専用地域	×	●	○	×	×
第一種・第二種中高層住居専用地域	●	●	○	○	×
第一種・第二種住居地域	●	○	○	○	●
近隣商業地域	○	○	○	○	○
商業地域	○	○	○	○	○
準工業地域	○	○	○	○	○
工業地域	○	○	×	×	×
工業専用地域	○	×	×	×	×

●：一部制限あり

高さの制限・斜線制限

高さ制限の種類	高さの基準点	塔屋などの除外限度	参考例
道路斜線	前面道路の路面の中心	12m	
隣地斜線		12m	
北側斜線 高度地区の北側斜線 避雷設備の規定	地盤面	0	
第一種・第二種低層住居専用地域内の絶対高さ（10mまたは12m）制限日影規制		5m	

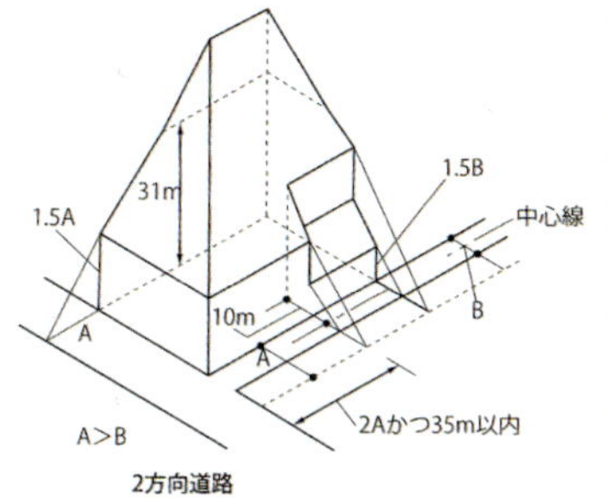

建物用途と廊下の寸法

廊下の用途	小学校 中学校 高等学校 中等教育学校 の生徒用、児童用	病院の患者用	共同住宅（住戸または住室の床面積の合計）>100㎡の階の共用のもの	居室の床面積の合計>200㎡（地階では>100㎡）(3室以下の専用のものは除く)
両側に居室がある場合	≧2.3m	≧1.6m	≧1.6m	≧1.6m
その他の場合	≧1.8m	≧1.2m	≧1.2m	≧1.2m

建物用途と階段の寸法

階段の種類	① 小学校の児童用	② 中学校・高等学校・中等教育学校の生徒用 劇場・映画館・公会堂・集会場等の客用	③ 物販店舗（物品加工修理業を含む）で床面積合計>1,500㎡	④ 地上階の居室の床面積合計>200㎡の地上階用	⑤ 居室の床面積合計>100㎡の地階または地下工作物内のもの	⑥ ①〜③以外、および住宅以外の階段（住宅または住戸の共用階段を除く）	昇降機械室用	屋外階段の幅の緩和	
								建令 120、121条による直通階段	その他の階段
階段幅 踊り場幅 (cm)	≧140	≧140	≧120	≧75	≧75	規定なし	幅≧90cm	幅≧60cm	
蹴上げ (cm)	≦16	≦18	≦20	≦22	≦23	≦23			
踏面 (cm)	≧26	≧26	≧24	≧21	≧15	≧15			
踊り場位置		高さ≦3mごと			高さ≦4mごと			蹴上げ等の寸法は、それぞれ①〜⑤に定める数値とする	
直階段の踊り場踏幅 (cm)	≧120								

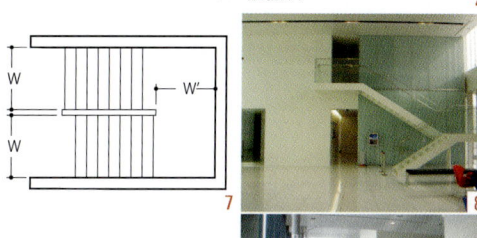

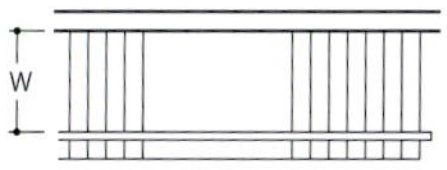

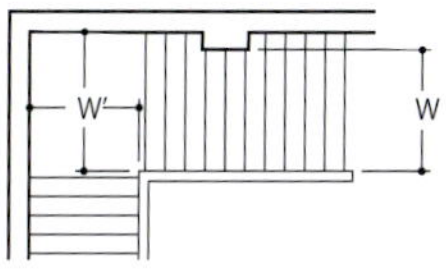

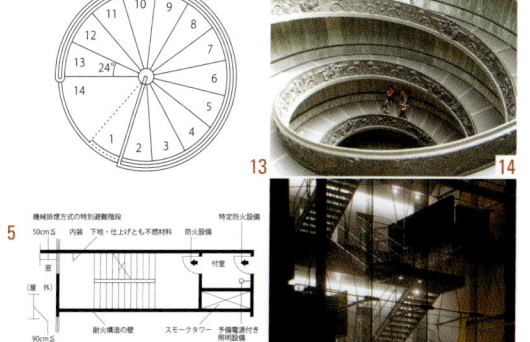

1. 計画・設計フローチャート　2. 用途地域別・建蔽率・容積率　3. 高さの制限・斜線制限　4. 用途地域と建物用途制限　5. 建物用途と廊下の寸法　6. 建物用途と階段の寸法　7. 折返し階段　8. 横河電機相模原事業所　9. 直階段　10. 日本大学駿河台キャンパス　11. かね折れ階段　12. 長崎県立美術館　13. 螺旋階段　14. バチカン美術館　15. 特別避難階段　16. 筑波宇宙センター総合開発推進棟

2.0　計画と設計

2) 階段

階段は、廊下同様に垂直移動の容易さ、災害時の避難の安全性などから、より具体的に階段と踊り場の幅、蹴上げ、踏面について法規上の制限がある。特に建築の高層化に伴い、二方向避難のために直通避難階段や特別避難階段[注1] (15,16) (p.35) の設置が義務づけられている。階段の勾配は法規上の範囲で決められるものの、安全性や移動の負担、階段の目的によって勾配を決めることが望ましい (6) (p.35)。

特に住宅では、法規上は、蹴上げ23cm以下、踏面15cm以上であるが、この勾配は45度以上の急勾配である。上り下りの安全性を考えると、もう少し緩やかな勾配とすることが望ましい。

さらに階段は上下階や高低差のある場を繋ぐ重要な装置であり、機能的側面のみならず空間の垂直移動に伴う空間性を演出する装置でもあり、そのデザインは手摺や踏み板に至るまで重要である。形状としては概ね、折返し階段 (7,8) (p.35)、直階段 (9,10) (p.35)、かね折れ階段 (11,12) (p.35)、螺旋階段 (13,14) (p.35) がある。

3) エレベーター

建築の高層化や利便性から、またバリアフリーの観点からエレベーターは必要不可欠なものとなっている。人を運ぶことを主目的とした常用エレベーター、物品の搬送を目的とした荷物用エレベーター、火災など災害時の消火活動のための非常用エレベーターがある。非常用エレベーターは31mを超える建物の該当階の面積に応じて設置が義務づけられている。エレベーターホールは高層の建物では高所感が失われやすいため、自らの定位が把握できるよう外部が見渡せる開口を設けることが望ましい。

なおエレベーターの台数算定は、利用者のピーク時の人口と待ち時間を考慮して決める。また超高層建築では、最下階から最上階のすべての階に停止するように設けると台数が膨大となり、レンタブル比も減ずる。そのためサービス方法を考えて計画する。

4) エスカレーター

エレベーターと比較すると10倍以上の輸送能力があり、商業施設や駅などでは、移動の有効な手段である。高齢者や身障者には適さない。

5) 便所

建築にとって必要不可欠なものであり、利用者の数や性別によって適正な便器や洗面器の個数が決められ、必要な面積が計画できる。(1) は利用者数と待ち時間のレベルによって大小の便器や洗面器の数を算出するための図である。また便器や洗面器の配置寸法を (2,5) に示す。男女を別にすることはもとより、身障者用の便所を設置する。身障者用の便所は、車椅子での利用に留意して広めにとり、洗面台の高さなど各部の寸法に注意を要する (3)。また最近では、化粧のためのスペースの工夫やベビーベッドの設置など、より快適な便所の計画が望まれる (4)。

6) 駐車場

駐車台数については、条例などで定められていることが多い。必要台数を確保するとともに、都心の交通至便なところを除けば、利用者の利便性を考え適切な台数の駐車場を計画する。屋外設置の駐車場以外に地下駐車場、タワーパーキングなど機械式駐車などの方法があり、敷地の大きさなどの制約条件によって決める。なお地下駐車場などを設置する場合、進入路の勾配は (8) に示すとおり最大勾配17% (1/6) までとされており、階高4mの地下駐車場への斜路の長さは、上階の梁にぶつからないためにも最低でも30mは必要となる。また身障者用の駐車スペースを確保する。なお駐車場の出入口についてもサービス動線に注意して、メインアプローチと交差しないようにする (6,7,8)。

■敷地の特性を読み解く

計画する建築の敷地の環境・形状は様々である。下記の点に留意して計画を進める。

1) 高低差

平坦な敷地と高低差がある敷地とでは、アプローチ、サービス動線など平面計画や断面計画が異なる。

平坦な敷地に比べ、高低差を利用してスキップフロアにするなどダイナミックな変化のある空間を創出しやすい。反面、断面や平面計画に注意を要する。

2) 方位

一般に南方向に関心の高い日本では、集合住宅を南に面するように計画するため、東西に長い住棟配置が多く見られる。また直射光を嫌う室もあり、方位は建築の平面計画に大きく影響する。

3) 眺望・ヴィスタ

眺望は建築の空間計画に重要である。周辺に海や川、山といった眺望が期待できる敷地では、その眺望を有効に活用する。ホテルなどでは眺望の良い方向に客室を並べたり、窓などの開口もコーナーウインドウを設けたりする。また高台の頂に計画する場合、中腹に計画する場合で平面計画が異なる。頂に建つ (9〜11) では池や海の眺望の良い方向に建築が面した計画である。また (12〜14) のように中腹に計画された建物は、斜面に沿って各階をセットバックさせることにより広いバルコニーを設ける、など居住性を高めている。

4) 周辺環境（街並みの景観・コンテクストを読み解く）

計画をするに当たって周辺環境を正確に把握する必要がある。電気や上下水道といったインフラの状況を確認するとともに、周辺の建物種別の配置状況、道路や交通量、最寄りの公共機関交通などを把握しておく。これらにより建物のエントランス、サービス動線などが決められる。またその街の景観、特に歴史的町並みなどその街のコンテクストを理解する。これにより建築形態や色、デザインに影響する場合もある。京都のように歴史的景観を保持していくうえで新しい建物であっても庇や色の規制があるように、それぞれの自治体で景観条例やガイドラインが定められている (18〜20)。一方敷地が広く平坦で単独の建物では、シンボル性が強調され街のランドマークとなり得る (15〜17)。

5) 風土・地域性

歴史的建物に見られるように場所の文化または風土や地域性がデザインに影響を与える。温度や湿度、降水量や積雪量、風向き、地下水位など気候や地盤の強度などを調べるとともにその地域の景観や特産の材料などにも留意し、地域性を尊重するように計画する。

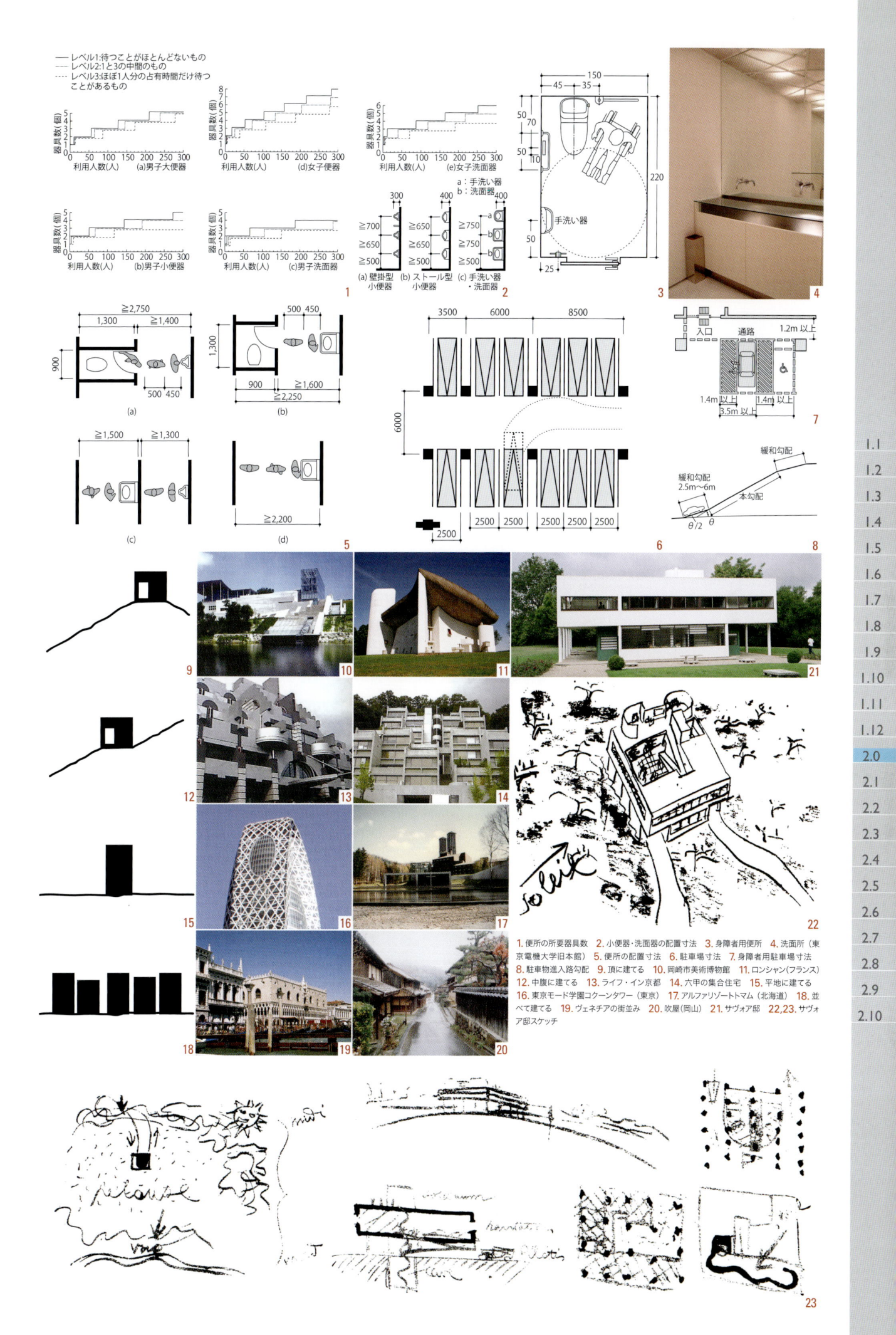

― レベル1:待つことがほとんどないもの
― レベル2:1と3の中間のもの
… レベル3:ほぼ1人分の占有時間だけ待つことがあるもの

1. 便所の所要器具数 2. 小便器・洗面器の配置寸法 3. 身障者用便所 4. 洗面所（東京電機大学旧本館） 5. 便所の配置寸法 6. 駐車場寸法 7. 身障者用駐車場寸法 8. 駐車物進入路勾配 9. 頂に建てる 10. 岡崎市美術博物館 11. ロンシャン（フランス） 12. 中腹に建てる 13. ライフ・イン京都 14. 六甲の集合住宅 15. 平地に建てる 16. 東京モード学園コクーンタワー（東京） 17. アルファリゾートトマム（北海道） 18. 並べて建てる 19. ヴェネチアの街並み 20. 吹屋（岡山） 21. サヴォア邸 22,23. サヴォア邸スケッチ

2.0　計画と設計

■ 建築のイメージコンセプトを考える

　建物の用途や敷地条件、法規制などの与条件をもとに、具体的な建築の計画を進めるに当たっては、まずその建物のイメージをつくる。スケッチや模型などエスキスを重ね、新たな提案を含め、平面、断面、立面のイメージをまとめていく。(22,23)はル・コルビュジエの設計によるサヴォア邸(21)のスケッチである。アプローチから平面や断面構成のイメージ、こうしたスケッチを重ねていくことによって、建築のイメージがつくられていく。

■ 建物配置パターンを決める

　建物の敷地に対する配置計画は、外部空間と深く関係して様々な雰囲気の空間をつくる。建物の用途によって配置を考える。

1) **敷地の中央に建てる**　建物の象徴性が高まるとともに周囲の外部空間の領域感が低くなるものの開放感が生まれ、外部空間のアクティビティが高まる(1,2)[注2]。

2) **平行して建てる**　敷地の両端に棟を配置することにより中央に外部空間を構成する。二方向で街路などに接するため落着き感は期待できない(3,4)。

3) **Lの字に建てる**　二方向が外部に対して開かれているため空間の方向性が生まれる。一方で2面で囲まれているため空間の領域感が生まれる(5,6)。

4) **コの字に建てる**　三方向が囲まれ、領域感が高く、一方向に開かれた街路からレベルを下げることにより、街路と視覚的連続性を失わず、外部空間の落着き感を増すことができる(7,8,17,18,19)。

5) **ロの字に建てる**　いわゆる中庭型であり、空間の領域感は高く落着き感が生まれる。プライバシーを尊重する建物に向く(9,10)。

6) **分散して建てる**　敷地の中に建物を分散して建てるため建物相互の関係性に留意して配置する。それぞれの建物の独立性は高い。配置の仕方により外部空間の多様性が生まれる(11,12)。

7) **雁行して建てる**　建物を斜交い・隅違いに配置する。建物の2面が交互に見えるため変化に富んだ有機的な連続性が生まれる(13,14)。

8) **浮かして建てる**　ピロティのように1層を浮かして上部に建築する。地表面の外部空間は一体的なものとなり、上部の建築空間はプライバシーが保てるとともに自由な構成が可能となる(15,16)。ピロティとは、コルビュジエが近代建築のあり方として発表した5原則の一つである。地上面の半屋外空間として、計画の自由度は増すが、耐震性に注意が必要である。

■ ランドスケープ、植栽・緑をデザインする

　建物と外部空間を一体のものとして計画する。こうした外部空間の計画をランドスケープデザインという。特に植栽などの緑については、一定規模以上の敷地を有する建物では屋上緑化が義務づけられている。屋上緑化などは温暖化対策の面でも地球環境のためにも重要であるが、人間の心理面でも開放感を高め空間のアメニティを生むものである。法によらず敷地内で緑感を増すうえで15％以上の緑量を確保することが望ましい(20)[注2]。

■ 人の行動・アクティビティを促す

　建築の外部空間、特に総合設計制度による容積緩和に伴う公開空地など都市空間のアクティビティを高める空間は、利用者にとって有効に活用できる構成となるよう工夫する。例えば都市の中で人々は様々な行為・行動をする。休憩したり、人と待ち合わせる場所は都市のアメニティ形成のうえで重要であり、休憩行為は囲われ感の強いコーナーや植栽の多い緑豊かな空間で椅子やベンチなどのストリートファニチャーのある場が好まれる。待合せにはパブリックアートなどの目印となるオブジェがあり、見通しのきく場が好まれる(22,23)[注3]。

■ 空間の大きさを認知し理解する

　我々は、空間の大きさを以下のように認知、把握している。空間の高さについては、実際の高さより高く認知される傾向がある。幅については比較的正しいスケールで認知されるものの、天井や壁にガラスの開口が多用されることにより開放感が高まり長く認知されやすい。奥行は、短く認知される傾向があり、空間の落着き感が高いほど正確に、誘導性が感じられるほど短く認知される。幅と奥行の平面プロポーションは、細長い空間で奥行を短く正方形に近く認知する傾向がある。このように空間は実際に設計するスケールをその空間構成も関係して、大きくまた小さく認知しており、設計に当たって留意する点である(24〜26)[注4]。

■ バリアフリーとユニバーサルデザインを考える

　バリアフリーとは身障者や高齢者など身体的な社会的弱者にやさしい環境を計画することであり、建物の内外を問わず段差や障害物をなくし、安全に円滑に利用できる環境づくりのことである。またユニバーサルデザインとは、文化や言葉の違い、性別や年齢、障害や能力の有無などを問わずに利用できるデザインをいい、建築計画上、留意していくことは重要である。

■ 様々な建築形態と空間の魅力を創造する

　建築の形態や空間をデザインすることは、我々の生活を豊かにするものである。その地域の風土に馴染むデザイン(27)、祈りの空間を演出する光の構成(28)、日常を忘れ非日常の体験をする劇場へ誘うアプローチ空間(29)、都市の景観の中でランドマークやシンボルとなる多様な表層のデザイン(30,31)がある。特に建築のファサードは、その建築の顔となるものであり、建築空間の魅力が表出するような景観を考慮したデザインとする。

注1： 概ね15階以上、地下3階以下に通ずる階段は、バルコニー式や自然、機械排煙に供する付室を設ける。
注2： 積田洋「都市的オープンスペースの空間意識と物理的構成との相関に関する研究」日本建築学会計画系論文集第451号,1993.9
注3： 積田洋・土田寛「都市のパブリックスペースの研究（その1）（その2）」日本建築学会計画系論文集第591号、596号,2005.5,10
注4： 積田洋・玉尾祐輝・徐華「吹抜け空間における幅・奥行・高さの認知特性の研究」日本建築学会計画系論文集第648号,2010.2

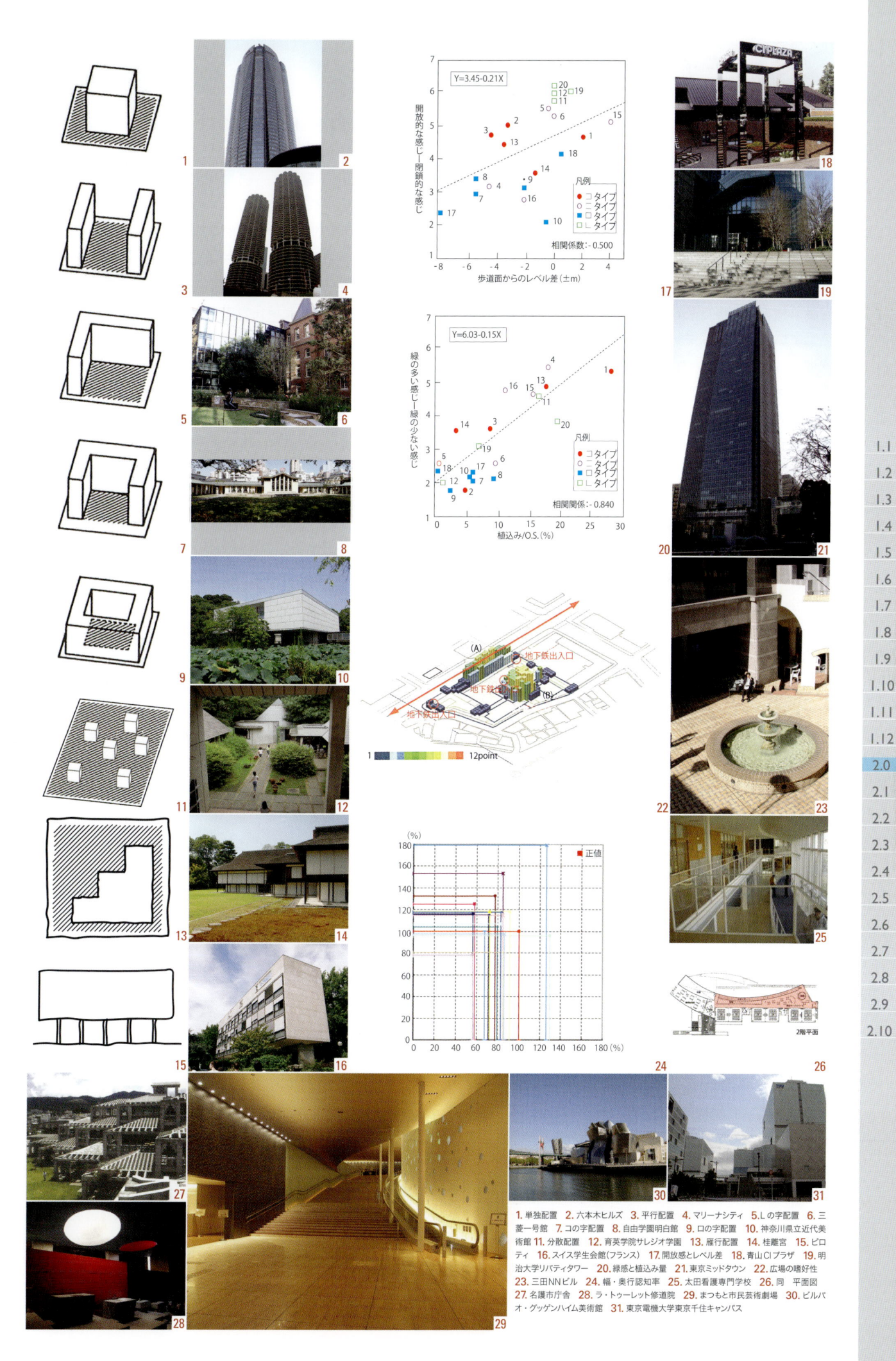

1. 単独配置　2. 六本木ヒルズ　3. 平行配置　4. マリーナシティ　5. L の字配置　6. 三菱一号館　7. コの字配置　8. 自由学園明日館　9. ロの字配置　10. 神奈川県立近代美術館　11. 分散配置　12. 育英学院サレジオ学園　13. 雁行配置　14. 桂離宮　15. ピロティ　16. スイス学生会館（フランス）　17. 開放感とレベル差　18. 青山CIプラザ　19. 明治大学リバティタワー　20. 緑視感と植込み量　21. 東京ミッドタウン　22. 広場の嗜好性　23. 三田NNビル　24. 幅・奥行認知率　25. 太田看護専門学校　26. 同　平面図　27. 名護市庁舎　28. ラ・トゥーレット修道院　29. まつもと市民芸術劇場　30. ビルバオ・グッゲンハイム美術館　31. 東京電機大学東京千住キャンパス

2.0　計画と設計

2.1 住居

●独立住宅
■独立住宅とは

　住居は、家のほか、家が建つ敷地を含む人が住む場所のことである。住居と住宅はほぼ同義で、住宅は建物の意味合いが強い[注1]。住宅の集まり方の形式として、独立住宅と集合住宅に2分される。独立住宅は一棟の建物が一戸の住宅になっている単独の住宅形式（一戸建住宅）で、集合住宅は一棟の建物が複数の住戸によって構成され、住戸が集合している住宅形式である。本項では主に独立住宅のことを述べ、後項では集合住宅について述べる。

　人間にとって住宅は、第一義に自然の様々な環境要素から身を守るためのシェルターであり、その意味合いにおいて発展してきた。また、現代では、主に家族単位で過ごす場であり、家族の好みや考え方を表すアイデンティティの表現媒体としての意味合いをもつ(1〜8)。独立住宅の特徴は、集合住宅と比較した場合、次のような事項が特徴として挙げられる。

- 基本的に土地つきである。
- 施主のライフスタイルや住宅イメージに合わせ、自分好みの空間をつくれる。
- 外部空間がある場合、外部と内部の関わりを比較的自由につくれ、また、アウトドアライフも楽しめる。
- 比較的プライバシーが守りやすい。

■独立住宅の変遷を知る

　人間の生活する場として、独立住宅は常に存在し、われわれの生活に深く関わる。古代において、人間は洞窟などを住まいとして生活していた。それは快適な住まいというよりも、自然や危険な出来事などから身を守るシェルター的意味合いが強い。初期の住宅は、土地にある材料を使い、その地域の地形や風土、社会的な状況などを反映してつくられてきた(10〜12)。例えば土を使い日干し煉瓦をつくり、それを積み重ねて住宅を建設する。現在でも、その手法は中近東やアフリカなどにおいて住宅を中心に用いられている(9)。ヤオトンがある中国の黄土高原の気候や風土は、年間降水量が非常に少なく、また、夏暑く冬は氷点下になるほど寒い。そのため建築材料となる樹木も育たない土地である。ゴビ砂漠からの土が堆積した土地は、乾燥すると強度があるため、竪穴を掘り、竪穴を中庭にし、そこから横に部屋をつくり住宅とした。地中は年間を通して温度変化が少なく自然の厳しい環境から身を守ることができる。同じく建築材料となる石や木材などが入手できないツンドラ地帯では、どこにでもある材料の氷を利用したイグルーがつくられ、それは移動して生活するスタイルを支える住居形式である。テント構造の住宅はモンゴル地方からアフリカ大西洋岸まで広く分布しており、サハラ砂漠など乾燥した地帯のテント住宅(13)や、モンゴルのパオ（ゲル）がある。パオは4〜6m程度の円形で、外壁が木組みで折りたため移動に対応している。また、屋根と外壁は羊の毛で作ったフェルトで覆われ、冬はフェルトを二重張りにしたり夏は開けたりして、季節によって調節している。一方、近代に入り、飛躍的に建設工法や材料・設備技術が発展し、ほかのビルディングタイプに対して比較的小規模の住宅では、先進的な技術の導入により、実験的に様々な空間のデザインが実現した。また現在の建築デザインにおいて大きな影響を与えた思想の事例として、ル・コルビュジエの近代建築の5原則（1. 水平横長窓　2. 自由な平面　3. 屋上庭園　4. ピロティー　5. 自由なファザード）を実現した「サヴォア邸」が挙げられる(1)。さらに、コンクリートの片持ちスラブを積層し、自然と融合させた落水荘(2)、鉄とガラスを積極的に用いたファンズワース邸(3)やグラスハウス(4)。工業規格製品による低コスト住宅の試みのケース・スタディー・ハウスなど後世に影響を与える住宅が設計された。

　日本では、発掘などによって確認されている竪穴住居が最初と思われる。竪穴住居が平城京に住む農民の住宅でもあり、その後、だんだん数は減っていくものの、農民など庶民の住宅形式であり続けた。また、竪穴住居は近世の農家の民家に繋がったといわれている。一方で弥生時代には、稲作が盛んになり作物の貯蔵として高床倉庫(14)が造られた。高床倉庫は、上流階級（貴族、武士）の住まいである高床住居へと繋がったとされる。以上のように古代からの住宅の変遷は、竪穴住居をもととした庶民の住宅と高床倉庫をもととした上流階級の住宅の2系列がある。現在の和風建築の原型となった住まいは、室町時代に成立したとされる。その特徴は、部屋に畳を敷き、障子戸や床の間などが設えられたことにある。

　原始的な住宅において地面と繋がった室内では上下足の区別はないが、貴族や武士など上流階級の屋敷などにおいて区別する習慣が現れた。近代に入り欧米から洋風の生活様式が伝えられ、畳などに座る生活様式から椅子を使った生活様式に対応する空間づくりが試みられた。戦後、西山夘三が提唱した「食寝分離」「就寝分離」[注2]は、現在の住宅の空間構造に影響を与えた理論である。一方、戦後の建築資材の不足や制限の中で考えられた「立体最小限住居」（増沢邸）などは、居間に吹抜けがあり、書斎、寝室などが設けられている(15)。また、日本の都市は、狭く、不整形な敷地も少なくない。厳しい制約の中で良好な住まいを提供しようとする試みや丹下健三の自邸（現存せず）(16)などにみられる近代の思想と日本の伝統的な空間融合を試みたものなどがある。現在の住宅では、環境問題やエネルギー問題、室内の化学物質の低減など新たな視点の必要性も加わり、様々な取組みや空間のデザインがされている。

1. サヴォア邸　2. 落水荘　3. ファンズワース邸　4. グラスハウス（フィリップ・ジョンソン）　5. メゾン・カレ　6. シュレダー邸　7. フィッシャー邸　8. ガラスの家（ピエール・シャロー）　9. シバーム。日干し煉瓦造の住居　10. ジャイサルメール。砂漠地帯の住居　11. マテーラの洞窟住居　12. 客家の住居（福建土楼）　13. サハラ砂漠のテント住宅　14. 三内丸山遺跡の高床式倉庫　15. 増沢邸　16. 丹下邸

2.1 住居

■住宅の種類を知る

住宅は用途的に専用住宅と併用住宅に分けられる。専用住宅は居住することだけに限定した住宅形式であり、併用住宅は居住することに加え、店舗や作業場など業務に使用する部分を併せ持つ住宅形式である。

住宅の立地する場所などによって、都市型住宅、近郊型住宅、農山魚村型住宅、別荘型（セカンドハウス型）住宅等に区別できる(1～5)。

■人の生活と空間を知る

住宅では、住まい方や家族構成などによって必要とされる空間の構成や種類が変わってくる。住宅を計画するためには、生活を知ることが重要である。

生活には、変わるものと変わらないものが存在する。変わるものは、年齢に伴う生活スタイルや家族構成である(6,7)。人間の一生は、誕生→幼児期→児童期→青年期→壮年期→老年期→死と移り変わる。当然、体の大きさや体力などが変わり、空間の寸法やつくりも変わる。また、家族の変化については、新婚期→育児期→教育期→子の独立期→夫婦期となる。子どもの誕生や独立後は、特に住居の空間は大きく変化し、その対応として、増築可能な計画、間仕切りや設備の増設・撤去などが容易であるように計画することが望ましい。

変わらないものとしては、暮らすための基本的な人の行動である。生活の行動は、五つに大別できる(8)。

生活行動1：集団（家族）としての行動（集団行動）　家族の団欒や食事、余暇など生活するうえにおいて多くの時間を費やす行動である。また、家族のみならず、親せきや友人などを招くことは生活に潤いと活力を生む。集団行動は住宅の生活行動の中では、パブリック性があり、主に居間やダイニングなどがその行動を空間的にサポートする。その空間は、行動をサポートするための適度な広さや居心地・雰囲気をもつことが重要である(9～14)。

生活行動2：個人としての行動（個人行動）　就寝や勉強、仕事など個人で行われる行動で、プライベートな側面が多い。現代の住宅では、個人を重んじる空間づくりが一般的であり、その特徴は、プライバシーが確保され落着きのある空間づくりである。主に寝室や子ども室などの個室がその行動を空間的にサポートする。現代的な生活において個室は、人数分確保することが望ましいとされるが、限られた空間の中でどう確保できるかが課題となる。個室にはクローズド型、セミオープン型、オープン型などがあり、限られた空間の中で個室を確保する方法としてオープン型を採用する場合がある。例えば、カーテンや大型扉、移動家具などで生活領域や生活の場を変化させる方法。一体的になっているがレベル差で視線をうまく制御する方法。子ども室については、勉強机とベッドを立体的に配置したり、子どもが独立した際には、親の趣味室や書斎に使えるように準備したりするなど将来の生活スタイルと家族構成を考慮し、個室を計画する方法がある(15)。

生活行動3：家を支える行動（家事行動）　料理や洗濯、掃除などは、家族の生活を支えるため欠かせない行動である。料理は台所、洗濯は浴室などの水回りに付随して設置されたスペースがその行動を空間的にサポートする。それらの空間は、家事を行うために機能的で快適でなければならない。また、動線や人間の寸法や動作の軌跡についても十分配慮する必要がる。

生活行動4：人間としての行動（生理現象）　排泄、入浴、手洗いは人間が生きていくうえで老若男女、誰にでも起こりえる日常的行動であり現象である。それらの行動は、便所、浴室、洗面所などが空間的にサポートする。これらの空間は、何よりも衛生的かつ快適である必要がある。光の入れ方、通風や換気、使用材料（防蟻、防蝕、抗菌など）を考慮し計画する必要がある(16)。

生活行動5：移動する行動　生活行動1から4を行うためには、部屋を移動したり、上下階を移動したりする必要がある。そのため廊下や階段、ホールなどが存在する。それらの空間は、単なる移動のための機能空間と考えず、空間の流れや変化を考え、人間の視線を効果的に変化させることが重要である。窓の外の風景や装飾品など見える物やレベル差、光の入れ方、外部空間の導入などを効果的に計画するとより魅力ある空間となる(17,18)。

その他として、内部では収納する（押入、倉庫、ウオークインクローゼット）など、外部では自然に触れる（ガーデン）、物を干す（洗濯物干場）、駐車する（駐車場）などの行動とそれをサポートする空間がある。以上のように、人の生活や行動とそれをサポートする空間の関係の基礎知識を身につけたうえで、実際に住宅を計画・設計するためには、住宅を使用する家族の生活スタイルを把握する必要がある。人間とその器である住宅の空間は、1対1の関係と複合的に関係する場合があるが、いずれにしても人間の生活行動と空間との関係は、適切な関係をもつ必要がある。その関係が不自然であると、住まい手に精神的肉体的に負担を強いることになるため注意が必要である。設計の際、生活スタイルを把握するための第一歩は、施主との対話である。注文住宅の場合は、施主などの家族構成や生活スタイルが特定されるためきめ細やかな対応がしやすい。例えば、将来、親と同居する、子どもが独立した後の部屋の利用方法、老後の対策などが当初から計画に盛り込むことができる。家族の人数が増えることは、一時期、面積配分や予算を圧迫するが、将来人数が減った際は、空間的ゆとりが生まれ、自身が実現したかったことが可能となる場合がある。住宅は時期によりプラス・マイナスの両面が空間に作用することを十分に理解しながら検討し、合わせて予算、法規制（建蔽率・容積率）を考慮して、生活スタイルに合った住宅規模を設定し、諸室の大まかな面積配分を決めていくことが重要である。

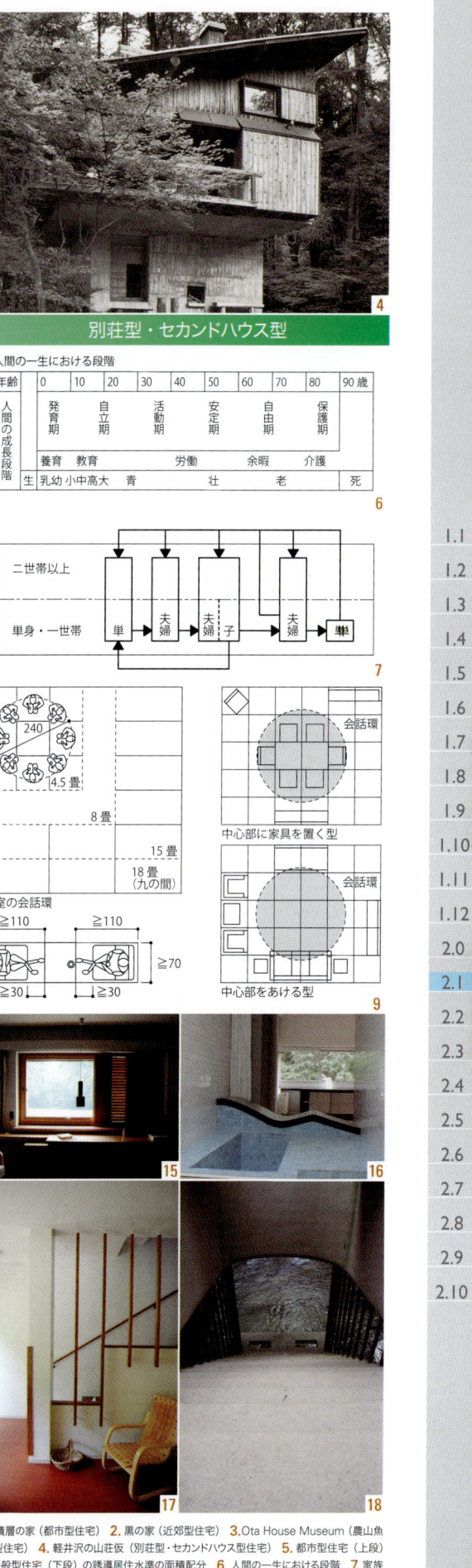

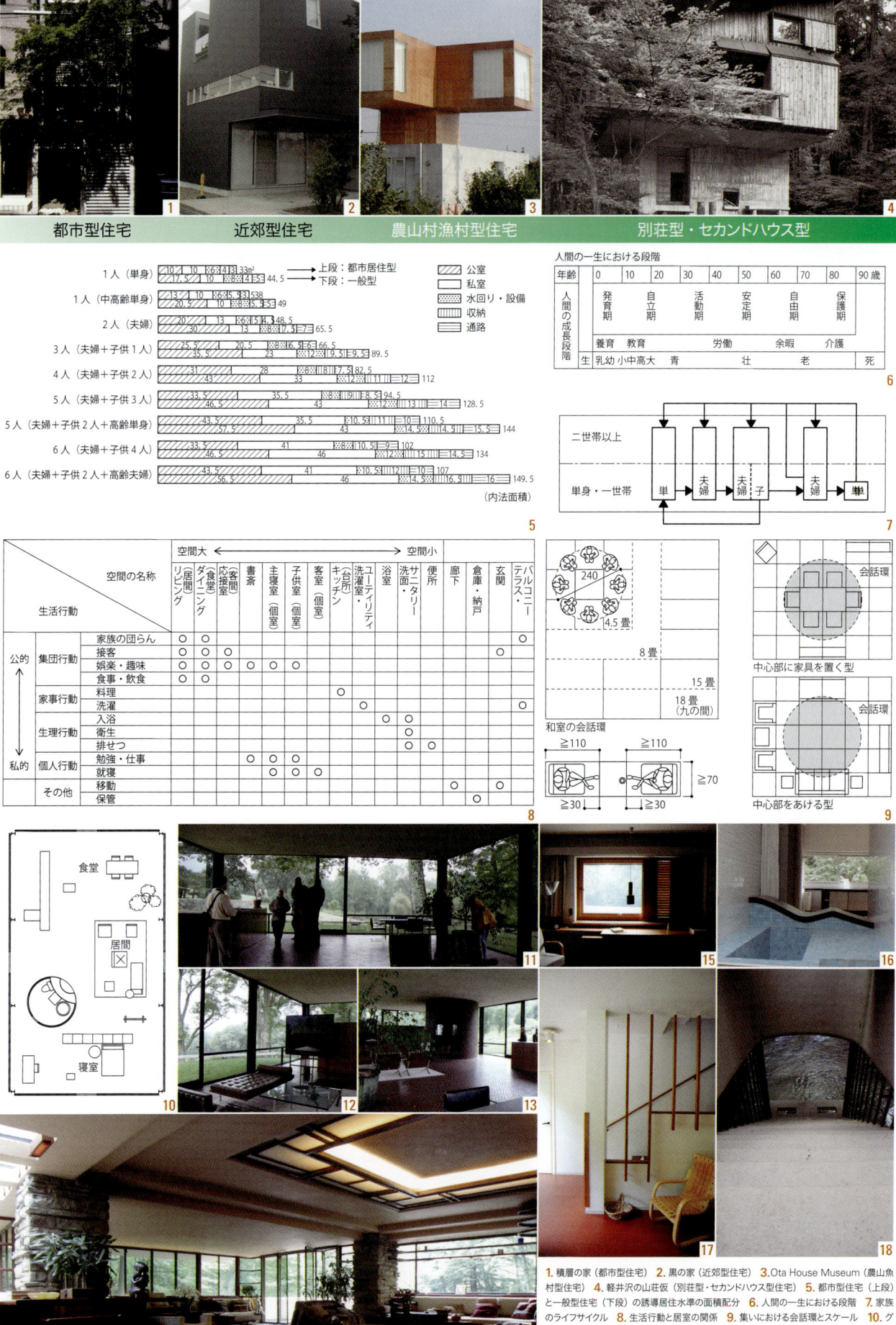

都市型住宅　　　　近郊型住宅　　　　農山村漁村型住宅　　　　別荘型・セカンドハウス型

1. 積層の家（都市型住宅）　2. 黒の家（近郊型住宅）　3. Ota House Museum（農山漁村型住宅）　4. 軽井沢の山荘仮（別荘型・セカンドハウス型住宅）　5. 都市型住宅（上段）と一般型住宅（下段）の誘導居住水準の面積配分　6. 人間の一生における段階　7. 家族のライフサイクル　8. 生活行動と居室の関係　9. 集いにおける会話環とスケール　10. グラスハウスの場の領域と分節　11. グラスハウスの場の領域と分節（居間・食堂・キッチン）　12. グラスハウスの場の領域と分節（居間・寝室）　13. グラスハウスの場の領域と分節（コアによる部屋の分節）　14. 落水荘の居間　15. メゾン・カレの個室　16. サヴォア邸の浴室　17. メゾン・カレの階段　18. 落水荘の居間から川に向かう階段

2.1 住居

■ **敷地を読み解く**

　独立住宅は地面の上に建つ。建物が建つその地面には一定の区切り（所有部分）があり、その区切りが敷地である。敷地を読み解く場合、その土地の特徴だけを読むのではなく、家をつくることは街をつくることに繋がることをイメージすることが重要である。敷地は、建築基準法上必ず道路に面して建築される。また、敷地を見る場合、方位、敷地の大きさの再確認、樹木の状況、高低差、隣接する建物の状態、上下水道や電気ガスなど綿密に調べる必要がある。また、見えないものとして季節による変化や気候など、調査が必要なものとして地盤の状態・地下埋設物や地下水位、水はけなど。また、地域の公共交通機関や施設状況、慣習も知っておくとよい(1)。

　敷地を読み解く事例として以下の二つについて述べる。

1）（急）傾斜の空間に対応する　丘陵地を開発した郊外型住宅地は土地を造成した雛壇状の宅地が一般的である。丘陵地での盛土は地盤が緩くなりがちなため、擁壁の設置や排水対策、地盤改良などが必要となる。一方、傾斜地に建つ別荘などでは、豊かな自然を一望できる魅力がある。地形を生かす空間的手法として、建物を浮かす、沿わす、差し込む、突き立てるなどの四つの方法が考えられる(2)。浮かす手法には柱で浮かせたり、さらに片持ち梁で持ち出したりなどの方法があり、スカイハウスなどにみられる(3)。斜面に沿わす手法は、工費的にも景観的にも問題が少なく、傾斜地の空間的対応としては、多く採用される(4,5)。斜面に差し込む住宅の事例は少ない。ダイナミックな空間が確保できるが、基礎工事などにコストがかかるためである。突き立てる手法は、建物の荷重の支持として、重力に逆らってないことが有利な手法である。またその手法の性格上、眺望がよく浮遊感のある空間を獲得できる(6,7)。

2）狭小の空間に対応する　地価の高騰や狭い敷地の再分割などの理由から、都市部では狭小や、異形の敷地が増えている。それでも人は、都心に住むことを望み、都市型住宅は増加傾向にあり着目されている。都市型住宅は密集市街地にあり、敷地が狭いうえ日照条件が悪く、プライバシーが守りにくいなどの住環境にある。そのため、周囲を壁などで囲った閉鎖型の住宅が多い。その閉鎖性を緩和する方法として中庭（光庭）、吹抜け（トップライト）を設けたり、居間・食堂を上階に配置したりするなどの工夫がみられる。塔の家は、日本で初期の都市型狭小住宅の事例である。変形した狭い敷地に必要な空間を確保するために積層化して搭状の建物となった。内部空間は、立体的に一体になった空間であり、あたかも階段室に人が住んでいるように見えるが、狭い空間でも広く見せる工夫が随所にされているとともに、都心居住願望を具現化し、提唱した都市型狭小住宅の原点といえる住宅である(8〜12)。

■ **空間を配置する**

1）建物の位置を決める　日本人は、光が入ることを好み、住宅において日当たりは、空間の配列を決めるうえで重要な要因の一つである。住宅は、南側を開け日光を取り込む配置にすることが多く、北側斜線の法規制をクリアしつつ、北側に寄せて計画する場合が多い。建物の配置を決定するうえで、玄関の位置は重要である。玄関の位置は室内の構成と内容によって決定してくる。玄関の位置とともに玄関へのアプローチも設定する。敷地に余裕がある郊外型や別荘などでは、建物へのアプローチ空間を演出することが望ましい(13〜16)。ほかには、既存樹木を生かす計画や景観の良い方向に建物を向ける、駐車場や物干し場など生活上必要なスペースを考慮し、建物の位置を考えることが重要である。実際の設計では、建物の位置や玄関の位置、ボリュームなどを決める際は、上記の検討項目を同時かつ繰り返し検討したうえ決定する。

2）室内空間を配置する　住宅の室内空間を配置することがプランニングである。プランニングは、生活スタイルからパブリックスペース（公的空間）、プライベートスペース（私的空間）、サニタリースペース（共同使用空間）動線などにまとめて考えるとよい。また、それぞれの配置の仕方や距離によってプライバシー確保の度合いに影響する。配置する空間の性格や位置づけを明確に行い、それぞれの空間に対する考え方、使われ方などを考えることが重要である。例えば、「その家族にとって居間とはどういう空間であるか」などである。パブリックスペースには居間、食堂、台所などが挙げられる。プライベートスペースには寝室、子ども室などが挙げられ、サニタリースペースは便所・洗面所・浴室などが含まれる。便所はパブリックスペースとプライベートスペースの両スペースに関係させ計画すると生活しやすくなる。

　パブリックスペースとプライベートスペースの分離方法には、平面的には、パブリックスペースとプライベートスペースを2分する方法、パブリックスペースを挟んでプライベートスペースを配置する方法、パブリックスペースの中に点在させる方法などがある(17〜19)。また、立体的には、パブリックスペースを下階、プライベートスペースを上階に配置する方法が一般的であるが、敷地が狭く、周辺環境があまりよくない場合や逆に上階の展望がよい場合には、パブリックスペースを上階、プライベートスペースを下階に配置する方法がある(20〜22)。また、居室の平面配置には、片廊下型、中廊下型、ホール型、ワンルーム型、コア型、中庭（回遊）型、これらの複合型などがあり、外部空間を入れ込むことにより分棟型、中庭型、テラス型などがある(23,24)。また、立体的には積層型、立体ワンルーム型、吹抜け型、スキップフロア型などがある(1)(p.47)。

3）居間と食堂の関係を決める　住宅の中で大きく空間をとる居間（L：Livingroom）・食堂（D：Dining romm）・台所（K：Kithcen）の組合せと位置の決定は、住宅の空間の計画に大きく影響するため重要である。居間・食堂・台所の空間において、それらが「連続している」か、「連続してない」かの関係があり、その関係性よって空間の質は異

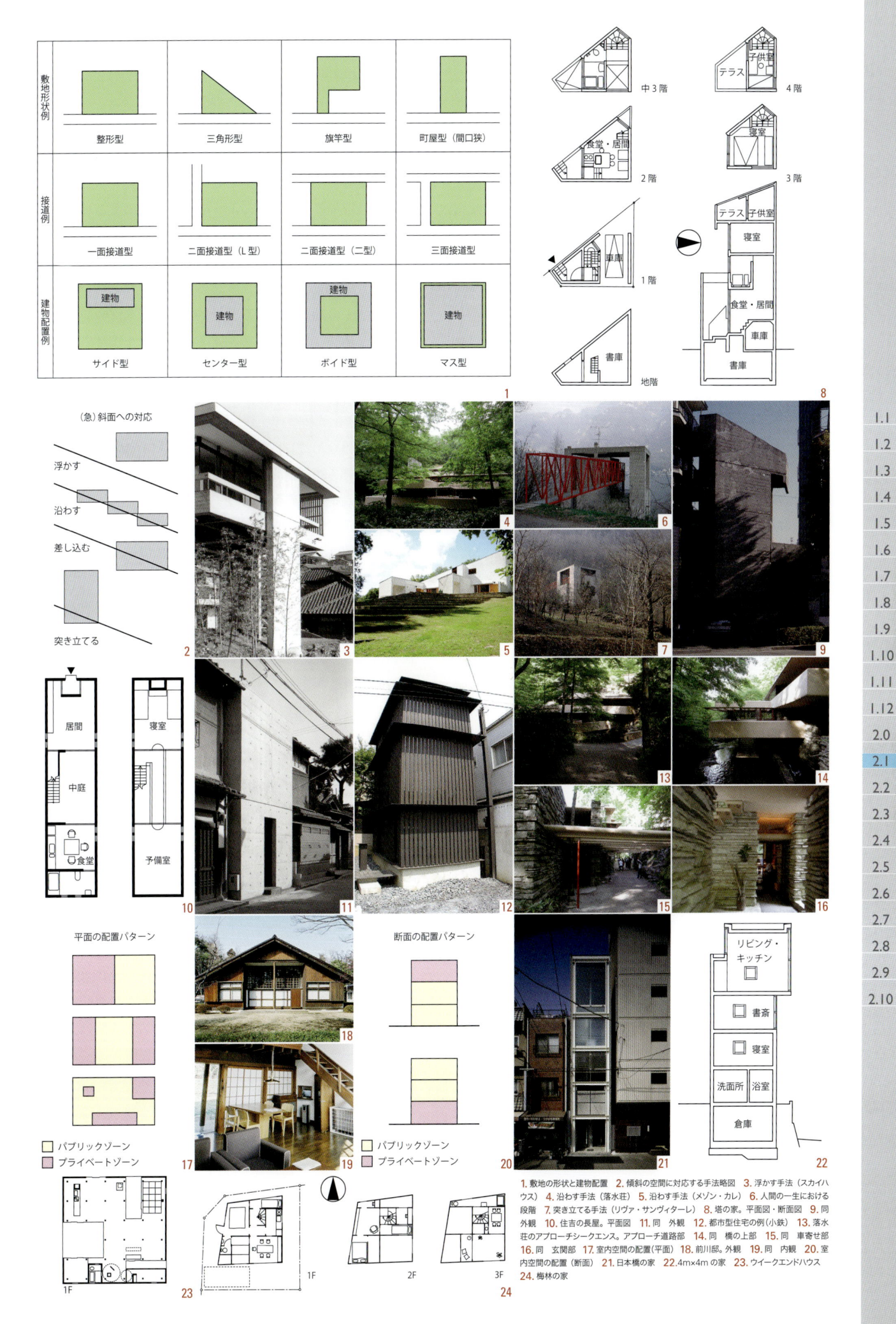

敷地形状例	整形型	三角形型	旗竿型	町屋型（間口狭）
接道例	一面接道型	二面接道型（L型）	二面接道型（二型）	三面接道型
建物配置例	サイド型	センター型	ボイド型	マス型

1. 敷地の形状と建物配置 2. 傾斜の空間に対応する手法略図 3. 浮かす手法（スカイハウス） 4. 沿わす手法（落水荘） 5. 沿わす手法（メゾン・カレ） 6. 人間の一生における段階 7. 突き立てる手法（リヴァ・サンヴィターレ） 8. 塔の家。平面図・断面図 9. 同 外観 10. 住吉の長屋。平面図 11. 同 外観 12. 都市型住宅の例（小鉄） 13. 落水荘のアプローチシークエンス。アプローチ道路部 14. 同 橋の上部 15. 同 車寄せ部 16. 同 玄関部 17. 室内空間の配置（平面） 18. 前川邸。外観 19. 同 内観 20. 室内空間の配置（断面） 21. 日本橋の家 22. 4m×4mの家 23. ウイークエンドハウス 24. 梅林の家

2.1 住居

なる。

　台所と連続した空間づくりとして、台所をそれぞれの空間を繋ぐ媒体的機能をもたせたカウンタータイプやアイランドキッチンタイプがある。また、台所の機器などの配置には、Ｉ型（１列型）、Ｌ型、Ｕ型、平行型（２列型）などの形式がある(2)。

４）階段の位置を決める
階段は、機能的には上下階を結ぶ動線であるが、階段の上下によって空間は劇的に変化する。空間の移り変わりを意識し、光の入れ方などを工夫することにより魅力的な空間を演出することができる。特に、居間の吹抜けなどと連動させると効果的である。階段のタイプには直階段、回り階段、折曲り階段などがある。また、階段には独立した階段室型、オープン型（吹抜けを絡めた）がある。住宅ではあまり用いられない（面積を必要とするため）が斜路（スロープ）の事例も海外にはある。機能的側面として、階段での事故件数は家庭内で起きた事故の中で最も多く、階段の勾配は、上りやすい勾配や高齢者に配慮した構造にするなどの配慮も必要である(3〜6)。

■ 空間の計画・設計の手掛りを知る

１）平面計画の手掛り
建築の平面を計画する際、標準の材料の寸法などから基本寸法（モジュール）を用いる。木造住宅では、現在でも尺モジュールが用いられ、材料の寸法などもその基準に合わせて流通している。柱や壁の計画では、モジュールに合わせたグリッドを用い、グリッドの交点に合わせて柱などを計画しプランニングを進める。鉄骨や鉄筋コンクリートでもそれぞれの構造の材料の規格や要求された各諸室を考慮したモジュールを決定し、木造住宅と同様にグリッドにてプランニングを進めることが多い。構造の面では日本では地震の揺れに耐えるために必ず耐震壁を設けなければならない。外壁に耐震壁が配置されるとその部分には開口が設けられないので、留意し配置する必要がある。外壁に耐力壁を少なくする構造的な手法として、コアがある。コアは耐震や設備を集中的に担わせる部分をつくる手法である。コアの手法を効果的に最も発揮させるプランニングの一例は、コア部分を内部に設け、そのコアの配置によってバランスよく空間や機能を区切り、外壁は開放的なガラス窓とするプランニングである(10〜13)(p.43)。一方、内部空間に塊をつくるコアとは逆に、内部空間にボイド空間（外部空間など）を貫入させる手法もある。採光・通風の確保ができるとともに、部屋を柔らかく分節する手法として効果的である(10,11,23,24)(p.45)。

２）断面計画の手掛り
住宅の空間の見せ場を演出する手法として吹抜け（空間）は欠かせない。吹抜けは２階建て以上の建物で、２層以上の階を垂直に貫き連続させた空間をいう。吹抜けの特徴には、主に次のような事柄が挙げられる。

- 一般居室にはない天井高さがあり、開放感が得られる。
- 見上げ、見下げ、上下移動において視線の変化が楽しめ、場合によっては、吹抜け越しに言葉のコミュニケーションも可能である。
- トップライトやハイサイドライと組み合わせることにより、明るい空間を確保できる。
- 在位感（自分のいる場所）を確認しやすい。

また、吹抜けは、狭い住宅の場合、平面の狭さを補い豊かな空間を演出してくれる手法としても有効である(7、8)。床の段差は、空間を連続的にしつつ意識や場を柔らかく分節する手法である。高さによってその効果の度合いは変化する。小段差、目線以下の中段差（900〜1,000mm）、目線以上の中段差（1,500mm以上）スキップフロア（約半階）などがある。小段差、中段差では、天井形状などと連動するとその効果は、より効果的となる。スキップフロアは、階段を昇るとき、上階が見えて、空間を連続的に把握でき、連続するすべての階が一つのシークエンスとなり一体感を演出する。これは、独立し囲われた階段室型では得られない効果である(9〜12)。以上、断面操作の空間手法と魅力を説明したが、これらを成立させるためには、バリアフリーや高齢者・身体的弱者に対する配慮などを考慮して計画する必要がある。

３）立面をデザインする
立面は住宅の印象に大きく影響する。また、街並みを形成する重要な要素である。住宅の立面の構成要素は、基礎部、壁面部、屋根部に大別され、壁面部は、立面の印象を決定する要因として大きい。よってそのプロポーションや素材の色や風合い、陰影、内部と連動した窓の配置などは重要である。また、屋根の形状も立面に印象に大きく影響する。屋根の基本形には陸屋根、切妻、寄棟、入母屋、ヴォールト屋根、方形、片流れなどがある(13、14)。屋根形状と内部空間を連動させた空間づくりや屋根そのものの利用方法に対する提案も見られる。また、屋根はその形だけでなく、軒先のディテールも重要なデザイン要素で、デザインにより人に与える印象が異なるので留意が必要である。

４）外構をデザインする
外構は、住み手の環境として、また、街並みを形成する要素として重要な要素である。居室から見える樹木は人を癒す。住宅の熱環境として、居間の前に広葉樹を植えると夏は葉が生い茂り緑陰の効果で涼しく、冬は葉が落ち太陽が居間に差し込み暖かいなど、自然を利用した環境配慮型の手法である。敷地を囲む構築物には配慮が必要である。コンクリートブロック塀は、景観上あまり好ましくないうえ、地震時には転倒の恐れがあるため危険である。地域における街並みの調和などの視点から外部の工作物を計画することも必要である。

注１：日本建築学会編『建築学用語辞典　第２版』岩波書店、1999
注２：西山夘三著『これからのすまい』相模書房、1947

平面空間配列	片廊下型	中廊下型	ホール型	ワンルーム型	中庭・コア型
断面空間配列	積層片寄せ型	積層中階段型	立体ワンルーム型	吹抜け型	スキップフロア型

1. 居室の平面・断面配列図　2. キッチンの平面タイプ　3. 階段と斜路の勾配図　4. スロープ例（ラ・ロッシュ邸）　5. 回り階段例（サヴォア邸）　6. 回り階段例（サヴォア邸）　7. 吹抜け例（積層の家）　8. 吹抜け例（塔の家）　9. ヒムロハウス．平面図　10. 同　外観　11. 同　内観　12. 小段差例（メゾン・カレ）　13. 方行屋根例（から傘の家）　14. ヴォールト屋根例（シルバーハット）

2.1　住居

●集合住宅

■集合住宅とは

集合住宅とは住居を集合化することによって、住戸、住棟、住区を合理的かつ効率的に計画し、より良い住環境を得ることを目的とした住居群である。独立住宅との最大の相違は、最低でも一面の壁を共有していること、テラスハウス、タウンハウスを除いて必ずしも接地性にこだわらず、高密度化が図られていることなどである。また、個々に庭をもたないことから共通庭（コモン）を設置することも多い。

■集合住宅の変遷を知る

集まって生きるのは人間を含めて動物の基本的な姿である。また、集まって住むのも、人間をはじめ巣をもつ動物に共通する生活の方法である。最小単位である家族が集まって住むのが独立住宅であるならば、複数の家族が集まって住むのが集合住宅である。しかしながら、暮らしと居住が一致しているのは、現代では商店街や農村だけであり、それも崩壊の危機にある。CIAM以降の近代都市計画では住むところ、働くところ、楽しむところなどを明確に分離してきた結果、良い住環境が得られた代償として、生活の基盤と暮らしが離れてしまった。

集合住宅の原点は、防衛のために城郭の中に住んだ城郭都市に始まるが、近代集合住宅は産業革命以降の工業化に伴う工場労働者のためのものが始まりである。その後、都市への人口の集中から、大都市に多くの集合住宅が建設された。

ヨーロッパ（特にドイツ）では、第一次世界大戦で多くの住宅が破壊され、戦後の経済的な復興を担って多くの集合住宅（ジードルンク）が建設された(1)。第二次世界大戦後は、戦前に建設されたテクトンによるハイポイントのフラッツNo.1(2)、No.2などの実績を踏まえ、イギリスで多くのニュータウン、住宅団地が建設された(3,4)。

日本の集合住宅は関東大震災後に造られた同潤会アパートが最初である。これらは工場労働者の住居ではなく、大正デモクラシーを反映した都市中間層（当時のホワイトカラー、文化人など現在の中流よりは上の階層）を想定したものであった。

日本で本格的な集合住宅が建設されたのは、第二次世界大戦後である。参考にしたのはイギリスのニュータウンであった。しかしながら、日本独自の生活習慣、自然環境を考慮して、DK型の開発(5)、冬至4時間日照(6)、南面平行配置(7)、戦後の民主主義の基本であった平等主義から隣棟間隔均一、3面採光が可能な妻側のユニットでも、他と同じ2面採光であった(8)。

その後、団地設計手法は改良され、囲み型配列（南面平行配置ではない）などが取り入れられた。(10)は日本建築学会1956年設計競技入選案（岡田新一、前田尚美、土肥博至）である。この設計競技では磯崎新、奥平耕造、川上秀光、冷牟田純二案など5案が入選したが、ここで取り上げた案以外はまだ平行配置案であり、囲み型住棟配置が登場した最初の例である。阿佐ヶ谷団地は、テラスハウスと中層を組み合わせた周辺依存型小規模団地である(9,10,11)。ここで開発された団地設計手法（適正密度の保持、遊び場を中心としたコミュニティの形成、緑の連続性の確保、歩行者路の確保など）は高度経済成長期に入る1960年代になると、千里、高蔵寺、多摩などのニュータウンに引き継がれていった。

1970年代に入ると、河原町高層団地(12,13)、広島基町高層住宅団地(14)など高層高密度団地開発（面開発）が行われた。これらは、高度経済成長の真っ盛りに建設された高層高密度団地（面開発）の代表的な例である。ともに小学校、保育園が設置されているが、広島基町高層住宅団地では店舗（ショッピングアーケード）も組み込まれている。そして、この団地では、住宅街の立体化を試みており、立体街路に面するユニットとそこから上がった階のユニットで構成された2層スキップ型となっている。河原町高層団地では県営住宅2号棟でセットバックした低層部とそれを生かした大きなアトリウムが特徴となっている。

高層団地が主流であった1970年に竣工した桜台コートビレジは異色の存在である。敷地は南北に細長く、急な西傾斜という集合住宅を建てるには不利な敷地であった。この悪条件を克服するためにこの計画は、住戸ユニットを45度振り、各戸が南西と北西に向けられた。斜面への対応は、全体を壁柱で持ち上げ、準接地性を得るため大きなテラスを各戸に設置している。コミュニティ空間としての路地（アクセスデッキ）を南北に直線状に取り、下層階の住戸と上層階の住戸の中間レベルに設置してスキップアクセスとし、路地と45度に振れている住戸の配置と合わせてプライバシーを確保している(15〜18)。

70年代に起きたオイルショック、ドルショックから低成長、長期的不況の時代になり、集合住宅も高い、遠い、狭いことが嫌われ入居しない、売れない時代に入った。そこで、それまでの画一的な標準設計、無味乾燥な南面平行配置、アンヒューマンな高層から、多様な設計、変化に富む外部空間、ヒューマンな低層へと計画・設計手法が切り替えられた。これらの背景となる理念は"集合住宅の戸建化"と"集合のメリットの追求"である。

集合住宅の戸建化では接地性（準接地性）を具現化するために庭（屋上庭）、サービステラス、勝手口、開放的な階段、多様な平面などが取り入れられ、集合のメリットの追求ではコミュニティ空間（コモンなど）、ランドプランニング、周辺環境との調和、町並みの連続性、地域性、風土性の具現化などを考慮した計画・設計がなされた。

■集合住宅の分類を知る

集合住宅の分類は種々あるが、接地性による分類である接地型、準接地型の低層（3階まで）と非接地型の中高層に分けて考えるのが一般的である。

接地型の集合の型には、チェーンハウジング、セミデタッチト（2戸1）、テラスハウス、タウンハウスがあり、壁面を

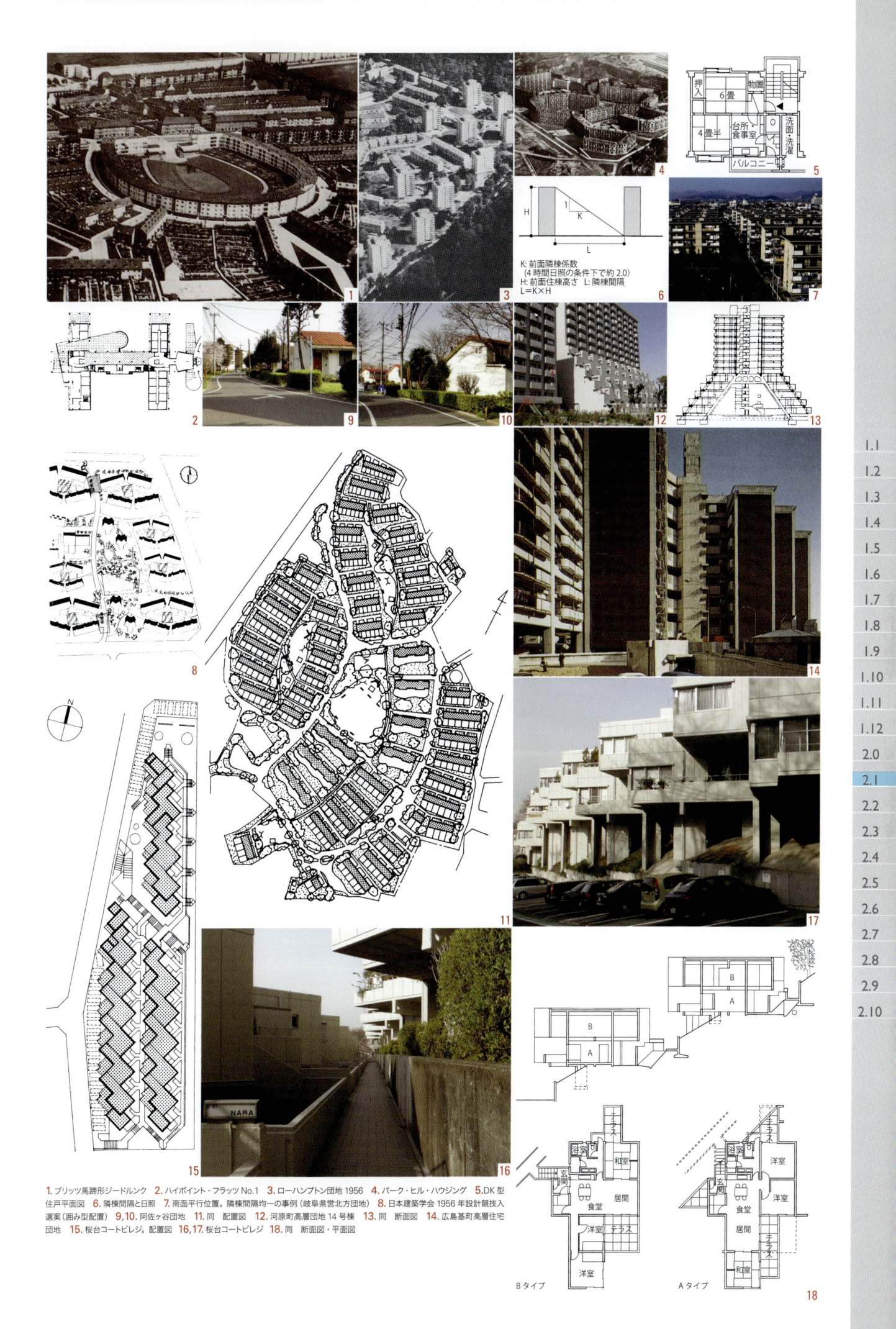

1. ブリッツ馬蹄形ジードルンク　2. ハイポイント・フラッツ No.1　3. ローハンプトン団地 1956　4. パーク・ヒル・ハウジング　5. DK型住戸平面図　6. 隣棟間隔と日照　7. 南面平行位置。隣棟間隔均一の事例（岐阜県営北方団地）　8. 日本建築学会 1956年設計競技入選案（囲み型配置）　9,10. 阿佐ヶ谷団地　11. 同　配置図　12. 河原町高層団地 14号棟　13. 同　断面図　14. 広島基町高層住宅団地　15. 桜台コートビレジ。配置図　16,17. 桜台コートビレジ　18. 同　断面図・平面図

2.1　住居

共有していないが、隣戸の壁面を計画的に生かしたゼロロットラインがある(1)。これらは多くの場合、平地に計画されるが、斜面での接地型にヒルハウジングがある。六甲の集合住宅は瀬戸内海を望む60度の傾斜地に建つ集合住宅である。セットバックした住戸の前は、下階の屋上が広いテラスとなっている(2,3)。宮崎台ビレジは斜面を配置計画に生かした集合住宅である。敷地は南向きの急傾斜であり、中央に住棟に囲われた広い外部空間がある。住棟の連結システムは、傾斜に対応した階段室分離型であり、半階ずれた配置となっている(4～6)。

1) テラスハウス、タウンハウス
ヨーロッパの地方都市では、町を構成している建物のほとんどがタウンハウスである。そのため、人口の割には市街地がコンパクトであり、徒歩圏に緑地帯がある。

日本で計画されたテラスハウス、タウンハウスは住宅団地の中に計画されるか既存市街地の1区画に計画されたものが大半であり、特別な存在となっている。

テラスハウス、タウンハウスの断面計画では1・2階で1ユニット、中には3階で1ユニット（トリプレックス）の例もあり、各住戸は専用庭が付いていることが多い。

タウンハウス諏訪は多摩ニュータウンの中にある日本住宅公団が初めて手掛けたタウンハウスである。全体は4ブロックから構成されており、南と北の3ブロックはコモンアクセス型、中央のブロックは路地アクセス型である。北のブロックはトリプレックスである。コモンアクセス型のユニットは、居間か食堂がコモンに面している。タウンハウスというより林の中の住戸群の趣がある(7,8)。

名谷28団地は神戸市須磨ニュータウンにあり、敷地全体の環境保全を目的に土地全共有方式となっている。建物は2'×4'（ツーバイフォー）構法で建てられている。集中駐車場から各戸へのアクセスは、フットパス（歩行専用路）とコモン（共通庭）からとなっている。中央の広い集中コモンは住宅地の中心的広場となっており、シンボルとして大きな樫の木がある。コモンの地下は自転車置き場であり、全体として良好なランドスケープデザインとなっている。不整形な敷地に対応して建物を雁行に配置し、周辺に圧迫感を与えないようなリズミカルな壁面構成となっている(9～11)。

2) 低層（高密度）集合住宅
高層住宅団地への批判として計画された低層高密度集合住宅は、同じ敷地面積の中で高層住宅と同等の戸数を配置し、環境条件（日照、通風、プライバシーなど）を確保できることを目指した集合住宅である。

茨城県営水戸六番池団地は、日本で最初の低層高密度集合住宅である。1階のユニットはプランター付きのテラス、2・3階のユニットは広い屋上庭（テラス）をもっている。3m角のテラスが上下に重なると奥に日が当たらない部分が生ずるので、3層をセットバックさせ、そのうえ、テラスを階ごとに左右にずらす千鳥配置としている。各ユニットへはコモンから路地状（屋根がない）の直階段（上っていく先に空が見える）でアクセスする。ユニットの内外空間にも工夫が施されており、ユニット内部は全戸が半階スキップフロアとなっている。表側が3層、裏側が2層の構成で、これを生かした傾斜瓦屋根が外観の特徴となっている(12～16)。

ライブタウン浜田山は民間が開発した低層高密度集合住宅である。敷地は駅前商店街に面しており、付加価値の高い道路側に集合住宅地へのバリア（人や車の騒音、視線を遮る役割）を兼ねて店舗併用住宅を直線状に配置している。本書で取り上げた集合住宅で、数少ない一団地認定を受けていない例であり、全戸が道路に面している。それでも、ユニットを雁行させながら、道路の反対側に路地的なスペースをつくり出している。断面計画は、1階がフラット（すべて専用庭付き）、2・3階はメゾネットで、各戸に専用外階段と広い屋上テラスがある(17～19)。

石川県営諸江団地は気候風土（積雪）、文化的風土（金沢の町屋）を考慮した集合住宅である。1・2階がメゾネット、3階がフラットであり、3階の廊下は立体街路となるよう設計されている。メゾネットは全戸駐車場付き、フラットは集中駐車場から、立体街路（住棟間には屋根付きブリッジ）を通って全戸にアクセスできる。ベランダの一部を冬季の物干し場となるサンルームとしている。和室には、小さいが床の間を設置して伝統文化の香りを漂わせている。メゾネットには駐車場から直接入れる勝手口を兼ねた広い物置を設け、雪掻き道具、冬季用タイヤなどの置き場を確保している。社会的耐用年数の延伸を考慮して、メゾネットでは庭先への増築、フラットでは3ユニットを2ユニットに改装できるように構造などに配慮がされている(1～4)(p.53)。

ライブタウン沼袋は、ライブタウン浜田山と同じ民間業者による低層高密度集合住宅である。建蔽率、容積率は浜田山とほぼ同じで、高層住宅団地並みの高容積率（約100%）であるが、良好な住環境を実現している。沼袋の特徴は全戸がトリプレックス（各戸3階建て）であること、半階上げたコモンの下に半地階の駐車場を設置していることである。トリプレックスでは、1階に入口を設けると3階が遠く感じるので、ここでは入口を2階に置き、半階上がったコモンから、階段を用いて2階にアプローチしている。パブリックスペース（居間、食堂、台所）を3階に置き、台所はコモンに面するように配置し、台所からコモンで遊んでいる子どもが見えるように配慮されている(5～8)(p.53)。

行徳ファミリオも民間業者による分譲高密度市街地型集合住宅である。敷地は3方道路に面しており、敷地内には二つのコモンと提供公園がある。道路に面したユニット（21/38戸）は駐車場付きの3層スキップフロアとなっている。居間を2階に配置することによって、プライバシーと日当たりを確保している(9～11)。

3) 中高層集合住宅
中高層集合住宅のうち、エレベーターの設置義務のない5階建て以下の場合は階段室型とな

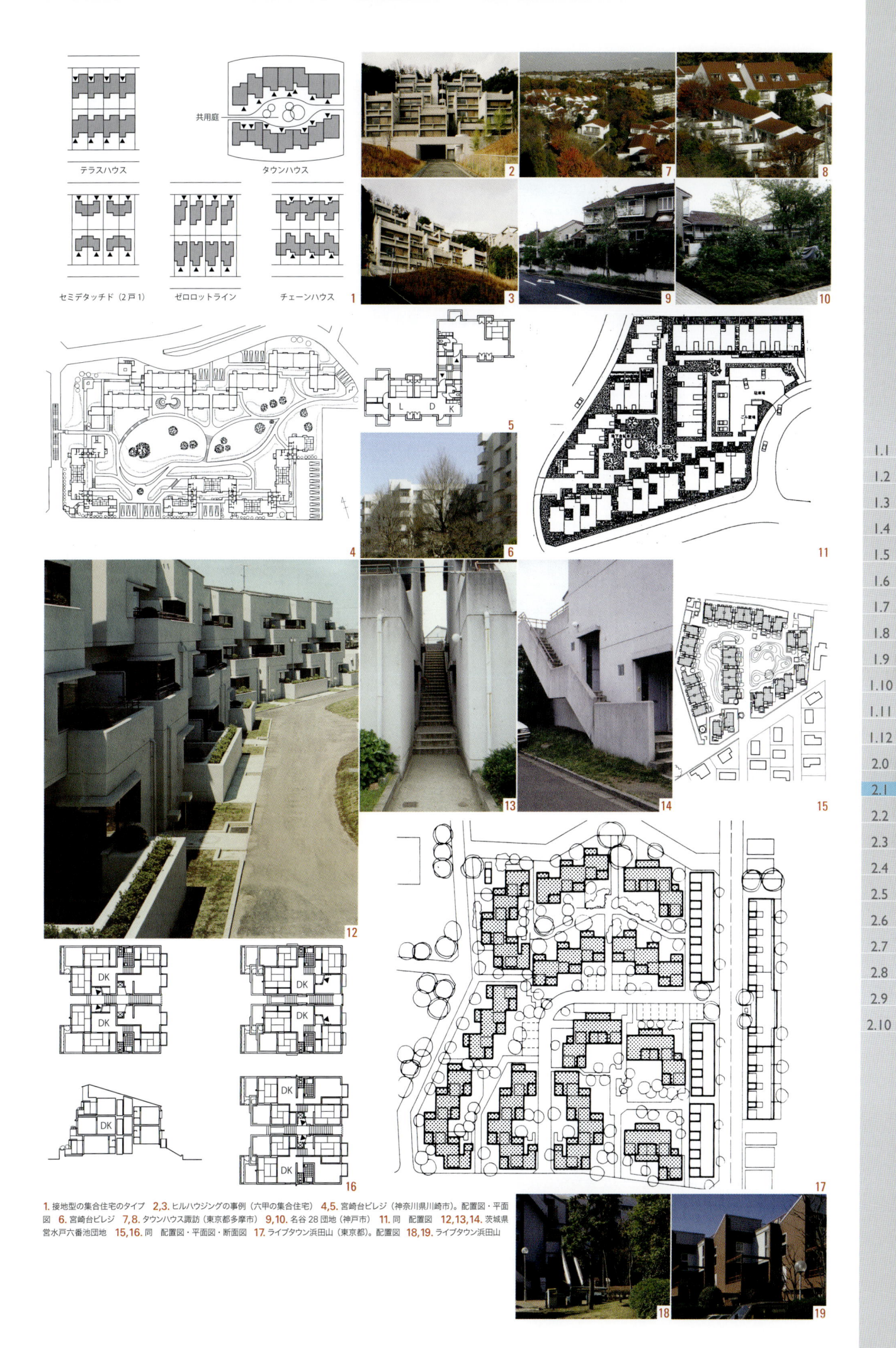

1. 接地型の集合住宅のタイプ　2,3. ヒルハウジングの事例（六甲の集合住宅）　4,5. 宮崎台ビレジ（神奈川県川崎市）。配置図・平面図　6. 宮崎台ビレジ　7,8. タウンハウス諏訪（東京都多摩市）　9,10. 名谷28団地（神戸市）　11. 同　配置図　12,13,14. 茨城県営水戸六番池団地　15,16. 同　配置図・平面図・断面図　17. ライブタウン浜田山（東京都）。配置図　18,19. ライブタウン浜田山

2.1 住居　51

る。階段を1、2カ所に集中させた各階通路型もあるが、プライバシー確保のため、2面を開放できる階段室型が一般的である。ただし、近年の高齢社会では団地住民の高齢化も進み、上階への階段によるアクセスが見直され、エレベーターの設置が検討されている。

高層集合住宅の場合(12)、アクセスはエレベーターを併設した階段室型、ホール型（1フロアの面積が小さいことが条件）、片廊下型（通路側の居住性に劣る）、中廊下型（通路面積は少なくてすむが、通路側の居住性に劣り、通風が悪く、昼間でも廊下を照明しなければならず、北向きの住戸を避けるために、住戸は東西に向くことになる）がある。中廊下型を改良したのが、ツイン廊下型であるが、方位が限定されることは問題として残る。これらを改良した通路型にスキップ通路型がある。メゾネット型は、1住戸が2層になっていて、通路階の居住性は劣るが、非通路階のプライバシーは保たれる。2層スキップ型、3層スキップ型は通路階の住戸は2、3層分の居住者が通るため居住性はかなり劣るが非通路階の居住性は良くなる。2層スキップ型では広島基町高層住宅団地がある。全住戸が通路に面しない改良型が中央スキップ型である。

■集合住宅の計画・設計を考える

集合住宅の計画・設計では住戸、住棟、住区の相互関係を考慮しながら、それぞれを合理的かつ効率的に計画して、良い住環境となるようにすることが大切である。

1）住区の計画とデザイン

(1) 住棟配置

住棟配列では、初期の南面平行配置の直線型から囲み型配置へと変わり、それに伴い囲みを構成する住棟も雁行型や折曲り型が多くなった。

(2) アクセス

各戸へのアプローチをアクセスという。戸建ての門扉から玄関に至るアクセスより、集合住宅ではより計画的に考えなければならない。なぜならば、敷地への入口や駐車場などの特定の位置から徐々に分散して各戸に至る道筋の計画が全体構成の要となるからである⑬。

低層集合住宅、中層集合住宅、高層集合住宅でアクセスの計画は異なる。しかしながら、いずれの場合も住棟に至るアクセスは、低層集合住宅のアクセスと考え方は同じである。

低層集合住宅では広場型（コモン型）アクセスと路地型アクセスがある。広場型アクセスは開放的なアクセス空間が得られ、コミュニティの場となり得る。路地型アクセスは下町的な親近感を醸し出すアクセス空間が得られ、特にペアアクセスの場合は住人同士の出会う機会が増えて、ちょっとした立ち話の場となり得る。

眺めるための庭としてのコモンを計画した事例に北大路高野住宅がある。京都洛北にあるこの集合住宅は、1階道路面の格子窓など和風的外観を有している。住棟は眺めるための（各ユニットからは直接出られない）コモンを囲むように配置されている。各ユニットは、コモンへの眺望とコモンからのプライバシーを考慮して、居間・食堂を半階上げている(14〜17)。

公営集合住宅のコモンは居住者以外にも開放されているのが前提であったが、熊本県営保田窪団地では初めて住民以外は利用できないコモンとなっている。そのため、アプローチ用の階段が外側に、コモンへの階段が内側に設置されている(18〜20)。

中層集合住宅では階段の計画が中心となる。階段室型の多くは、三方を壁と扉に囲われることになるが、反対側を見通せて通り抜けできる階段室を計画したのが木場公園三好住宅である。木場跡地の都立木場公園整備計画に伴う従前居住者の受け皿としての防災再開発不燃共同住宅である。敷地は接道部分の少ない複雑な形状である。敷地北側に提供公園である児童公園があり、これと敷地西側際の通路が南の運河（今は埋め立てられてない）へと繋がっている。住棟に挟まれた中央の主要街路は2カ所に中庭をもち、反対側を見通せて通り抜けができる階段室で西側の通路、児童公園などと結ばれている。容積率約120％と相当な高密度であるが、下町のような雰囲気を醸し出している(21〜23)。

高層集合住宅では、階段とエレベーター、廊下の計画が中心となる。低層階居住者以外には、階段は多くの場合に避難階段となる。ただし、奈良北団地では高層棟のアクセスが3層スキップ片廊下形式階段室型であり、1階から最上階まで通っている階段は、廊下から各戸へのアクセスとなっている。住戸へは廊下階から階段を半階上下してアクセスするため、すべてのユニットにおいてプライバシーの確保された両面採光が可能となり、良好な通風や眺望も得られている。奈良北団地は都市近郊型の高層高密度団地である。特徴は折曲りの囲み型住棟配置である。住棟の折れ曲がった部分にプレイコーナーが計画されていたが、エキスパンションジョイントがあり、利用されていない(1〜3)(p.55)。

(3) コモンのデザイン

多くのコモンは敷地の地盤面に計画される。そして、そこでは、築山などによる高低差や樹木や植栽などのよって演出される。ユーコート（洛西コーポラティブ住宅）では2階レベルまで盛土をしてコモンとしている。

シーランチ（海の牧場）ではウッドデッキをコモンとしている。シーランチはサンフランシスコから北へ約150km、海に面した牧場を買い取り開発した別荘地である。宣伝を兼ねて開発業者はランドスケープデザインをL.ハルプリンに、集合別荘、プールとテニスコートの更衣室をC.ムーアに依頼した。更衣室の良さは、ハルプリンのデザインによるランドスケープに馴染んでいることにある。自然の地形である窪地を少しだけ造成してプールとテニスコートを配置し、建物は両側の斜面を繋ぐように建てられ、土手と建物で三方を囲んで太平洋から吹き付ける強い風を避けてい

1,4. 石川県営諸江団地。配置図・平面図 2,3. 石川県営諸江団地 5,8. ライブタウン沼袋（東京都）。配置図・断面図 6,7. ライブタウン沼袋 9. 行徳ファミリオ（千葉県市川市）。断面図 10,11. 行徳ファミリオ 12. 高層集合住宅の型 13. 住区のアクセス 14,17. 北大路高野住宅（京都市）。配置図・断面図 15,16. 北大路高野住宅 18. 熊本県営保田窪第一団地。配置図 19,20. 熊本県営保田窪第一団地 21,22. 木場公園三好住宅（東京都） 23. 同　配置図

2.1 住居

る。一方、10戸からなるコンドミニアムはウッドデッキを囲むように配置され、建物からの眺望を考慮して太平洋に面した崖の上の斜面に建てられている。海から吹き上げてくる強い風に対して各戸は斜面に沿って配置され、地形と平行な大きい片流れ屋根で覆われている(4,5)。

人工地盤を用いてコモンを演出とする場合、その下部の多くは駐車場となっている。ライブタウン沼袋では半地階が駐車場となっており(6)、坂出人工土地では、4mレベルの下が駐車場、7mレベルの下が2層の店舗となっている。人工地盤の場合、植栽はプランターを設置することになるが、樹木は植えられない。坂出人工土地では、地上からの樹木を、人工土地にあけた穴を通して人工土地上に配置している(7〜10)。

東京・中野区指定の保護樹林が残る住宅地に建つ集合住宅・アトリウムは地盤面に計画されているが、コモンには樹木や植栽がない。コモンは壁面、床面とも人工的でグラフィカルにデザインされており、虚構的な舞台のような印象を醸し出している(11)。

(4) 駐車場

駐車計画は、道路計画（歩車分離方式を含む）と関連する。大半の住戸が公道に接している場合は各戸駐車（行徳ファミリオ、西神1団地和風街区）、コモンアクセス、路地アクセスの場合は集中駐車となる。コモンアクセスでは茨城県営水戸六番池団地・会神原団地、路地アクセスでは名谷28団地、コモンアクセスと路地アクセスを併用しているタウンハウス諏訪などがある。集中駐車では青空駐車、地下駐車（地階、半地階）がある。

2) 住棟の計画とデザイン

(1) 廊下

廊下は各戸への通路と考えるのが一般的であったが、コミュニティの場所となる街路として計画された高層集合住宅では立体街路の導入によりそれを目指した。しかしながら、先駆的例であるイギリスのパークヒルハウジングをはじめ、広島基町高層住宅団地、石川県営諸江団地などの立体街路は必ずしも成功したとはいえなかった。その主な原因は、街路に面するユニットの部屋の配置にあった。通路に面する側には鉄の扉（防火上必要）の入口と個室があり、屋内の雰囲気が立体街路に滲み出てくることはなかった。このような配置となった原因は、各戸のプライバシーを重視したためである。街路に屋内の生活が滲み出ていて、暖かい雰囲気を醸し出している典型は下町の路地である。

1970年台に主流となった低層高密度集合住宅に対して、1980年代初頭は、都心回帰に伴う高層化が復活した時期である。高層住宅の利点を生かしつつ、その欠点を補う新しい方法の模索が始まった。集合住宅の本質は、集合化によるコミュニティ空間（低層高密度集合住宅のコモン）をいかに日常生活に密着させ活性化させるかにあった。葛西クリーンタウン・清新南ハイツ4-9号棟では通路側に居間・食堂を配したリビングアクセス型を採用した。ユニットはメゾネットとして、2層分の天井高の開放的で明るい廊下としている。廊下からの視線をコントロールするため、リビング階と廊下の間に段差を設け、窓回りにプランター（花台）を設置している(12,13)。

(2) ライトコート（光庭）

集合住宅が1街区単位で計画される場合、建物の中心部は採光が取れず、居住空間に適さない空間が生ずる。そのため、ライトコートを配置し、それを囲む居室の環境条件を良くするように計画する。古い事例であるが、20世紀初頭のバルセロナに建てられたカサ・ミラは、ガウディが地中海の海と波をイメージして設計したといわれている。計画上の特徴は、中央にライトコート（光庭）が二つあり、これを取り巻く廊下とエントランスホールのある1階まで光が差し込むようになっている(14,15)。

羽根木の森のライトコートは円形と楕円形である。敷地内の既存の木を1本も切らないように、木が1本あるところは円形、木が2本以上あるところは楕円形に空間を切り抜いたのがこのライトコートである。外部からの採光が十分に取れるので、このライトコートは樹木を守るためのものである(16〜17)。

東京都北区にある屯の場合はライトコートというよりは中庭である。道路より半階上がった位置に中庭があり、各戸へはそこからさらに半階上がってアクセスする。各戸の主要な開口部は中庭に面しており、半階のレベル差がプライバシーを確保する仕掛けとなっている(18〜20)。

(3) 街路に接する住棟

日本の集合住宅のほとんどは、イギリスのニュータウンを参考にしたことから、住棟周りに広い外部空間をもつパビリオン型であった。しかしながら、大都市郊外のニュータウン開発から市街地の再開発、新興住宅地での計画が多くなってきた。

(1〜3)(p.57)はネクサスワールド内に建つ民間分譲の中層集合住宅の一つである。1階の道路側には店舗が入っている。住棟は櫛型で、道路側には櫛の歯に相当する五つの棟の細い妻面をリズミカルに並べて街区への圧迫感を和らげている。住戸は多様な平面・断面をもち、内部の床レベルと天井高も変化に富んでおり、中には4つの床レベルのユニットもある。

(4,5)(p.57)もネクサスワールド内に建つ同じシステムの2棟である。道路側には店舗や郵便局などが入っている。各棟は南北に3分割、東西に4分割されたグリッド内の12戸である。店舗の上の住戸はメゾネット、残りの8戸はトリプレックス（3階建て）で、光庭（ライトコート）をもった立体コートハウスであり、外壁には開口部がほとんどない。

代官山ヒルサイドテラスは1967年の1期から1995年の6期まで旧山手通りの両側に計画された一部に店舗などを併設した集合住宅（1期から3期）である。1期ではペデストリアンデッキが建物と街路の緩衝ゾーンとなっており、東棟の1階のガラスで囲われた店舗を通して背後の緑が透けて

1. 奈良北団地（奈良市）。良好な採光と眺望 2,3. 奈良北団地 4,5. シーランチ・コンドミニアム（アメリカ） 6. 半地階の駐車場（ライブタウン沼袋） 7,8,9,10. 坂出人工土地（香川県） 11. アトリウム（東京都） 12. 葛西クリーンタウン・清新南ハイツ 4-9 号棟（東京都）。平面図 13. 葛西クリーンタウン・清新南ハイツ 4-9 号棟 14,15. カサ・ミラ（スペイン） 16. 羽根木の森（東京都） 17. 同平面図 18,19. 屯（東京都） 20. 同 断面図

2.1 住居

見える。また、ところどころで街路との出会いの場が計画されており、建築の都市への関わりが感じられる集合住宅である(7,8)。

3) 住戸の計画とデザイン
(1) 平面計画
　51C型に始まる住戸計画はその後、各戸面積の増加とともに多様に展開するが、51C型で導入されたダイニングキッチンは、リビングキッチンへと面積を拡げてもnDKあるいはnLDKとして間取りを表す主要な表示となっている。

　ユーコート（洛西コーポラティブ住宅）は、本章で取り上げる唯一のコーポラティブ住宅である。コーポラティブ住宅は集合住宅を求める人々が、まず組合をつくり、敷地の購入から計画・設計段階まで関わり、建物を完成させる方式である。ここでは、この方式を生かし全48戸のプランがすべて異なっている。中央に1階分の高さのある共有緑地（コモン）を設け、この高さを利用して北側の住棟の1階部分に全戸分の駐車場を確保している。階段と連続した吹通しの共通通路はトップライト、吹抜け、プランターなどが適切に配置され、立体街路的な空間となっている。また、これが各ユニットの二方向アクセス、水回りの自然換気、風通しなどを可能にしている。各階がセットバックすることによって、奥行のあるバルコニーが確保され、豊富な植栽が施されている(9〜12)。

　岐阜県営ハイタウン北方団地・妹島棟は1965年代に建てられた県営住宅団地の南端部分の建替えであり、内外4人の女性建築家が設計した住棟の一つである。1階はエントランス以外、総ピロティの10階建てで、奥行の浅い（6m）板状住棟である。各戸は南側に廊下があり、それで各室を繋いでいる。各戸にベランダはなく、それに代わる南北貫通するテラスがあり、通路に面した前庭的存在となっている。住戸プログラムは多様で、水平・垂直方向に複雑に組み合わせて種々の住戸パターンをつくっている(13,14)。

(2) 断面計画
　住戸の断面では、フラット、メゾネット、トリプレックス、スキップフロアの4タイプがある。

　スキップフロアでは茨城県営水戸六番池団地・水戸会神原団地、1階がフラット、2・3階がメゾネットのライブタウン浜田山、1・2階がメゾネット、3階がフラットの石川県営諸江団地、トリプレックスではタウンハウス諏訪、ライブタウン沼袋などがある。

　マルセイユのユニテ・ダビタシオンは全戸メゾネットである。ユニテ・ダビタシオンは1952年以降1960年までに各地に4棟建てられている。しかしながら、最初に建てられたマルセイユが、コルビュジエの唱えた近代建築の5原則とモデュロールを厳密に適用している。建物は18階建て、全337戸で、1階はピロティ、3・4階にホテル、7・8階に店舗、郵便局、屋上には保育園、体育館、プール、ランニングトラックなどが設置されている垂直都市である。断面計画は中廊下型メゾネットである。外観は南仏の太陽光線をコントロールするブリーズ・ソレイユ（ルーバーの一種）で覆われている(15,16)。

4) 立面をデザインする
　集合住宅の立面は南側にベランダを配した平板なものが多い。以下に、より立体的な立面のものを取り上げる。

(1) ユニット
　ユニットやカプセルで構成された集合住宅は、立体的なリズム感があり、複雑な構成となる。

　アビタ67はモントリオール万国博覧会の展示物の一つである。現地の工場でつくられたコンクリートのユニットを複雑に積み上げた集合住宅である。各戸はメゾネットタイプであり、セットバックと積み上げたユニットのずれで広い屋上庭が確保されている(17)。

　中銀カプセルタワーはメタボリズム（新陳代謝）を具現化した集合住宅である。アーキグラムのプラグイン（プラグをソケットに差し込むようにカプセルを躯体に差し込む）の概念を実現したものである。2.5m×2.5m×4.5mのワンルームカプセル住戸140戸が、エレベーターを中心にその周りを回る1/3階ずれた二つの踊り場（そこにも入口がある）をもつ階段からなる2本のシャフトに取り付けている(18)。

　第3スカイビル（通称軍艦マンション）は150個の鉄製ユニット（トラックで運べる大きさ）で構成されている(19)。

(2) 特異なデザインの立面
　パレ・アブラクサスはパリ郊外のニュータウン、マルヌ・ラ・ヴァレに建つ古典主義的なモティーフが散りばめられた城郭を連想させる集合住宅である(20)。

　ピカソアリーナもマルヌ・ラ・ヴァレに建つ集合住宅である。矩形の住棟で8角形の広場を構成して、二つの円盤が向かい合う大胆な造形である(21)。

　ロッテルダムのブラーク／オールド・ハーバー再開発の一部である幹線道路上のペデストリアンデッキの上部に建てられた集合住宅・キュービックハウスは、樹状住戸の趣がある(22)。

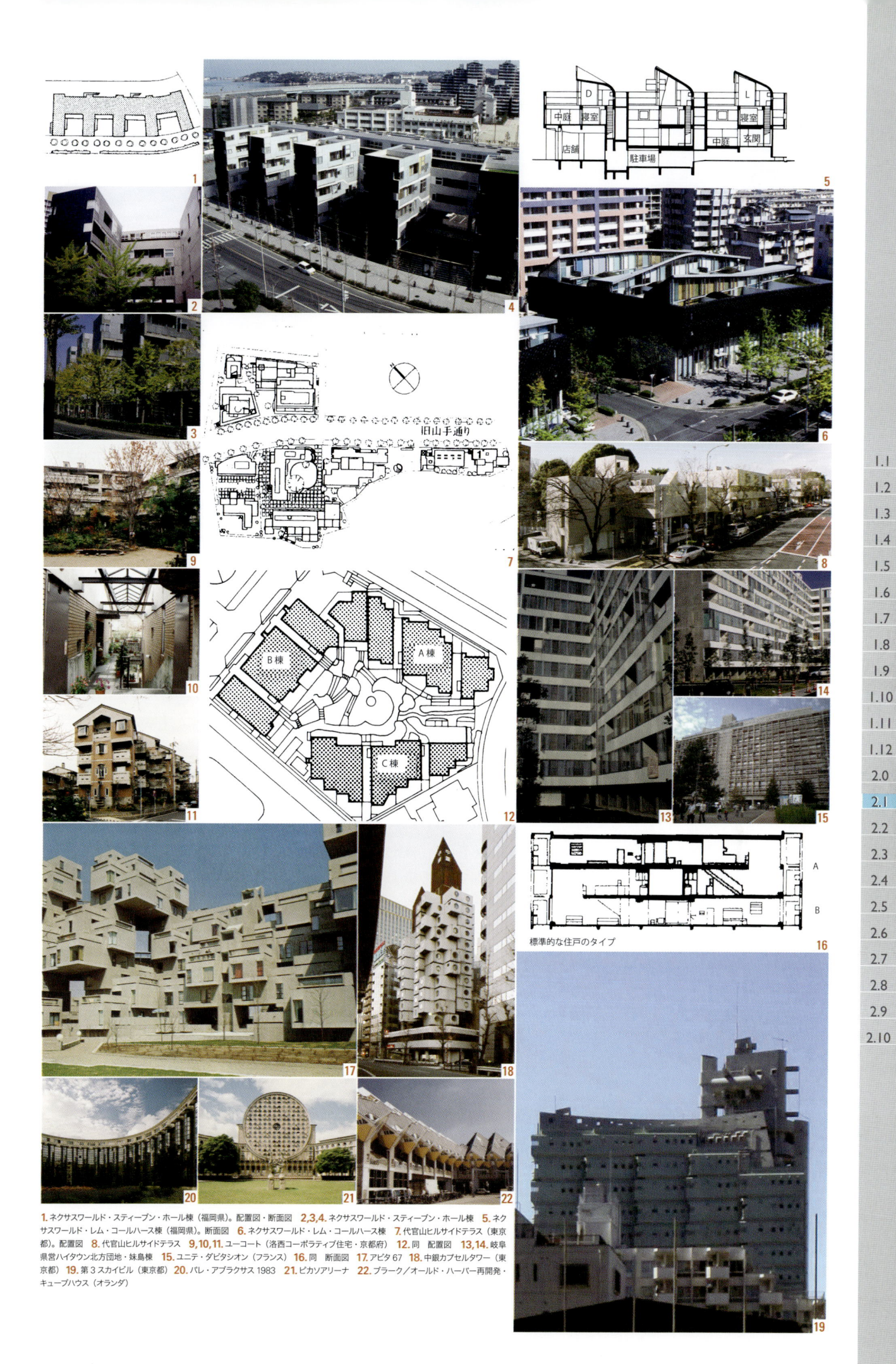

1. ネクサスワールド・スティーブン・ホール棟（福岡県）。配置図・断面図　2,3,4. ネクサスワールド・スティーブン・ホール棟　5. ネクサスワールド・レム・コールハース棟（福岡県）。断面図　6. ネクサスワールド・レム・コールハース棟　7. 代官山ヒルサイドテラス（東京都）。配置図　8. 代官山ヒルサイドテラス　9,10,11. ユーコート（洛西コーポラティブ住宅・京都府）　12. 同　配置図　13,14. 岐阜県営ハイタウン北方団地・妹島棟　15. ユニテ・ダビタシオン（フランス）　16. 同　断面図　17. アビタ67　18. 中銀カプセルタワー（東京都）　19. 第3スカイビル（東京都）　20. パレ・アブラクサス1983　21. ピカソアリーナ　22. ブラーク／オールド・ハーバー再開発・キューブハウス（オランダ）

2.1 住居

2.2 教育

■教育施設とは

1) 教育施設を知る　わが国における近代教育制度の確立は、明治期とされている。この当時、教育施設の空間デザインは、南側に教室を計画する片側廊下型が主流とされていた。そして、この空間デザインは、現在に至るまでの長い間、量的整備を推進する教育施設の基本的な考え方として用いられ、教育施設の画一化をもたらすに至る。しかしながら、近年の急速な少子化現象に呼応するように、わが国の教育施設は質への転換が迫られている。その結果、近年では人間の発達を基礎とする多様で高度なニーズに対応する空間デザインが試みられるようになってきている。

2) 種類　我々が一般に理解している教育施設は、学校教育法によって定義されており、幼稚園・小学校・中学校・高等学校・中等教育学校（中高一貫教育を行う学校）・特別支援学校・大学（大学院・短期大学を含む）・高等専門学校・専修学校などがそれに当たる。

3) 教育環境の多様化　現在、多様なニーズに対応すべく様々な教育環境が生まれている。主な事例としては次のような環境が挙げられる。

a. オープンスクール：地域住民を交えた様々な教育活動を行う場や学校教育の内容を地域に理解してもらうことを意図し、学校を地域に開放することなどの総称。

b. エコスクール：自然エネルギーの活用、省エネルギー、リサイクル、屋上や壁面緑化といった地球環境に対する配慮が図られた教育施設そのものや、そこで行われている地球環境への配慮を目的とした様々な取組みや教育活動などの総称。

c. 総合学科：主に高等学校において、生徒の個性と主体性を重視するとともに、将来の進むべき進路への自覚を促すため、普通教育と専門教育に関する科目を選択履修させるカリキュラムが取り入れられている学科。

d. ラーニングセンター：社会に役立つ実践的なスクールが集まり、年齢にとらわれない学びの場を地域に提供。

e. コミュニティスクール：保護者や地域のニーズを教育施設の運営に取り入れることを目的とし、従来の教育関係者とともに学校運営の一部を地域住民が担当。

4) 幼稚園・保育所

(1) 幼稚園と保育所の差異

幼稚園は、原則、満3歳児から小学校就学前の幼児を対象とし、1日4時間の保育時間を有する学校教育法上の学校である。一方、保育所は、原則、保育に欠けるといった条件において0歳児から小学校就学前の乳幼児や幼児を対象とし、1日8時間の保育時間を有する児童福祉法に基づく児童福祉施設である。法的な視点から見た場合、保育所は福祉施設として位置づけられるが、幼児と空間デザインとの関係を論じる本章では、保育所も幼稚園と同様の視点で論じることとする。

(2) 構成要素と諸室

幼稚園や保育所を構成する要素は、園舎と園庭に大別できる。園舎は幼児に対する直接保育サービスに関わる保育室・遊戯室・廊下・便所などの空間と間接保育サービスに関わる管理室・サービスヤードなどの空間によって構成される。そして、これらの空間の組合せにより、事例に基づく八つのタイプに類型化されている(1)。

5) 小学校・中学校・高等学校

(1) 学校の運営方式

主に総合教室型・特別教室型・教科教室型・系列教科教室型・学年内教科教室型などが挙げられる。なかでも総合教室型・特別教室型・教科教室型の3タイプが多用されている。すべての教科を一般教室やその周辺空間を利用して行う総合教室型は、クラス単位の安定や教室の利用効率は増加する一方、十分なスペースの確保が要求されるため小学校の低学年に向いているとされる。教科ごとにクラス単位で生徒が教科教室間を移動する教科教室型は、教室の利用効率は増加する一方、ホームルームなどの場所を確保する必要があるため小学校には不向きであるとされる。普通教科を一般教室、特別教科を特別教室で行う特別教室型は、わが国で最も多用されている運営方式である。この方式は、クラス単位の安定には向いているが、柔軟なクラス編成には不向きであるため小学校の高学年から高等学校に向いているとされる(2)。

(2) 運営方式と諸室の配置

小・中・高等学校は主に教室（一般教室・特別教室・教科教室）、ワークスペース、生活空間、管理室などの諸室で構成される。これら諸室の配置構成は、運営方式に大きく影響される。一般に、低学年に総合教室型、高学年に特別教室型が採用される小学校の場合、低学年・高学年それぞれに教室群をグルーピングし、特別教室を高学年教室群に近接させつつ、両学年共通の機能はその中間に計画される。特別教室型が採用される中・高等学校の場合、一般教室と特別教室に教室をグルーピングし、その中間に共通の機能が計画される。教科教室型が採用される中・高等学校の場合、生活空間を中心として、それを囲むように様々な教科教室が計画される(3〜6)。

(3) クラスルームのユニットプラン

教育施設は、発達段階を基礎とした年齢によって、クラスルームが形成される。よって、そのクラスルーム群をどのような単位でユニット化し、全体の配置構成を形成するかが重要となる。現在、教育環境の質的向上といった視点からユニット化の方針は、より小規模な単位とすることが求められる。その際、クラス単位といった狭い空間の中で生徒の活動が完結しないよう、教室に隣接する形式でオー

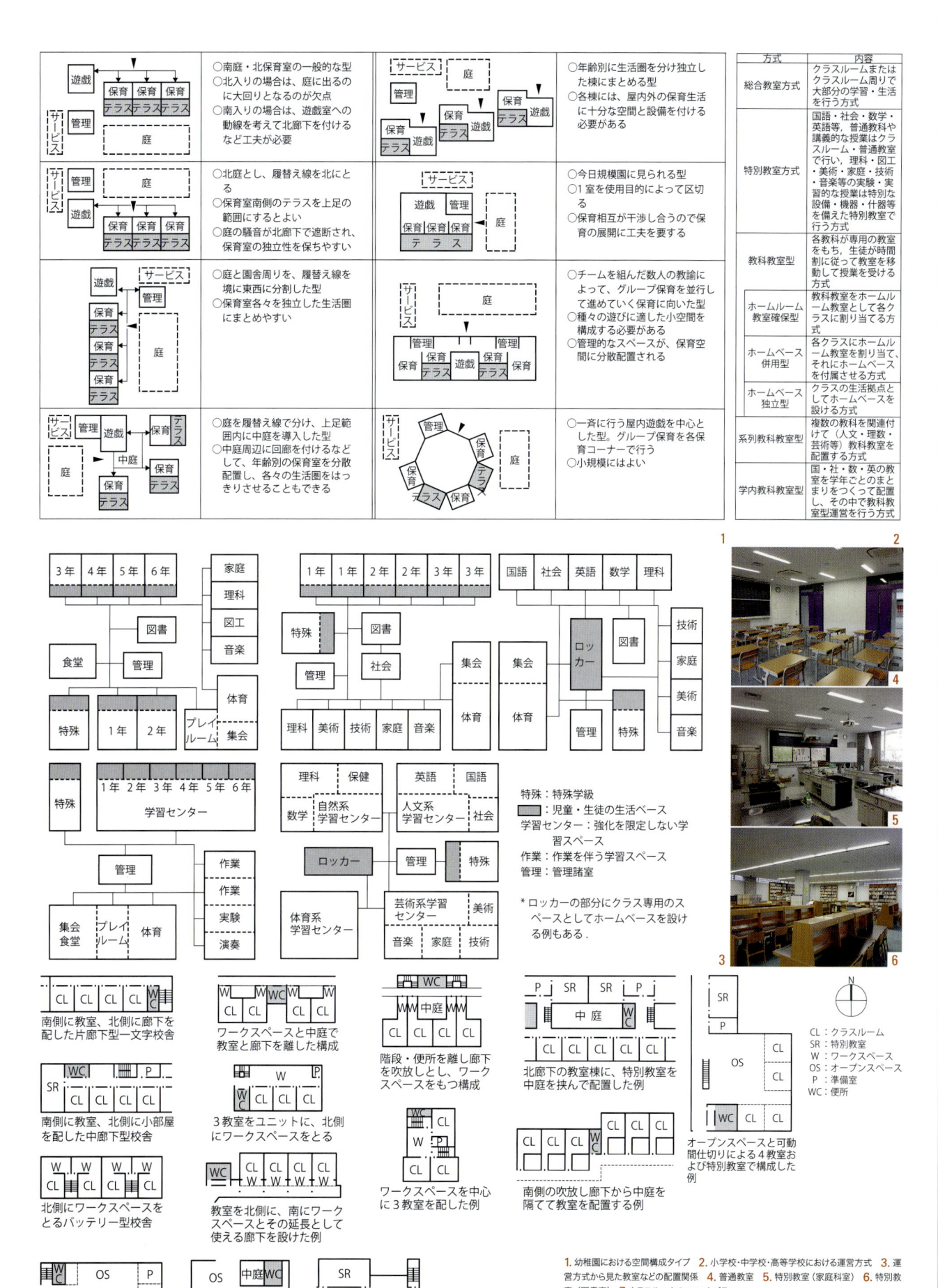

方式	内容
総合教室方式	クラスルームまたはクラスルーム周りで大部分の学習・生活を行う方式
特別教室方式	国語・社会・数学・英語等、普通教科や講義的な授業はクラスルーム・普通教室で行い、理科・図工・美術・家庭・技術・音楽等の実験・実習的な授業は特別な設備・機器・什器等を備えた特別教室で行う方式
教科教室型	各教科が専用の教室をもち、生徒が時間割に従って教室を移動して授業を受ける方式
ホームルーム教室確保型	教科教室をホームルーム教室として各クラスに割り当てる方式
ホームベース併用型	各クラスにホームルーム教室を割り当てて、それにホームベースを付属させる方式
ホームベース独立型	クラスの生活拠点としてホームベースを設ける方式
系列教科教室型	複数の教科を関連付けて（人文・理数・芸術等）教科教室を配置する方式
学内教科教室型	国・社・数・英の教室を学年ごとのまとまりをつくって配置し、その中で教科教室型運営を行う方式

特殊：特殊学級
■：児童・生徒の生活ベース
学習センター：強化を限定しない学習スペース
作業：作業を伴う学習スペース
管理：管理諸室

＊ロッカーの部分にクラス専用のスペースとしてホームベースを設ける例もある．

CL：クラスルーム
SR：特別教室
W ：ワークスペース
OS：オープンスペース
P ：準備室
WC：便所

1. 幼稚園における空間構成タイプ　2. 小学校・中学校・高等学校における運営方式　3. 運営方式から見た教室などの配置関係　4. 普通教室　5. 特別教室（家庭科室）　6. 特別教室（図書室）　7. クラスルームのユニットプラン

2.2　教育

プンスペースやワークスペースなどの柔軟な空間を計画し、教育方法の多様化が図られるようになってきている(7)(p.59)。

■ 空間デザインを考える

教育施設の空間デザインは、対象となる人間がどのような発達段階であるのかを理解したうえで、適切な教育が受けられるようデザインすることが重要である。この発達段階に関して、重要な示唆を与えるのが心理学者のJ.ピアジェである[注1]。人間とそれを取り巻く物理的環境との相互関係性に着目したピアジェの理論は「認知発達理論」と称され、ある物理的環境への適応が、次の新しい環境への適応に影響を及ぼし、その適応のプロセスが人間の知的発達のプロセスと解釈するものである。ピアジェはその知的発達のプロセスが、a.感覚運動期（0～2歳）、b.前操作期（2～7歳）、c.具体的操作期（7～12歳）、d.形式的操作期（12歳以上）の四つの期間で構成されることを示し、これが「発達段階説」として理解されている。この四つの期間をわが国の教育制度に対応させた場合、幼稚園や保育所に通う幼児期が感覚運動期・前操作期、小学校に通う児童期が具体的操作期、中学校以降の教育施設に通う青年期が形式的操作期、として位置づけられる。ここでは、ピアジェの発達理論に基づき教育施設を幼児期（幼稚園・保育所）・児童期（小学校・児童館）・青年期（中学校・高等学校）に分類し、事例を通して解説する。なお、様々な思考が確立された大学生以降の教育施設は研究施設と位置づけ、大学・専修学校、研究所、研修所に分類して解説する。

1）幼児期（幼稚園・保育所）の空間デザイン 感覚と運動の直接的結びつきによる環境への適応や自己中心的自我の発現などが見られる感覚運動期・前操作期の幼児期では、主に直接的に幼児の行動特性や感性を刺激する空間デザインが試みられている。

園庭を取り囲むように計画されたドーナツ型園舎によって構成されるふじようちえんには、無邪気に走り回る幼児の行動特性をそのまま受け入れるようデザインされた空中園庭が存在する。さらに、この幼稚園には、我々がよく目にする複合遊具のような複雑さは存在せず、シンプルに構成された園舎と園庭そのものが、幼児の行動特性を踏まえた大きな遊具となるようデザインされている。内部空間においても、フレキシビリティや連続性を高める空間デザインが徹底して貫かれている(1～6)。細長い敷地特性を積極的に活用する北戸田Jキッズステーションでは、平屋建て園舎を細長い敷地に平行配置することによって、園舎と園庭間における幼児の行動的・視覚的アクセスを容易にするとともに、中間領域となる縁側空間では、異年齢交流の促進が図られている。さらに、エントランスに設けられた土間空間は、家から施設といった空間規模の劇的な変化を緩和し、幼児を施設に馴染みやすくするための意図が込められている(7～10)。幼児の感性を直接的に刺激するヘッデルンハイム保育所では、従来の建築物が有する規則性や画一性などの人工的要素が一切排除され、まるで幼児の描く絵さながらの空間が展開する。自然との共生を追求するフンデルトヴァッサーは、建築物をも自然界の中の一つであり、生物のように成長するものであると捉える。その結果、自然界には存在しない直線がその空間デザインから排除され、渦を巻くような曲線が多用されるに至る。我々は、発達とともに様々な知識を身につけ、社会的常識といった既成概念を無意識のうちに纏ってしまう。そのような我々には理解しがたいこの純粋な空間は、幼児の感性と呼応し、その発達により良質な影響を与えている(11,12)。

2）児童期（小学校・児童館）の空間デザイン 具体的な事柄に対する論理的思考や他者との関係性、時間や空間などの概念の獲得などが見られる児童期では、空間の意味性や関係性などが具体的に感じ取れるような空間デザインが展開している。

コの字形配置でデザインされた岩科学校の擬洋風校舎には、伊豆松崎町の伝統的左官技法であるなまこ壁が象徴的に用いられている。そして、板張りの長い片側廊下に各教室が計画される従来型の内部空間には、随所に名工・入江長八の作とされる彫刻が残されている。現代の教育施設において、この従来型空間構成は否定されつつあるが、この小学校は我々に現代の教育施設が失いつつある空間の威厳と品格を思い出させてくれる。木の温もり、障子を通した柔らかな日差し、彫刻や漆喰など、自然環境と伝統技法の調和が図られた空間には、凛とした緊張感とゆったりとした穏やかさが共存する(13～15)。門や塀などの境界要素を排除したオープンスクール型小学校の代表的建築物である千葉市立打瀬小学校では、地域との連続性を高めるピロティやパス、ならびに、公園に隣接する校庭配置など様々な空間デザインによって地域との一体化が試みられている。オープンスペース型の内部空間は、教室・中庭・ワークスペースが一つのユニットとなって子どもたちのアクティビティを刺激するよう構成されている。地域との関係性を深めることによって子どもたちの安全性を高め、クラス単位からクラス相互の関係性へと導いたこの空間デザインは、小学校建築のあり方を根本的に考え直させる一つのエポックメイキングであるといえる(16～18)。「学校はまち」「教室はすまい」「学校は思い出」、この三つの原風景的イメージに基づいてデザインされた宮代町立笠原小学校では、緩やかなカーブを描く藤棚が校庭と校舎を分節し、その藤棚を支える鮮やかな朱色の列柱が別世界へと子どもたちを誘う。藤棚の先には、緑豊かな中庭とこれも朱色に塗られた高学年校舎が家並みのような姿を現す。隣接する低学年校舎にも比較的小規模な中庭が設けられ、幼少の子どもたちの居場所の安定が図られている。高学年の教室は、各々アルコーブを有し、クラスごとに様々な用い方が工夫されている。また、低学年の教室前廊下には、小さな屋根付き椅子や算盤玉の手摺など幼少の子どもたちに配慮された遊び心がちりばめられている。その姿から「竜宮城」と称され

1. ふじようちえん。平面図　2,3. 同　園庭　4. 同　空中庭園　5,6. 同　ケヤキ周り　7. 北戸田Jキッズステーション。外観　8. 同　縁側　9. 同　土間　10. 同　園庭　11. ヘッデルンハイム保育所。外観　12. 同　エントランス　13. 岩科学校。外観　14. 同　廊下　15. 同　バルコニー内ホール　16. 千葉市立打瀬小学校。外観　17. 同　中庭　18. 同　平面図　19. 宮代町立笠原小学校。低学年棟　20. 同　藤棚　21. 同　高学年棟廊下　22,23. イエルバブエナ公園子どもセンター　ジウムの外観　24. 同　アプローチ　25. 同　チルドレンズガーデン　26. 日野市立潤徳小学校のビオトープ　27. 自由学園明日館。ラウンジホール　28. 同　食堂　29. 同　平面図

2.2 教育

るこの小学校は、無邪気な子どもたちの姿をそのまま写し取った空間デザインに満ち溢れている(19〜21)(p.61)。

　具体的な事柄に対する論理的思考が獲得される児童期に体験型学習の機会を提供することは特に重要である。

　芸術と情報技術との統合的理解を深め、子どもたちの創造性を高めることを目的とするジウムは、チルドレンズガーデンを中心に展開するサンフランシスコのイエルバブエナ公園子どもセンターの中核を担っている。ジウムには、デジタルアニメーションやテレビ番組、コンピューターグラフィックスなどの制作を可能とする作業スペースが数多く計画され、そこでは子どもたちと芸術家や技術者たちとの共同作業に基づくプロジェクト学習が展開される。最先端技術の習得を通した芸術家や技術者たちとのコミュニケーションから、子どもたちに秘められた次世代の創造的感性を最大限に育もうとするこのジウムは、情報化社会における新たな児童館と位置づけられる(22〜25)(p.61)。一方、日野市に立地する潤徳小学校には、親水整備された用水路との一体化が図られた学校ビオトープが存在する。この小学校では、ビオトープの存在が子どもたちの環境学習の場として大きな役割を担っている。都市が近代化するに伴い、人工的環境の中に立地する学校が増加している。しかしながら、ビオトープのような空間デザインを通して、我々が多様な生態系の中で様々な環境要素と共生していることを体験的に認識させうるこのような試みは、豊かな生命感を育むうえで重要な役割を担うものである(26)(p.61)。

3）青年期（中学校・高等学校）の空間デザイン

抽象的な思考や自身を取り巻く環境における演繹的・帰納的判断能力の獲得などがみられる青年期では、空間の構造化や象徴性などが感じられるような空間デザインを展開している。

　設立当初、女子のための中等教育機関として、その歩みを始めた自由学園明日館は、F.L.ライトによる教室棟と遠藤新による講堂棟の2棟によって構成されている。特に、教室棟はライトにおける空間デザインの特徴である水平性の強いプレーリースタイルが踏襲されており、現在、その背景に広がる高層ビルとの対比によってより一層、その意味性が強調されている。教育棟は、ホールと食堂が入る中央棟を中心とし、左右に教室を主とする棟が伸びるシンメトリー型のデザインではあるものの、その内部空間は室と室が緩やかに繋がった有機的な特徴をもち、大正デモクラシー期における自由教育の象徴としての空間デザインが試みられている(27〜29)(p.61)。武蔵野の面影を残す静寂な森の一角に立地する育英学院サレジオ小・中学校では、「家」といったコンセプトに基づく空間デザインとして、有機的な空間の配置構成が試みられている。この小・中学校は、広場を取り囲むように計画された中学校教室棟と講堂、特別教室棟、教務・管理棟、ならびに、学年ごとにまとめられた六つの小さな小学校教室群によって構成されている。そして、特別教室棟に採用されたピロティは、小学校と中学校の領域を視覚的に連続させる一方、各々の空間を分節化させるデザインとして機能している。中学校教室棟も小学校教室群と同様に各学年3教室の小規模単位としてまとめられ、その各教室は廊下側の可動壁と外壁側の全面ガラスによって、空間的・視覚的な開放性が図られている(1〜6)。「玄関道：正門より内境界に向けて玄関道がある。玄関道の両側には壁か樹木が並び非常に静かである。」「中央広場：第2の門の…」、これらの物語は、盈進学園東野高等学校に用いられたパタン・ランゲージと呼ばれる空間デザイン手法によって導き出された計画ランゲージと空間デザイン要素である。パタン・ランゲージとは、長い年月を経て自生的に形成された自然都市はセミラティス構造をしており、その有機的秩序に基づいてこそ人間の生活に相応しい建築や都市が創造されるものであるとする理論のもとに開発された言語的空間デザイン手法である[注2]。よって、この手法に基づいてデザインされたこの高等学校には、様々な情景がまるで物語の中にいるかのごとく我々の眼前に展開されるという空間の有機的秩序が存在している(7〜13)。

4）研究施設の空間デザイン

（1）大学・専修学校の空間デザイン

　大学・専修学校のキャンパス計画では、学問分野別に統合される学部機能をどのように計画するかによって、空間デザインの特徴が示され、主に学部分棟型、学部横断型、学部一体型などのタイプが見られる。

　学部分棟型の代表的な空間デザインには、関西学院大学西宮上ケ原キャンパスが挙げられる。この大学では、西宮の象徴である甲山を借景とし、その頂から伸びる軸線上に大学のシンボルである時計台（旧図書館）、中央広場、正門が計画されるのみならず、その軸線は大学の敷地を通り越し、街にまで伸びるようデザインされている。スパニッシュミッションスタイルに統一されたキャンパスは、わが国の最も美しい大学キャンパスの一つであるとされる。W. M. ヴォーリズによるこの空間デザインには「建築物の品格は、人間の人格の如く、その外観よりもむしろ内容にある」という彼の理念が色濃く反映されている(14〜16)。学部横断型の代表的な空間デザインには、埼玉県立大学が挙げられる。医療・福祉分野を主とするこの大学では、リニアにデザインされた大学棟と短大棟が東西に平行配置され、それらに挟まれた空間が屋上庭園を規定する。屋上庭園下の1階レベルには、実験・実習室群が計画され、そこへは各棟の内部や屋上庭園からアプローチできるようデザインされている。さらに、各棟にそれぞれ2階レベルの講義室、3・4階レベルの研究室とともに、それらを有機的に一体化させる4層吹抜けのメディアギャラリーが設けられている。つまり、棟内機能はこのメディアギャラリーで、そして、棟間機能はさらに屋上庭園とその直下階の実験・実習室群で一体化されることによって、学部横断型キャンパスとしての体制化が図られているのである(17〜22)。近年、多くの大学や専修学校が市街地へとキャンパスを移行し、学部を一体化することによって校舎を高層化させる傾向が見られる。

1,2. 育英学院サレジオ小学校。外観　3. 同　平面図　4. 育英学院サレジオ中学校。外観　5. 同　教室前廊下　6. 同　屋上庭園　7. 盈進学園東野高等学校。配置図　8. 同　正門　9. 同　大講堂　10. 同　食堂　11. 同　教室群　12. 同　大講堂内部　13. 同　路地　14. 関西学院大学（西宮上ケ原キャンパス）。時計台　15. 同　神学部棟　16. 同　中央講堂内部　17. 埼玉県立大学。外観　18. 同　屋上庭園　19,20. 同　実験・実習室群　21. 同　平面図　22. 同　メディアギャラリー　23. 東京モード学園コクーンタワー。断面図・平面図　24. 同　外観

2.2　教育

コクーンタワーは、ファッション、医療・福祉、情報に関する三つの専修学校を含む超高層型校舎として新宿副都心に立地する。この専修学校は、その近未来的なデザインによって隣接する多くの超高層ビルを圧倒する。この象徴的な形態を表現するコクーンとは「繭」を意味し、その形態はセンターコアを「ダイアゴナル・フレーム」と呼ばれる3面の鉄骨ブレースによって覆う架構形式によって実現されている。内部空間は、センターコア回りの廊下に面し、三つの教室が計画されるとともに、各教室間には3層吹抜けの交流スペースが設けられ、超高層校舎の課題である上下階の断絶を解消し、垂直方向における有機的な連続性が図られている(23,24)(p.63)。

(2) 研究所の空間デザイン

研究所では、その研究内容によって様々な空間デザインが試みられている。研究所で行われている研究内容には、多種多様なものが考えられるが、主な内容としてシンクタンクとしての役割を担うために、世界情勢や文化交流などを分析する人文科学的分野や実験などを伴う自然科学的分野などが挙げられる。

国際連合の活動に役立つ研究や人材育成を目的とする国連大学は、国際連合のシンクタンクとしての役割を担っている。この本部では国際連合の威信とその品格が、上へ伸びるシンメトリックな階段状ピラミッド型ファサードや重厚な花崗岩の外壁、前面道路に対する垂直軸を基調とした配置計画、などの空間デザインによって象徴的に表現されている。そして、このダイナミックな象徴的形態は、3層を一つのまとまりとして構成された逆Y字型ブレースによる架構形式によって実現されている。内部空間は、低層部にレセプションホールや国際会議場などの大空間、上層部に国連機関の事務室群などが計画されている(1〜4)。また、J.ソーク博士の思想に基づき創設されたソーク生物学研究所は、二つの実験棟に挟まれた中庭をもち、その中庭は太平洋の空と海の青さと呼応し、一つの風景として訪れた人々を出迎える。実験室内は、科学の進展に柔軟に対応し得るようフレキシビリティの高い無柱空間が採用され、その実験室を中央に多くの諸機能が計画される。地上4階建ての実験棟は、実験室階と構造・設備スペース階が交互に積層されるようデザインされている。実験棟には、自然光が取り入れる工夫が随所に施されており、開放的な環境を提供している(5〜10)。フランスとアラブ諸国との文化交流や言語・文明の相互理解を目的とするアラブ世界研究所には、オフィスとしての機能のほか、図書館や資料センター、展示場、博物館、美術館など多様な機能が複合されている。南側ファサードには、大中小のダイアフラムが計画され、外光の変化に伴い自動的に室内への採光を調節する機能を有するとともに、そのデザインがイスラム建築に多用される幾何学的文様をイメージさせる。また、全面ガラス張りで構成された中央のエレベーターコア周辺では、金属フレーム群と外壁のダイアフラムから降り注ぐ幾多の光の粒が相まって、まるで万華鏡の中にいるかのような幻想的空間が展開されている(11〜14)。

(3) 研修所の空間デザイン

研修所も研究所と同様、その内容によって様々な空間デザインが試みられている。研修の内容には、その研修期間がその空間デザインに大きく影響し、長期にわたる研修の場合、研修機能以外に宿泊を伴う生活機能などが付加されることとなる。

大地と融合するかのようにデザインされたヴィトラセミナーハウスは、スイス・バーゼルのヴィトラキャンパスに存在する。小さなエントランスへは、直角に折れ曲がる長い壁に沿うように導かれ、その長い道のりが我々の緊張感を徐々に高めていく。内部空間には、上下階を繋ぐ吹抜け状のホールが設けられており、そのホールは無機質なサンクンガーデンへと連続する。このシンプルで無機質なデザインは、思索的で叙情的な感情を我々に提供する。このセミナーハウスは、著名な建築家が設計した建築物がまるで彫刻のように点在するヴィトラキャンパスの多様な世界観の中に「侘び・寂び」といったわが国独自の精神文化を表象する空間デザインとしてその存在感を高めている(15〜18)。また、緑豊かな多摩丘陵には、セミナーや宿泊、講演などの機能を有する様々な施設群で構成された広大な大学セミナーハウスが存在する。野猿街道から分岐するなだらかな坂道を登っていくと、大地に突き刺さったようなアバンギャルド的形態の本館が我々の眼前にその姿を現す。重力に逆らうかのようにデザインされたこの逆四角錐型本館は、訪れた人々に精神的力動を生み出させる。敷地の最も高い場所に位置するこの本館は、セミナーハウス全体の象徴であり、そこにはメインフロントや食堂、ラウンジ、宿泊室などが設けられている。そして、この本館を基点とし、本館と対を成す四角錐型中央セミナー室、斜面に沿うように計画されたユニットハウス(宿泊施設)、高台に設けられた講堂などの施設群が、豊かな自然の形態に溶け込むかのように分散配置されている(19〜21)。

注1:J. ピアジェ著、滝沢武久訳『発生的認識論』白水社、2004
注2:C. アレグザンダー著、押野見邦英訳「都市はツリーではない」デザイン 1967年7・8月号, 美術出版社

1. 国連大学本部ビル。断面図　2. 同　外観　3. 同　中庭　4. 同　エントランス周り　5. ソーク生物学研究所。外観　6. 同　アプローチ　7,8. 同　実験室階　9. 同　構造・設備スペース階　10. 同　平面図　11. アラブ世界研究所。平面図　12. 同　図書館　13. 同　外観　14. 同　ダイアフラム　15. ヴィトラセミナーハウス。外観　16. 同　平面図　17,18. 同　ホール　19. 大学セミナーハウス本館。外観　20. 同　本館内ロビー　21. 同　セミナー室外観

2.2　教育

2.3 文化（博物館・美術館、劇場・ホール、図書館）

●博物館・美術館
■博物館・美術館とは

博物館法では、「歴史、芸術、民俗、産業、自然科学等に関する資料を収集、保管（育成を含む）、展示して教育的配慮のもとに一般公衆の利用に供し、その教養、調査研究、レクリエーション等に資するために必要な事業を行い、あわせてこれらの資料に関する調査研究をすることを目的とする機関（社会教育法による公民館および図書館法による図書館を除く）のうち、地方公共団体、法人が設置するもの（一部省略）」としている。これに美術館も含まれる(1)。多くの博物館や美術館と呼ばれる施設があるが、博物館法によらないものは正式には博物館や美術館として認められたものではない。分類表から美術館や歴史博物館などの人文科学系博物館と生き物を扱う動物園、水族館、植物園などや、科学博物館や天文博物館など理工系の自然科学系博物館に大別される。

■博物館・美術館の変遷を知る

歴史的に古代エジプト・プトレマイオス朝まで遡る。ルネサンス期のイタリア・フィレンツェのウフィツイ美術館は、メディチ家のコレクションを邸内の回廊を公開したもの。現在のように常設で一般公開されたのは、フランス革命以降のルーブル宮殿の現ルーブル美術館である。このころイギリス・ロンドンの大英博物館、アメリカ・ニューヨークのメトロポリタン美術館など大規模なものが建てられた。20世紀に入り、ル・コルビュジエ設計の上野の国立西洋美術館、F.L.ライト設計のニューヨークのグッゲンハイム美術館などの傑作が生まれた。

■構成する

博物館法の中には、様々な施設があり機能も異なり当然その構成も異なる。本書では主として博物館・美術館を中心に、構成について解説する(5)。

展示部門の構成は、ロビーホールを中心に常設展示、企画展示となる。常設展示は、主としてその美術館で資料として保有する絵画や彫刻などを、期間によって資料の入替えはあるものの、比較的長期にわたり常時展示する空間である。企画展示は、美術館の企画テーマによってある画家の作品を展示するなど、ほかの美術館などから借り入れて展示するものである。さらに一般展示、市民ギャラリーが併設される場合もある。一般展示とは、個人または団体が各美術館の規定に従い有料もしくは無料で作品を展示することである。その地域の住民が対象となる場合が多い。一般に公開する部分では、講堂、図書室などが設けられる。そのほかに休憩スペースや喫茶、最近ではレストランを設置することも多い。さらにミュージアムショップも設けられる。その美術館でしか手に入らないオリジナルグッズも多数あり、利用者の楽しみの一つである。一方非公開部分は、資料を保管する収蔵庫、資料の研究調査を学芸員が行う研究室、資料室、荷解梱包室などからなる。さらに管理部門として館長室、事務室、会議室などを設ける。外部には資料の搬入のための駐車スペースとサービス動線を確保する。美術館には、貴重な資料があり、これらの資料の保存も主要な目的であるため、資料を保護するための空調設備や資料を保護し劣化させないための照明計画が重要であり、資料保存を中心とした空調などの環境を整えたゾーンと、利用者など人間を中心とした環境とするゾーンに分けられる。資料中心のゾーンは、常設展示室、企画展示室、収蔵庫などである。また荷解梱包室、収蔵庫から展示室へ資料を搬出入するための通路も展示物の大きさを十分考慮したゆとりのある幅や高さを確保する。面積構成は(9)に示すように平均で、展示諸室で延べ床面積に対して概ね40％、研究諸室で5％、収集保管諸室で10〜15％、管理関係諸室で7％、ロビーホールや便所、廊下など共用部分が35％である。また「公立博物館の設置および運営に関する基準」では、都道府県および指定都市が設置する場合、延べ床面積を6,000m^2、市町村が設置する場合2,000m^{2}を標準としている。実際にはこれらの数値を上回っている博物館、美術館が多い。

■展示資料を鑑賞する

絵画など平面的なもの、彫刻のように立体的なもの、あるいは可動の動態展示物などの展示資料は、大きさも含めて多種多様である。その資料に合わせた展示の工夫が重要である。水平に見る、覗き込む、仰ぎ見る、ぐるりと回って見るなど、資料に即した展示の計画を立てる。なお、絵画などを観る場合、人間の可視範囲からみると展示壁面からの視距離は、その絵画の高さの1.5倍程度となる。資料の素材の性質により保存のためショーケースなどに入れ、温度や湿度をコントロールする必要がある。地震の多いわが国では、地震時の資料倒壊、破損を避けるために直置きをしない、床と分離した展示台を設けることも検討する必要がある(13,18)・(15)(p.69)。

■展示室を巡る

展示室の配置構成は、建築計画上全体の構成を決定づける重要な課題である。利用者が展示室を順次巡って歩く動線を巡回形式と呼ぶ。一般に常設展示、企画展示の展示室諸室を順次逆戻りせず、動線の交差なく巡る一筆書き（接室型）が良いとされる。しかし場合によっては、常設展や企画展のみ、あるいは特定の展示室のみ鑑賞したいなど、ショートカットして巡る場合や料金の異なる展示、複数のテーマの展示などの対応を考慮するとホールを中心に配置するものや展示諸室を回遊廊下で繋ぐものなどがある。なお展示室は入口と出口は分ける。

グッゲンハイム美術館は、円形の上層に広がる螺旋状の

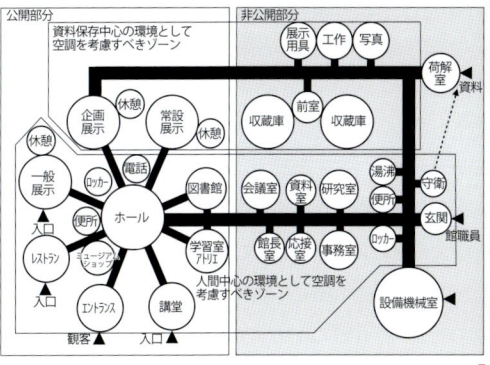

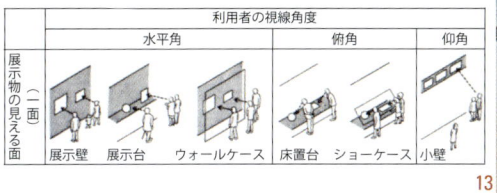

1. 展示資料の種類による博物館の分類　2. 豊田市美術館。大池からの外観　3. 同　中庭
4. 同　アプローチ　5. 機能構成モデル　6. 植村直己冒険館　7. 栃木県立美術館。屋外展示場　8. 同　展示室　9. 面積構成　10. くにたち郷土文化館。エントランスホール
11. 同　歴史庭園　12. 佐川美術館　13. 展示方法　14. 巡回方式と動線　15. 丸亀市猪熊弦一郎現代美術館　16. 同　エントランスホールを見下ろし　17. 資生堂アートハウス。展示室　18. 佐野市立吉澤記念美術館。展示ケース

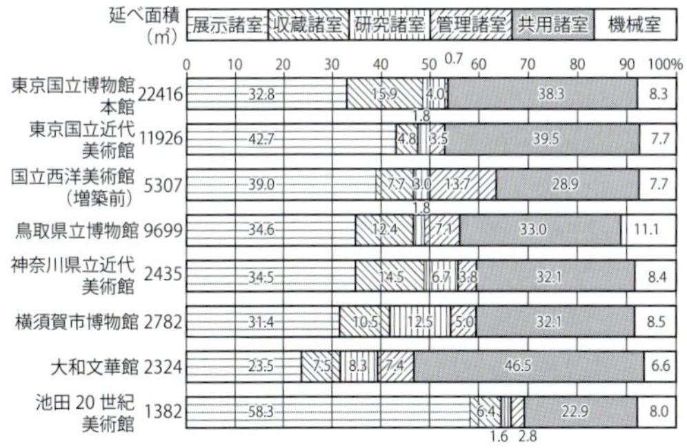

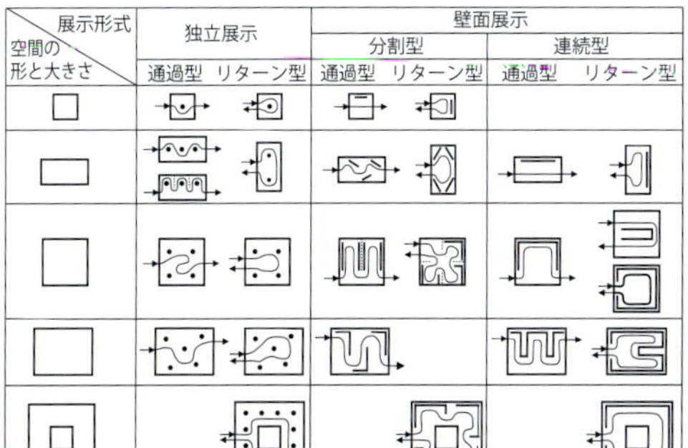

2.3 文化

形態をもつ。巡回動線も円形の吹抜け大空間を最上階からスロープに沿って下りながら資料を鑑賞する。展示資料の大きさにもよるがスロープの幅が狭いため、視距離を確保できない箇所もある(12,13,14)。

■展示する

展示室は、資料の大きさ、高さなどで決まる。さらに鑑賞時の資料との視距離、鑑賞を妨げない通路部分の確保など総合して決める。常設展示のようにあらかじめ資料の大きさが分かっている場合は、それを基準として広さ、高さを決める。企画展示の場合、資料の大きさが想定できないので、5m以上の高さは必要である。大型の展示も考え、吹抜けの空間を有効に活用するとよい。展示室の形は、特別な展示が想定できない場合、矩形とする。壁面の色は、すでに展示する内容が決まっていればその資料に合わせた色彩やテクスチャーを用いるが、展示資料の変更、企画展示への対応など、多種類・多様な資料の色に対応できるように白色を原則とする。こうしたことから展示室はホワイトキューブと呼ばれる。

丸亀市猪熊弦一郎現代美術館の展示スペースは、吹抜けの広々とした空間にトップライトから柔らかな光が差し込む。大きな資料の展示が可能である(15,16)(p.67)。

資生堂アートハウスでは、歴代の化粧瓶が小さなグリッドで細分化されたボックスに置かれ、バックライトの光で資料が美しく浮き上がっている(17)(p.67)。

■明るさを計画する

展示機能の中で採光や照明計画は、資料を保護するためや資料を自然色に近い色合いで鑑賞するうえで、重要である。特に自然光を採用する場合、建築の形態や構造にも関係するので注意が必要である。人工照明が発達した現在、自然光を取り入れる計画は少なくなった。自然光による採光にはトップライトやハイサイドライトが用いられる。いずれも直射光・紫外線が直接資料に当たらないことが前提であり、展示壁面の照度分布を一定にするために型板ガラスやルーバーなどを設ける。人工照明の場合、直接光源が鑑賞者の目に入らないようにするとともに資料やショーケースに映り込まないようにする。資料に合った光の色を選ぶ。照度は資料の損傷・劣化を防ぐため視認できる明視性を考慮して決める。展示資料にもよるが、50～100lxといわれる。

栃木県立美術館では外部に彫刻展示の庭があり、庭に面して内部と外部を連続的に繋ぐ緩衝空間的な展示室がある。これにより、自然光を旨とする彫刻を展示するスペース、内壁には直接光を嫌う絵画の展示と空間が一体化した巧みな構成となっている(7,8)(p.67)。

平等院ミュージアム鳳翔館は平等院の敷地の小高い丘に埋められた形でつくられている。エントランスは洞窟に入っていくようなアプローチで、国宝の梵鐘が印象的に目の前に現れる。また木造雲中供養菩薩像26躯を展示する空間は、資料を保護するため光ファイバーなどを使用したかなり暗い照明となっている。上階の屋外に縁台を思わせる休憩スペースがある(16,17)。

■収蔵する

収蔵庫は内部の温度、湿度を一定に保つ必要がある。そのため鉄筋コンクリート構造の壁や床を木造の二重壁にして空気層をつくり、そこを空調することにより、一定の空気環境を保つ。また排気ガスや塵、細菌やカビなどの侵入、発生を防ぐ必要がある。

■導く

エントランスホールへ至るアプローチはその建物を印象づける空間である（1.8章参照）。またエントランスホールはその美術館の顔となる空間である。美術館の個性を演出する空間で、代表的な展示物を置くなどする。ここには受付カウンター、ロッカーなどを配する。

■休憩する

鑑賞に集中するため、その疲労を癒す休憩スペースや展示室内の椅子などを適宜設置する。規模の大きい美術館では、巡回動線上に幾つかの休憩スペースを設ける。休憩スペースは、閉鎖的な展示室と異なり、開放的な空間として外部の景色や風景を望むことができるところに設置することが望ましい。

土門拳記念館は、写真家土門拳の作品を展示する写真美術館である。丘を背にして池に浮かぶように建てられている。池との連続性を強める階段状の滝がしつらえられていて、これを囲むように展示室がある。企画展示室は休憩室の性格を有して、しつらえられた庭園を望む癒しの空間となっている(1～4)。

■敷地を選ぶ

博物館や美術館の立地は、公園や緑地などゆとりある場所に計画される例が多い。また図書館やコミュニティセンターなど公共施設の集まる文化ゾーン内に設ける場合もある。また資料は貴重な保存物であるため、災害や防災上問題のない場所を選ぶ。

飯田市美術博物館は飯田城二の丸跡の高台に立地し、遠くに木曽山脈を望み、建築の屋根形状もこの山並みに呼応したデザインとなっている。自然科学の常設展示のほか企画展示室、プラネタリウムなどがある。巡回形式は細長いロビーが各展示室と繋がっているホール型である。ホールは樹木に見立てた柱が高く林立し、鳥のオブジェが、あたかも森の中にいるような雰囲気を醸す落着きのある大空間となっている(8～11)。

植村直己冒険館(6)(p.67) や佐川美術館(12)(p.67) では、周辺の緑地や池、遠くに望む風景と相まったランドスケープデザインが見事である。

■建築形態をデザインする

近年美術館や博物館では建築自体も芸術品として、建築家のオリジナリティやその時代・社会性を象徴した独特のデザインが見られ、記念碑的なものとなっている(30)(p.39)。

1. 土門拳記念館。配置図、平面図　2. 同　企画展示室　3. 同　池越しの外観　4. 同　中庭の滝　5. 金沢21世紀美術館。平面図　6. 同　外観　7. 内部階段　8. 飯田市美術博物館。エントランスホール上部　9. 同　平面図　10. 同　エントランスへのアプローチ　11. 同　エントランスホール　12. グッゲンハイム美術館。断面図　13. 同　展示回廊　14. 同　外観　15. 佐野市立吉澤記念美術館。展示室　16. 平等院ミュージアム鳳翔館。縁側　17. 同　エントランス、アプローチ

2.3 文化

●劇場・ホール

■劇場・ホールとは

演劇やコンサートなどの芸術を演じ、鑑賞するための空間である。日常の生活とは異なった体験をし、芸術に触れることにより非日常の世界を楽しむ空間である。そのため各芸術が演じられるための機能を有し、またこれら演じられる芸術と観聴衆が一体的な雰囲気を得られる空間が必要となる。劇場・ホールには、演劇やオペラ、歌舞伎、コンサートなどの専門の芸術が行える機能をもった専用ホールと、専門性は低いが、講演会などを含め、どの演目にも対応しうる多機能な設備を備えた多目的ホールがある。市町村が有する公会堂やコミュニティセンターなど数的には多目的ホールのほうが圧倒的に多い。そのため劇場・ホールには歴史的な建築を含めて多様な構成・形式がある。

■劇場・ホールの歴史・変遷を知る(1)

現存最古のヨーロッパの劇場がギリシャ劇場である。ギリシャ劇場はエピダウロス劇場に見られるように、山や丘の傾斜地を利用し、客席（テアトロン）を配して、オープン形式の円ステージ（オーケストラ）を取り囲むように野外に造られたものである。これに背景や楽屋が設けられた。客席を示す言葉テアトロンは、群がった群衆という意味をもち、現代の劇場、シアターの語源となった。1万3、4千人が収容可能で、約1/2の勾配というきつい傾斜のある客席では肉声でも最上段までよく聞くことができたといわれる。

古代ローマ劇場では、立地が都会の平地に移り、オーケストラも半円形に、これに対峙して客席も半円形となっている。建築的には石造の巨大なものとなり、ギリシャ劇場と比べて開放感は失われ、閉鎖的な空間となっていく(5)。近世になると、現在でも用いられるプロセニアム・アーチをもつ舞台形式の劇場が誕生した。代表的なものがイタリア、ヴィチェンツアにあるテアトロ・オリンピコ（1584年）(6)と、パルマにあるテアトロ・ファルネーゼである。奥行の深い舞台と客席との境に額縁状の縁取りをしたものがプロセニアム・アーチである。可動の舞台装置と幕を備えている。テアトロ・オリンピコでは、建物の背景など舞台づくりに遠近法を導入し、舞台奥に放射状の透視図法による街路スペースを設けているのが特徴である。さらに幕間の休憩や待合せのためのスペースであるホワイエが充実してくる。17世紀以降ヨーロッパの劇場は、都市生活における社交場的な空間としてホワイエなどが絢爛なものとなっていく。

バロック劇場は、平土間の周りに置かれた数段のバルコニーに、ボックス席を配した馬蹄形の平面の客席が特徴である。この構成では、特に舞台に近いボックス席には舞台が見渡せないものもあるなど、劇場が社交施設的性格を帯びたが、都市においてこの形式による多くの劇場が建設された。上演はオペラが中心であった。代表的なオペラハウスとして、フランス・パリのガルニエ・オペラ座(19,20)(p.73)、オーストリア・ウィーンの王立劇場、イタリア・ミラノのスカラ座、ドイツ・ドレスデンのゼンパー宮廷歌劇場(18)(p.73)など各都市にその都市のランドマーク的存在として絢爛豪華なオペラハウスが多数建設されている。近代になり劇場の機能の基本である、どの客席からも舞台がよく見え、かつ演技者の声や音が聞こえるように計画するという観点から、扇形平面の傾斜をもつ客席床の形式であるバイロイト祝祭劇場などワグナー式の劇場が生まれた。さらに舞台設備の技術的発達に伴い、より多くの演目に対応した多目的劇場へと展開している。

日本では、能・狂言や歌舞伎の劇場がある。能の起源である猿楽や田楽は、屋外や神社の拝殿や河原や空き地に仮設の舞台を設けて演じていた。能舞台の構成の特徴である、舞台と楽屋を結ぶ橋掛りの登場は、室町後期といわれる。明治になり、屋外で演じられていた能舞台が、建物の中に造られるようになり、室内に能舞台と客席のある能楽堂が建設されるようになった(17,18)(p.75)。能舞台の大きさは、約3間四方、19尺5寸四方が定形となっている。舞台四隅に、シテ柱、目付柱、大臣柱、笛柱が設けられる。客席を見所と呼ぶ。

また歌舞伎は仮設の小屋で演じられていたが、18世紀ころ全盛となり、劇場の形式が整っていった。現存する芝居小屋には、金毘羅大芝居で有名な最古の芝居小屋である金丸座(12,13)(p.75)や、木造2階建て、810人収容の呉服座(14)(p.75)がある。回り舞台や迫り、花道に「すっぽん」と呼ばれる役者を下から登場させる迫りが設けられていることが、ほかの劇場には見られない歌舞伎劇場の特徴的な構成となっている。

■劇場を構成する

劇場・ホールの構成は、多目的ホールとオペラやコンサートなどの専用ホールとは異なった構成があるものの基本的な部分で共通する。ここでは多目的ホールを中心に解説する(2)。

観聴衆側から見ると、エントランスロビーを経て、ホワイエから客席に入る。エントランスホールにはチケットのもぎり、ホワイエには軽食のできるカウンター、テーブルを配する。いずれの空間もこれから非日常の体験を期待して待機する空間として、また社交の空間として華やかに演出し、吹抜けなどを配し、ゆったりと広く計画する。また入退場の人の動きをスムーズに行えるように、ホワイエは概ね客席の面積より大きいものとなる。

周辺には短い幕間の時間に多数の利用に応じた便器数を備えた洗面便所を設ける。演目により観聴衆者の男女比がどちらかに偏るものもあり、一般に女子は男子の1.5倍以上、100パーセントに近い場合も想定して便器数などの規模を計画する。公演日の観聴衆者数の男女比を想定して、男子便所と女子便所の間の仕切りを可変できるようにする計画もある。

出演者側から見ると、楽屋口には事務室を設けて人の出入りをチェックする。楽屋は一人部屋をはじめ大人数で利

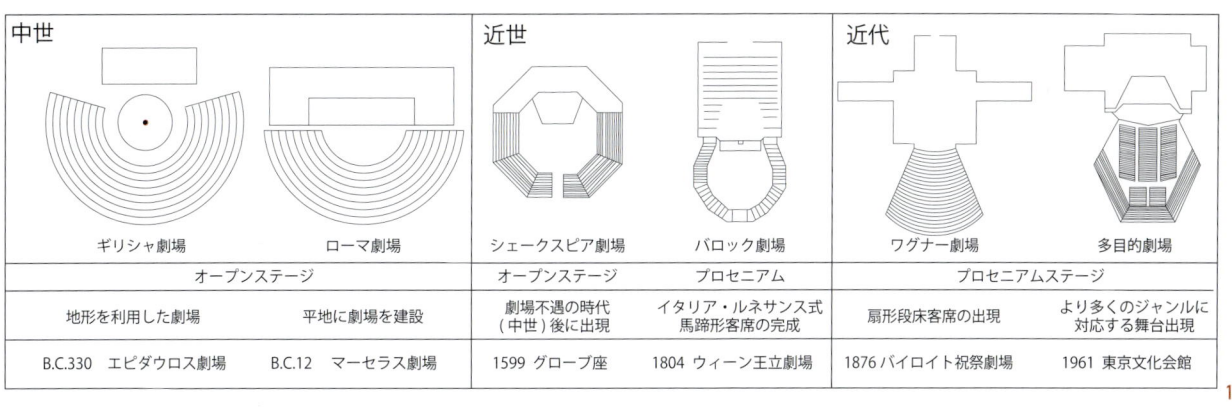

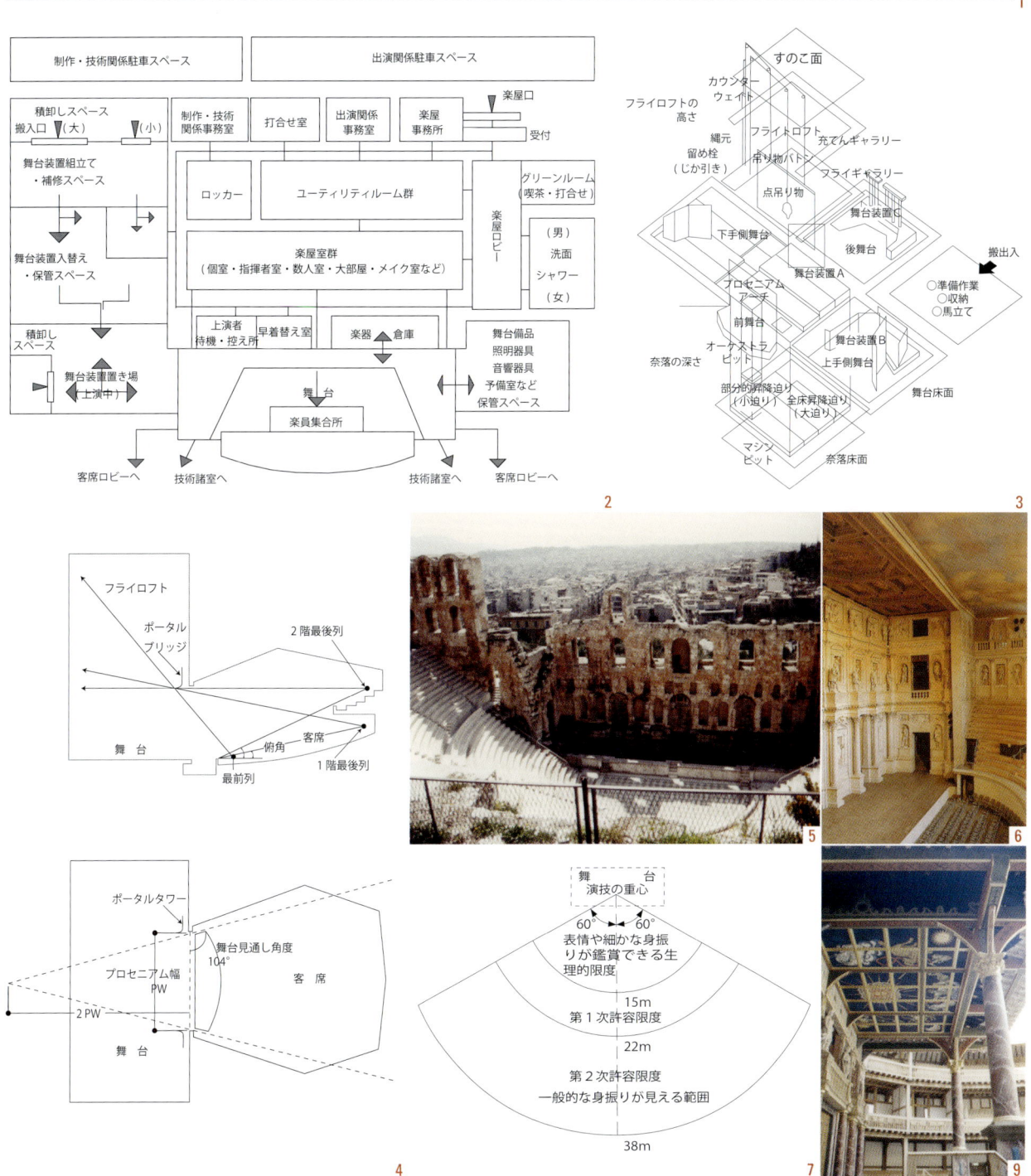

中世		近世		近代	
ギリシャ劇場	ローマ劇場	シェークスピア劇場	バロック劇場	ワグナー劇場	多目的劇場
オープンステージ		オープンステージ	プロセニアム	プロセニアムステージ	
地形を利用した劇場	平地に劇場を建設	劇場不遇の時代（中世）後に出現	イタリア・ルネサンス式馬蹄形客席の完成	扇形段床客席の出現	より多くのジャンルに対応する舞台出現
B.C.330 エピダウロス劇場	B.C.12 マーセラス劇場	1599 グローブ座	1804 ウィーン王立劇場	1876 バイロイト祝祭劇場	1961 東京文化会館

1. 劇場の舞台と客席構成の変遷　2. 劇場の機能構成　3. 劇場の立体的構成　4. 舞台の視野　5. イロド・アティコス音楽堂（161年に建設されたもの。ギリシャ・アテネ）　6. テアトロ・オリンピコ（イタリア・ヴィチェンツァ）　7. 視距離　8. 客席フロア勾配の求め方　9. グローブ座（ロンドン）。舞台　10. 同　アイソメ

2.3　文化

用するものなど大小の楽屋を必要な数設ける。メイク室やスタッフ控え室、浴室、便所が必要である。また楽屋ロビーも設け、喫茶や打合せのスペースとして憩いのある雰囲気をつくる(16) (p.75)。さらに大小のリハーサル室を設ける。

配置構成としては、観聴衆と出演者、舞台装置の搬入などのサービス動線を明確に分離し、サービス動線は目立たないように計画するが、大道具の搬入など大型の車も出入りしやすい位置に計画することが必要である。さらに照明設備として投光室、調光操作室、音響設備として音響調整室を設ける。天井に設けるシーリング投光室、側壁に設けるフロントサイド投光室への階段や通路を設ける。また調光操作室は舞台を見渡せる位置に、音響調整室は客席と舞台が見える位置に計画する。

■ **舞台を構成する**

一般に主舞台と側舞台とで構成され、客席から見て左側を下手、右側を上手と呼ぶ。さらに劇場により主舞台の奥に後ろ舞台や前にエプロンステージが設けられる。側舞台や後ろ舞台は、場面転換のための舞台装置や大道具の置き場、演者の控え、舞台機構の操作スペースと重要なものであり、主舞台と同様の面積を確保する。主舞台の上部には、幕や吊りものを収納したり、照明器具を吊り下げたりするために必要なフライロフトという空間を設ける。プロセニアム開口高さの2.5倍以上の高さが必要である。プロセニアムは、演劇やオペラなどの演目によって異なるが、演劇で間口10〜12m、高さ7m前後、オペラで開口12〜14m、高さ8m程度、コンサートでは、高さ12m以上とされる。また舞台地下には奈落が設けられる。奈落には回り舞台や迫りの機械装置が置かれる。さらにオーケストラピットを主舞台前に設ける(3) (p.71)。いずれもコンサートホールでは不要である。

■ **客席を構成する**

どの席からも舞台を見渡せるよう、また、せりふや音楽が明瞭に聞こえるように客席を配置する。舞台からの客席の限界距離は、明るさにより視力が向上することもあるが、演者の表情や身振りが識別できる限界として15m、演劇や舞踊で22m、オペラや大規模演奏空間で動作が見える限界として38mとされる(7) (p.71)。この距離以下の計画が望ましい。収容人数により、客席の距離を短くするためには、2・3階にバルコニー席を設ける。また舞台の見通し角度は104度程度とする(4) (p.71)。客席の床勾配は、前に座っている人の背の高さなどを考慮して舞台が見えるような勾配とし、後方に向かって勾配をきつく設定する。俯角として30度以下、15度以下が望ましい。なお客席の構成により、舞台でのパフォーマンスが見にくい席がないよう十分留意して計画する注1。

客席は、舞台に向かって見通しがきくように扇形に並べるのが原則である。客席1席当たりの面積は、通路部分を含んで0.6〜0.8m²が目安である。

ホールの音響はホールの形状によって左右される。円形などホール内に音の焦点を結ぶような形状は避ける。音響上留意する点は、音源近くでの反射面の確保、平土間席への反射音確保のための壁面やバルコニー、平土間席の勾配、深すぎないバルコニーの奥行、高すぎない天井面、後壁の吸音などである。なお空席時の残響時間は、概ねコンサートホールで2.3秒程度、多目的ホールで2秒程度、オペラハウスで1.6秒程度、講堂で1.2秒程度である。なお電気音響設備により残響時間に変化をつけることもある。

ホールは、概ね客席数が500席以下を小ホール、500〜1,200席を中ホール、1,200席程度以上を大ホールと呼び、客席数と舞台の広さとで規模が決まる。全体の面積はこれらの面積の合計の2〜3倍となる。

コンサートやオペラなど多目的に利用されるホールの先駆けとして上野公園内にある東京文化会館が挙げられる。2,308席の大ホールが六角形の平面形状で適度な床勾配をもち、4層の浅いバルコニーが囲んでいる。視覚的にも優れたホールである。649席の小ホールもあり、両者のアプローチやホワイエの空間が巧みに構成されている(3,4)。

オーチャードホールは、シューボックス型のコンサートホール形状であるが、オペラにも使用できる2,150席の多目的ホールである(5)。

■ **客席を動かす**

演目に合わせて、舞台や客席の配置・客席規模・舞台床面・客席勾配を変えることのできるホールをアダプタブルホールという。その形式として、舞台と客席をプロセニアム・アーチで分離するプロセニアムステージが一般的であるが、舞台と客席が一体化したオープンステージもその一つである。その中に単に舞台を配したエンドステージ、舞台を中央に配したトラバースステージ、舞台が客席に張り出しているスラストステージ（エプロンステージ）、客席が舞台を取り囲むセンターステージ（アリーナステージ）がある。スラストステージやセンターステージのほうが演者と観客との一体感が高まる空間となる。こうした様々な演目や内容に対応できるアダプタブルホールは、現代劇や多様な演目の演出性を高めるフレキシビリティを有している計画といえる(1,2)。

■ **演劇を楽しむ**

代表的な演劇の劇場として、戯曲「ロミオとジュリエット」や「マクベス」などウイリアム・シェークスピアの傑作が演じられたグローブ座がある(9,10) (p.71)。1599年に建設されたが、その後焼失、再建、破壊を経て、1997年にテムズ川南岸に350年の時を経て復元された。8角形の木造建築である。円形の平土間に2本の柱で支えられたきらびやかな舞台が突き出ている。草葺き屋根でオーク材の架構、漆喰塗りで3層の桟敷席が舞台を取り囲んでいる。土間では観客が立ったまま鑑賞し、桟敷席と一体感を高める構成の劇場である。これをモデルにしたものが東京グローブ座である。

1. アダプタブルホール。舞台と客席の可変パターン図（茅野市民館） 2. 同 舞台と客席の可変（吹田市文化会館メインシアター） 3. 東京文化会館。平面図 4. 同 大ホール 5. Bunkamura オーチャードホール 6. 東京芸術劇場 7. ムジークフェラインザール。平面図 8. 同 大ホール 9. 同 ホワイエ 10. ベルリンフィルハーモニーザール。平面図 11. 同 ホール内観 12. 同 ホワイエ 13. 同 外観 14. サントリーホール。平面図 15. 同 ホール内観 16. 新潟市民芸術文化会館。外観 17. 同 大ホール 18. ゼンパー・オーバー（ドレスデン国立歌劇場） 19. ガルニエ宮（オペラ座）。外観 20. 同 ホワイエ

2.3 文化

■音楽を楽しむ

　主にクラシック音楽の演奏会のための専用ホールがコンサートホールである。歴史的には、貴族階級の娯楽の場としての宮廷サロンや長方形の平面で、天井が高く列柱の側廊をもつバシリカ様式の教会が始まりといわれる。19世紀中ごろから大規模なコンサートホールがヨーロッパの各都市で建てられた。その代表的なホールがオーストリア・ウィーンのムージクフェラインザール（ウィーン楽友協会大ホール）(7～9)(p.73)である。

　コンサートホールは音響性能が重要である。しかし聴衆は音楽を聴くのみならず、指揮者や演奏者のパフォーマンスを観ることも楽しみの一つであり、オーケストラのよく見える視覚を考慮した客席構成も重要である。

　コンサートホールの形式として、シューボックス型とアリーナ型（ワインヤード型）がある。シューボックス型とは、オーケストラに面して客席が前方に向いて並列に並んでいる構成である。一方アリーナ型は、オーケストラを中心に客席が囲むように配置された形式である。

　シューボックス型の最も著名な例が、ムジークフェラインザールである。ホールの幅は19.5m、奥行53m、天井高18.5mの長方形のホールで1,680席である。インテリアは金色の壁、高窓のある側壁、柱の彫刻や天井画、大きなシャンデリアが幾つも吊られている絢爛な装飾豊かな空間であり、劇的で印象に残る空間をつくっている。音響性能の優れたホールである。しかし一般的にシューボックス型の欠点として、オーケストラに対して客席が平行に並べられていることにより、また床の傾斜もほとんどないため前列の人が視界を遮り、後方の客席では演奏者のパフォーマンスが見にくい席が存在する。

　アリーナ型は、ベルリンフィルハーモニーザール(10～13)(p.73)に代表される。指揮者H.カラヤンとの協議により、どの客席からでもオーケストラが見られるように、オーケストラを囲むように座席を幾つかのブースに分けて、2,218の座席を立体的に配したホールである。その後のコンサートホールの計画を大きく変えるほどの影響を与えた。ホワイエもまた簡素なインテリアであるが、大きな吹抜け空間の中に多数の階段がアクティビティを演出している。日本では、港区赤坂のサントリーホール(14,15)(p.73)の2,006の客席がアリーナ型に近い形で計画され、視覚的にも演奏者と聴衆が一体となった臨場感が得られるものとなっている。同様にアリーナ型のコンサートホールをもつ新潟市民芸術文化会館は、公園に建てられ、屋上を緑化するなど隣接する信濃川と調和したランドスケープデザインが見事である(16,17)(p.73)。一方で音響性能の面で注意が必要である。

　ドイツ・ケルンに建てられたケルンフィルハーモニーザールは、ケルン大聖堂とライン川の間の公園の地下に建設され、屋外からは想像もつかない2,000席の大ホールがある。指揮者の位置を中心として半円形のオーケストラを円形に並べられた客席が取り囲む。大屋根を支える鉄骨が放射状に露出している天井は、青い間接照明で浮かび上がって見え、特有の魅力ある空間となっている。客席もゆったりと大きめにデザインされた快適なものである。長時間の鑑賞を楽しむ劇場では、椅子のデザインも重要である(1,2)。

　620席をもつ室内楽ホールの水戸芸術館は、3分割された客席が舞台を囲むように配置されている(3)。

　東京芸術大学奏楽堂は、目的に合わせて客席の天井全体を3分割に可変させ、音響をコントロールできるシューボックス型、1,100席のホールである(4)。

■オペラを楽しむ

　オペラハウスは、フランス・バスチーユオペラ劇場(9～11)に代表されるように、2,700の客席数に対して、リハーサルステージ、バレーやコーラスのリハーサル室、衣装室など客席面積の10倍以上にものぼる面積を要する機能が伴った計画がされた。

　また前出の通り歴史的な馬蹄形の形状を有する劇場は、多数存在する。日本では、まつもと市民芸術劇場(5～7)などがある。ホールへのアプローチはこれから日常とは異なった非日常の時間を過ごすための演出が重要である。まつもと市民芸術劇場では1階から2階のホワイエに向かう緩やかな湾曲した長い階段の空間がホールへの誘いを演出している(29)(p.39)・(7)。

■歌舞伎を楽しむ

　京都の四条河原町が発祥とされ、能舞台を踏襲するものであった。18世紀前後から花道や正方形に区切られた平土間の平場、左右の桟敷席が設けられ歌舞伎小屋へと変わる。明治以降にプロセニアムが歌舞伎劇場にも取り入れられ、桟敷席を全くもたない1,992席の国立劇場が建てられた(15)。

　日本の伝統的な歌舞伎劇場や能舞台の空間は、花道や橋掛りなど特有な構成があり、この構成が観客同士の一体感や親密感を生む独特なものである。

■複合させる

　劇場・ホールは規模や目的の異なる大・中・小規模のホールを複合させて建設されることが多い。オペラやコンサートなど多目的な利用を考えた1,200席以上の大ホールと中・小規模に適した演劇のホールなどと多様な組合せがある。

　さいたま芸術劇場は、中心部にロトンダと呼ばれる円形の吹抜け空間を中心に、776席の大ホール、266～346席に席数が可変する小ホール、さらに604席のシューボックス型の音楽ホールが円形広場を囲んで配置されている複合施設である(19)。

　劇場・ホールは文化施設として、美術館や博物館などと併設されることも多く、交通の便のよい利便性の高い公園などの広い敷地に建てられる。しかし500名程度の小規模なコンサートや講演会など利用率の高いホールは、駅周辺など商業施設と複合的に計画されることが多い。

注1：船越徹・積田洋編著『建築・都市計画のための 空間の文法』彰国社、2011

1. ケルンフィルファーモニー。平面図 2. 同 内観 3. 水戸芸術館。室内ホール 4. 東京芸術大学。奏楽堂 5. まつもと市民芸術劇場。平面図 6. 同 大ホール 7. 同 ホワイエからエントランスを見下す 8. フォルクスオパー。内部 9. バスチーユオペラ劇場。アイソメ 10. 同 客席 11. 同 舞台 12. 金毘羅大芝居金丸座。平面図 13. 同 内観 14. 呉服座。内部 15. 国立劇場。外観 16. 楽屋ラウンジ（熊谷文化創造館 さくらめいと） 17. 国立能楽堂平面図 18. 能楽堂（白山神社） 19. さいたま芸術劇場。ロトンダ

2.3 文化

●図書館

■図書館とは

図書館法では、「図書、記録その他必要な資料を収集・整理し保有して、一般公衆の利用に供し、その教養、調査研究、レクリエーション等に資することを目的とする施設」とされている。さらに「郷土資料、地方行政資料、美術品、レコードおよびフィルムの収集にも十分留意して、図書、記録、視聴覚教育の資料その他必要な資料（電磁的記録を含む）を収集すること」また「他の図書館、国立国会図書館、地方公共団体の議会に附置する図書室および学校に附属する図書館または図書室と緊密に連絡し、協力し、図書館資料の相互貸借を行うこと」がうたわれている。建築計画や配置計画として、利便性のある立地や読書にふさわしい雰囲気や環境、さらに閲覧室などの空間の居心地の良さなど快適性を考える。また動線や機能として、閲覧や貸出し手続きの簡素化はもちろんのこと、居住地の最寄りの図書館で入手困難な図書などの資料を閲覧・貸出しできるサービスが受けられる図書館相互のネットワークのシステムを理解して計画することが重要である。

図書館の計画にあたっては、図書館の性格や蔵書数により役割や機能構成が異なる。また今後の蔵書数の増加に対応した増築計画にも留意する。

現在日本の公共図書館数は3,200館余り、蔵書数は4億冊、来館者数は延べ3億人、大学図書館も1,400館余りあり、3億冊の蔵書を有している注1。生涯学習の気運も高まり、高齢者の利用も増加して、公共施設としては利用率の高いものとなっている。

■図書館の歴史・変遷を知る

現在の図書館のように一般の人々が自由に資料に触れ、利用できる施設となったのは、1850年にイギリスにおいて図書館法が成立して以降である。背景には15世紀に活版印刷が発明され、印刷技術の急速な発展により、書物の複写が容易になり、資料の量産化・廉価化が可能になったことにある。なお図書館は非常に古い歴史があり、紀元前7世紀にはアッシリアに粘土板の図書館があり、また古代最大の図書館といわれるアレクサンドリアの図書館には、紀元前3世紀にはすでに所蔵資料の目録が備えられていたという。しかし19世紀以前の図書館は、極めて特定の人しか利用できないものであった。

■ネットワークシステムを考える

利用者が希望する図書などの資料の所在を検索できたり、複写や貸出しのサービスを受けるため、図書館のシステムとして図書館相互の蔵書情報などを共有するネットワークシステムがある(1)。このネットワークの頂点に立つのが、日本国内で出版されたすべての出版物を収集・保存する日本唯一の図書館である国立国会図書館である。現在東京本館と関西館、国際子ども図書館がある(9〜12)。公共図書館では、次いで都道府県立の広域参考図書館があり、市町村立の地域中心館とその分館、さらに不便な場所には、移動図書館（ブックモービル）と階層的にネットワークのシステムがつくられ、図書の利用を促している。特に住民に密接した地域中心館では、この図書館を中心に居住者数やどの地区からもほぼ等距離で利用できるように幾つかの分館が配されている。

大規模な図書館の例として、プロイセン文化財団ベルリン国立図書館がある(4〜6)。蔵書数400万冊。ラテンアメリカ専門図書館と図書館学研究所を併設している。広大な吹抜けの内部空間に開架書架、閲覧机がゆったりと並べられ、図書の閲覧スペースがまるで宙に浮いているかのように設けられたダイナミックな空間構成の建築である。

■機能を構成する

図書館の基本的な機能は、図書、雑誌、新聞やマルチメディアの収集、分類・整理・保存、それらの貸出しとレファレンスサービス、さらに相互貸借であり、集会などにも供することである。そのために建築の基本的構成は、蔵書保管のための書架・書庫、閲覧室、ブラウジング・コーナー、集会室、分類・貸出し作業室、事務・管理関係の諸室からなる。なおレファレンスサービスとは、利用者が求める資料や情報を得るための援助のことで、必要な資料の所在を調査したり、資料の使い方を説明したりすることである。なお利用者が求める資料がどこにあるかを把握するためにサイン計画のみならず、分かりやすい空間構成の計画とすることが重要である。

■利用する（出納システム）

図書館で利用者が目的とする図書や資料を手にするための方法を出納システムという。利用者が書架から自由に直接本を取り出す方法が「開架式」であり、利用者が目録によって本を選び館員に取り出してもらう方法が「閉架式」である(7)。開架式では利用者が目的とする分野の書架で手に取って図書の内容を確認したり、関連する図書も一覧できる。一方で、図書の損傷や紛失も免れない。しかし利用者の利便性や活字離れが進む現状では、読者を増やす契機ともなり、住民利用を主とする地域中心館やその分館では、開架式が望ましい。また閉架式は閲覧・貸出し手続きが煩雑であり、目録のみの検索では手に取った図書が期待外れになることもある。しかし貴重な資料や高価な図書では、開架式に比べて損傷や紛失が少なくなり、この方法が良いといえる。

開架式とするか、閉架式とするか、また両者を組み合わせて用いるかによって、図書館の建築計画は大きく変わる。特に書庫の大きさは、閉架式に比べ開架式の場合、移動書架や電動書架は用いられず、書架間のスペースや書架の高さの制限から閉架式と比べて広いスペースを要する。したがって開架式閲覧室の規模も拡大する方向にある。規模の拡大に対して、近年の技術の進展から閉架式書庫において自動出納システムを設置するものが増えてきている。自動出納システムとは、コンピューター検索システムと連動させて、目的の資料を正確に短時間で利用者に提供するもの

1. ネットワークシステム　2. 地域中心館の機能構成図　3. 広域参考図書館の機能構成図　4,6. ベルリン国立図書館。内部　5. 同　平面図　7. 出納方式　8. 閲覧室の配置　9. 国立国会図書館関西館。電子図書館の機能を有している　10. 同　内観　11. 同　外観　12. 同　平面図　13. キャレル　14. BDS (book detection system)

2.3 文化

である。

　なお開架式の書架は木製のものが落ち着いた安らぐ空間の雰囲気を醸し出すことから好まれている。しかしコストの面からは安価なスチール製の書架とする場合もあり、スチール書架に木製のパネルを貼ったものもある。

■ **各館を計画する**

1）分館　最も居住地の近くにあり身近なものとして、児童から大人までが利用する図書館である。利用者の利便性を考えて、自由に図書や資料が手に取れる開架式とする。また児童にとっても身近に図書に接する空間として、気軽に楽しく閲覧できるように閲覧スペースを、寝転ぶことも可能なカーペット敷きや色彩もカラフルに明るいものとする。当然話し声などの騒音も発生するので、一般の閲覧室とは分離して児童コーナーとして設ける。機能構成は、開架式の書棚と閲覧室を一体とした開架貸出し室、貸出し作業室、集会室程度のものとなる。親しみやすい空間の工夫が求められる。

2）地域中心図書館　機能構成としては、分館より細分化される(2) (p.77)。児童コーナーと開架貸出し室、視聴覚資料室、その町の歴史や産業・文化さらに行政資料などを集めた郷土資料室、大小の集会室、閉架書庫や休憩室が設けられる。全体の規模は、蔵書数に対して概ね50冊/m^2で算出する。なお90cm幅の書架で、1段当たり35冊、大学図書館で30冊程度が目安となる。

　日野市立中央図書館は郊外の雑木林の静かな環境の中に庭を囲むように配置され、吹抜けの開架式の閲覧室と児童室が中庭に面している。2階にレファレンス、郷土展示資料室、集会室がある。地下に書庫とブックモービルの車庫がある。オープンで明るい空間をもつ建築である。蔵書数12万冊(1〜3)。

3）広域参考図書館　大都市の都道府県立図書館の蔵書数は150万冊前後であり、機能構成も複雑となる(3) (p.77)。まず、エントランスロビーに面して、新聞や雑誌などの一般閲覧室を設ける。次いで、社会自然科学部門や人文科学系など、分野別に開架式の閲覧室と閉架式の書庫を設ける。また、グループや一般に供する閲覧室を設ける。なお近年は書籍の電子化が進み、無線LAN設備や、視聴覚資料室の充実も図られる。さらに長時間の利用に考慮してレストランなどを設ける。

　宮城県図書館は仙台市郊外の丘陵に東西に細長くチューブ状に配置された建築で、3階に中央通路に沿って新聞、雑誌、行政資料室、一般図書、外国図書など開架書棚が並んでおり、アプローチ上に閲覧しやすい線形の配置構成となっている。2階には子ども図書室や展示室が、1階には視聴覚室やレストラン、さらに地形に沿って緑に囲まれた階段状の半外部の広場が設けられ、憩いの場となっている。蔵書数は105万冊(4〜7)。

4）大学図書館　大学、短大に付属する図書館で、専門の研究図書、学習図書、保存図書を中心に収蔵している。13世紀にソルボンヌ、オックスフォードなどの大学の設立とともに大学図書館の基礎が築かれた。日本の大学でも、例えば早稲田大学の図書館では、蔵書が500万冊を数え、公共図書館を圧倒する蔵書を有している。

　実践女子大学図書館はダイナミックな吹抜け空間の中に逆ピラミッド状に書架が並べられて、資料を一望できる分かりやすい構成となっている(8〜10)。

　フィリップエクセターアカデミー図書館は吹抜けに面した巨大な円窓から、整然と並んだ書架を劇的に見せている。人と本の出合いを演出した空間である(12〜14)。

　そのほかに特定の分野の専門書やフィルムライブラリーなどの専門図書館や、保存図書館がある。

■ **閲覧する**

　開架式の場合、閲覧室と書架は同一の空間に置かれ、閲覧の自由度を高める。閲覧のためのスペースは、77ページ(8)に示すように車椅子での利用も考えると書架間の幅を2m程度とる必要がある。また書架も下段の図書が見やすく引き出しやすいものを用いる。

　4〜6人掛けの閲覧机とともにキャレルを設ける。キャレルとは閲覧室や書庫に設置した一人用の閲覧机で、前方や側面を仕切り照明を備えた個室またはブース(13) (p.77)のことである。床は段差のないバリアフリーとし、騒音や安全面からカーペット敷きがよい。

■ **蔵書の紛失を防ぐ**

　開架式の閲覧室を増やすなど利用者の読書量を高める努力の一方で、図書館の資料の管理は難しい問題である。従来は閲覧室の出入口など利用者の動線が集中するところにカウンターを設け管理するか、エントランスに荷物などを預けるロッカーを置くなどして紛失を防止していたが、これには限界がある。資料を無断で持ち出そうとすると、出口に備えてあるバーの開閉によりブザーが鳴り、ゲートが閉じられる装置である、BDS (book detection system) (14) (p.77)が開発され、図書の紛失防止に効果を挙げている。BDSの感知システムには、電磁波によるものと電波によるものがあるが、わが国では電磁波によるものが多い。貸出し手続きの際に資料に張り付けられた磁気テープの磁気を消去するものである。これにより出納方式は開架式が増している。大学図書館においても蔵書の約半数は開架式となっている。

■ **利用を高める**

　近年、駅前再開発などにより、商業施設ビルなどと複合し設置される図書館が見られるようになった。例えば神奈川県相模原市の橋本駅前の複合ビルでは、商業施設の6階に図書館（蔵書数：29万冊、AV資料：1.5万点）、7・8階に500席ほどのホールを設けている。駅前という利便性の高い立地にあり、利用者を増やしている。

注1：「日本の図書館統計」日本図書館協会、2010

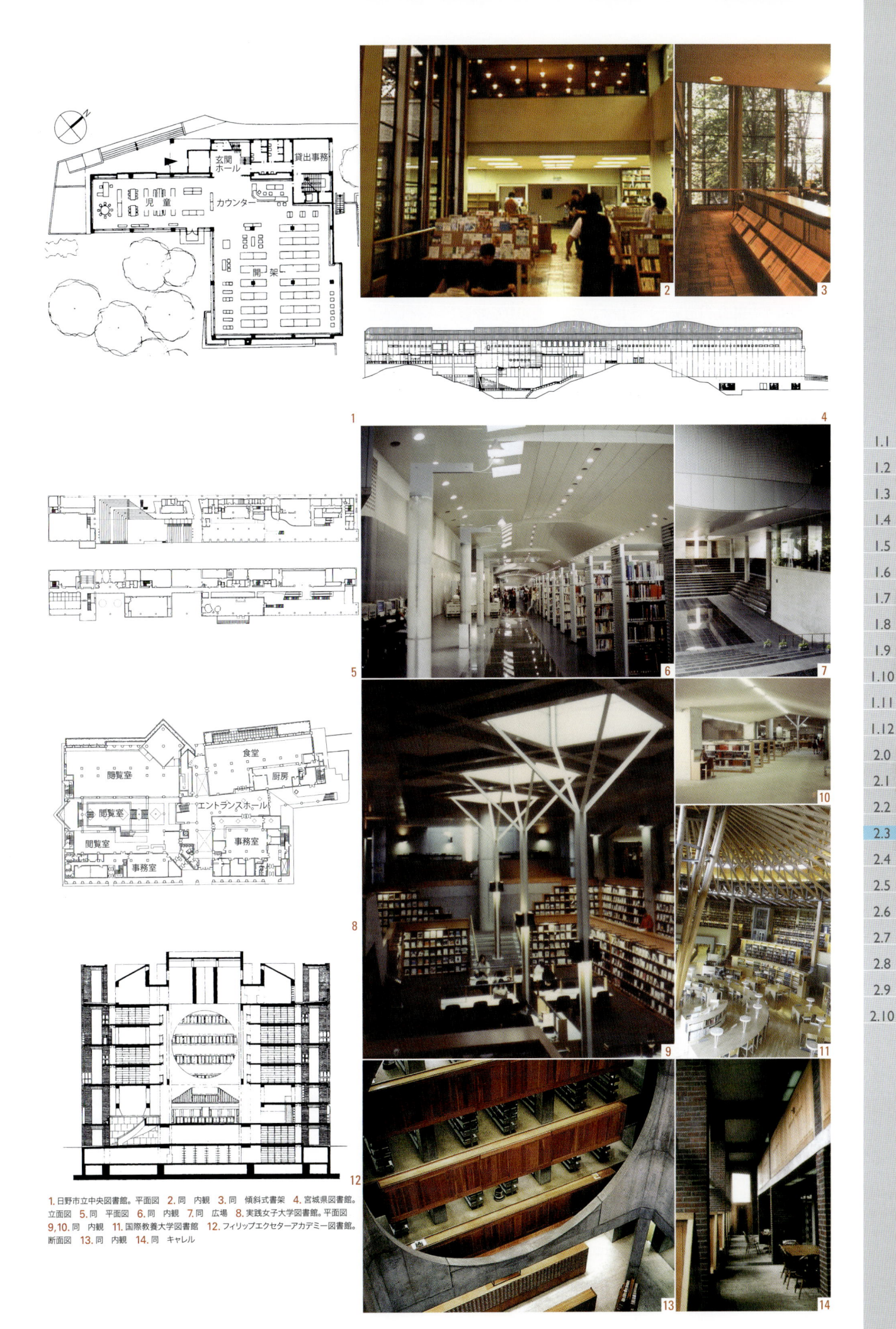

1. 日野市立中央図書館。平面図　2. 同　内観　3. 同　傾斜式書架　4. 宮城県図書館。立面図　5. 同　平面図　6. 同　内観　7. 同　広場　8. 実践女子大学図書館。平面図　9,10. 同　内観　11. 国際教養大学図書館　12. フィリップエクセターアカデミー図書館。断面図　13. 同　内観　14. 同　キャレル

2.3　文化

2.4 コミュニティセンター

■**コミュニティ施設とは**

コミュニティ施設とは、コミュニティの社会的要求に応じる施設であり、広義には「住民の日常生活に利用される施設で、地域単位ごとに設置される公共施設」注1を総称していう。すなわち、広義には図書館なども含まれることになる。

コミュニティは一般に「一定の地域に居住し、共属感情を持つ人々の集団」（広辞苑）を指す。アメリカの社会学者R.M.マキヴァーはコミュニティを社会集団の類型の一つとして位置づけ、「個人を全面的に吸収する社会集団」、すなわち家族や村落などを指すとしている。古くから地縁により結ばれ「共属感情」をもったコミュニティは、集会を中心とする場を必要としてきた。「寄合い」と呼ばれる会合や冠婚葬祭などが、私宅や社寺、または空き地で行われてきたのである(1〜4)。コミュニティが宗教や信仰と関わることもあり、ヨーロッパでは教会がその役割を果たすことも多い(6)。C.ペリーの近隣住区理論でも、近隣住区、すなわちコミュニティの中心部に教会が配置されている(5)。

コミュニティ施設におけるコミュニティは、本来の成立ちでは「共属感情」をもち、マキヴァーの意味する社会集団を対象としたものであった。しかし今日、特に都市部においては、地域・地区がそのようなコミュニティを構築しているとは言い難い。地域・地区が持続可能であるためにはコミュニティの維持、活性化が望まれ、コミュニティ施設がそうした活動の支援の場として機能することが期待されるが、現時点では一般的な定義をさらに広く解釈し、「一定の地域に居住する人々の社会集団」と考えるほうが妥当であろう。

■**成立ちと制度を知る**

コミュニティ活動を支える場は古くから存在したが、コミュニティ施設が公的に位置づけられたのは公民館が最初である。1949年、社会教育法（旧文部省）において「公民館は、市町村その他一定区域内の住民のために、実際生活に即する教育、学術及び文化に関する各種の事業を行い、もつて住民の教養の向上、健康の増進、情操の純化を図り、生活文化の振興、社会福祉の増進に寄与することを目的とする」と定義づけられている。

コミュニティセンターはコミュニティ振興政策（1973年、旧自治省）の一環として位置づけられた施設である。当該政策により「市町村にコミュニティセンターの設置助成、その他各省庁の政策に基づく施設の設置助成」を行うこととなった。公民館が「専任職員の指導のもとに」住民のニーズを反映させた教育・学術・文化に関する事業を行うのに対し、コミュニティセンターは図書館、健康増進施設の設置を原則とし、管理・運営は住民による審議会を発足し「住民主導」で行う。

さらに1990年、生涯学習振興法において「生涯学習振興のための公民館を中心に総合的な社会教育施設の整備と事業展開」について定められ、各地に生涯学習センターが設置されることとなった。公民館、コミュニティセンターと比べて、より学習の場としての諸活動を打ち出した施設となっている。

これらはすべて補助金交付に伴い所管する省庁が決まっていた施設であり、これらのほかにも、次のようなコミュニティ施設がある。［文部科学省］公民館、児童文化センター、青年の家、［厚生労働省］児童館、老人福祉センター、老人憩いの家、勤労青少年ホーム、働く婦人の家、勤労婦人センター、［総務省］コミュニティセンター、［農林水産省］山村開発センター、基幹集落センター、農村環境改善センター、就業改善センター、ふるさとセンター。

近年、コミュニティ施設にもバリエーションが生じてきている。一つは、生涯学習への関心の高まりや少子高齢社会の到来など社会ニーズの変化によるものであり、いま一つは地方自治体への補助金交付政策の変化を背景に、各自治体が地域住民のニーズに合わせた施設の設置が可能となったことによる。

■**活動と運営を考える**

図書館や病院と異なり、コミュニティ施設は活動が一意でなく分かりにくい。活動も多様で、規模は小さいながらも一種の複合施設（2.10章参照）といえる。また、コミュニティ施設との関わりは個人によって大きく異なり、日ごろからよく利用し馴染みのある人もいれば、ほとんど足を踏み入れたことのない人もいるはずである。

コミュニティ施設における主な活動は、本来の成立ちではコミュニティを対象とした集会を主とするが、現在においては集会、学習、レクリエーションが主な活動といってよいだろう。横浜市では地区センター条例において、利用の目的を、(1) スポーツ、レクリエーション、クラブ活動および学習、(2) 講演会、研究会、展示会その他各種集会の開催、(3) その他地域住民の自主的な活動と相互の交流のため必要な事項、と定めている。地域の特性や住民の意向、既存施設との機能分担などにより活動内容が異なるのがコミュニティ施設の大きな特徴だが、基本的にはおおよそそのような内容に沿うものだと思ってよいだろう。また、地域活動の拠点（地域の伝統文化の保存と継承、環境保全、多世代交流など）として位置づけられることも多く、まちづくりへの参画を支援する活動（まちづくりワークショップなど）も行われる。

地区センターの例を(7〜19)に示す。

注1：日本建築学会編『建築資料集成7　建築-文化』丸善、1981

1. バナラシーのガート　2. チチカカ湖上の光景　3. 浅草三社祭　4. 桐生骨董市　5. ペリーの近隣住区理論　6. シエナの教会　7,8,9. 横浜市仲町台地区センター　10,11,12. 横浜市市沢地区センター　13,14. 横浜市下和泉地区センター　15,16,17. 横浜市東永谷地区センター　18. 横浜市篠原地区センター　19. 川里村ふるさと館

2.4　コミュニティセンター

■部門と構成を考える

コミュニティ施設における活動を具体化し、部門ごとに説明する。しかし、それぞれの部門を兼ねる機能をもつ諸室も存在し、部門と諸室は一意に対応しているわけではない。

a.会議・研修部門：「集会」を中心とした場の提供を成立ちとしていることから、中心的機能と言ってよい。様々な規模と活動が想定されるため、それらをサポートできるフレキシブルな構成が望ましい。

b.実習部門：美術、工芸、音楽、調理実習など、特定の設備を備えた諸室により構成される。華道や茶道を目的とした和室は、実習のほか、会議・研修にも使用される。

c.ホール部門：多目的ホールとして計画されることが多い。「会議・研修部門」で対応できない規模の大きい講演など学習活動やレクリエーションにも使用される。

d.スポーツ・レクリエーション部門：体育室で対応可能な活動をサポートする。近年は稼働率も高く、コミュニティ施設の主たる活動の一つといえよう。

e.図書・資料部門：図書は地域単位でのニーズが高い機能である。一般的な図書のほか、地域の資料を保存・展示する活動も検討される。

f.健康・福祉部門：健康相談のほか、高齢者や幼児・児童のための活動をサポートする。

g.管理部門：管理・運営の部門だが、運営主体によって構成は異なる。また、地域活動のための諸室を設けることも多く、印刷室を受付・事務双方で利用できるようにするなど、工夫が求められる。

h.共用部門：ロビー、受付・事務のほか、他の施設同様の共用空間（廊下、便所、給湯室、機械室など）により構成される。コモンスペースについては、地域住民のコミュニケーションの場として期待され、コミュニティ施設においては特に重要である。

■複合化を考える

限られた土地を有効利用する、地域単位に配置される特性を生かすなどの観点から、他機能との複合化も図られる。複合化される施設として、図書館、展示施設、劇場、デイケアセンター、行政機関の出張所(1)などが挙げられ、教会もその成立ちから複合化の事例がある(2)。複合化のメリットとして、土地の有効利用のほか、施設の相互関係による充実が考えられる。重複する機能の削減をはじめ、複数の機能が合わさり初めて可能になるアクティビティもある。また、来訪した際にほかの活動に触れることが参加のきっかけとなるなど、機会の創出ともなる。一方、複合化にはデメリットも存在する。動線計画が分かりにくくなる、大型化により運営が複雑になる、地域の活動拠点としての意味合いが薄れる、などである。複合化する場合には、分かりやすい動線計画、防音や用途を考慮したゾーニングなどが求められ、管理面では、開館時間を同一にするなどの配慮が必要である。

■圏域と小学校の複合化を考える

コミュニティ施設は、その圏域の重なりから小学校と深い関わりをもつ。ペリーの近隣住区において一小学校区を近隣住区と一致させていることからも分かるように、いずれもコミュニティの核として徒歩圏に立地することが望ましい施設である。近年、コミュニティ施設としての利用を前提とした小学校も計画されている。体育館、音楽室、調理実習室などの特別教室群を授業で使用しない時間帯に地域に開放する計画で、児童のセキュリティが確保できるようなゾーニングが求められる。また、廃校となった小学校をコミュニティセンターとして再利用する事例も見られる（1.11章参照）。

■特化した施設／特徴のある施設を考える

複合化とは反対に、利用者の階層を特定したりある機能に特化した施設も計画される。前者の例として、児童館(3,4)、青少年センター、婦人の家、高齢者センターなど、後者の例として、集会所(5,6)などが挙げられる。また、地域の事情やニーズを反映した結果、特徴のあるプログラムとなった事例として、スポーツやイベントを軸とした体験交流型の施設(7,8)や、地域の拠点であると同時に地域外への発信を担う施設(9)などがある。

近年、ガラスによるオープンな構成を特徴とする施設も増えている。ゆったりとした敷地に不整形なガラスの建築をランドスケープ的に配置した事例(10)や、自然光が入るホールを特徴とする施設(11,12)もある。このケースでは、専門的な演奏会より、住民の歌や演奏の発表会が多く想定されたため、音響効果よりも自然光が差す開放性が重視された。また、建築化された施設だけでなく、オープンスペースもコミュニティのための場となりうる。木造密集住宅地に設けられたコミュニティ広場は防災を主題とし(13)、淡路瓦の舗装を特徴とする遊歩道は、駅と美術館を繋ぐプロムナードであると同時に地域住民のための憩い場所ともなっている(14)。

■持続可能性と地域性を考える

地域住民のための公共施設であることから、持続可能性（サスティナビリティ）と地域性（ローカリティ）が求められる。持続可能であるためには、変化する活動に対応するフレキシビリティの確保と、地球環境の視点から設備方式や材料の選択が重要である。また、地域性の対応にも様々なレベルがある。もつべき機能は地域によって異なり、設定する機能によって全体の平面計画も変わってくる。オープンスペースの位置づけも温暖な気候の地域と豪雪地帯では異なってくるだろう。また、材料や形態など外観意匠による地域性の表現も可能である(15〜17)。さらに、持続可能性、地域性を考えれば、施設を新規に建設するだけでなく、再生、移築、転用の選択肢もあり得る。歴史的建造物は地域の資源であり、その活用こそが持続可能であるとともに、地域性と深く関連づけられたものとなる(18〜22)。

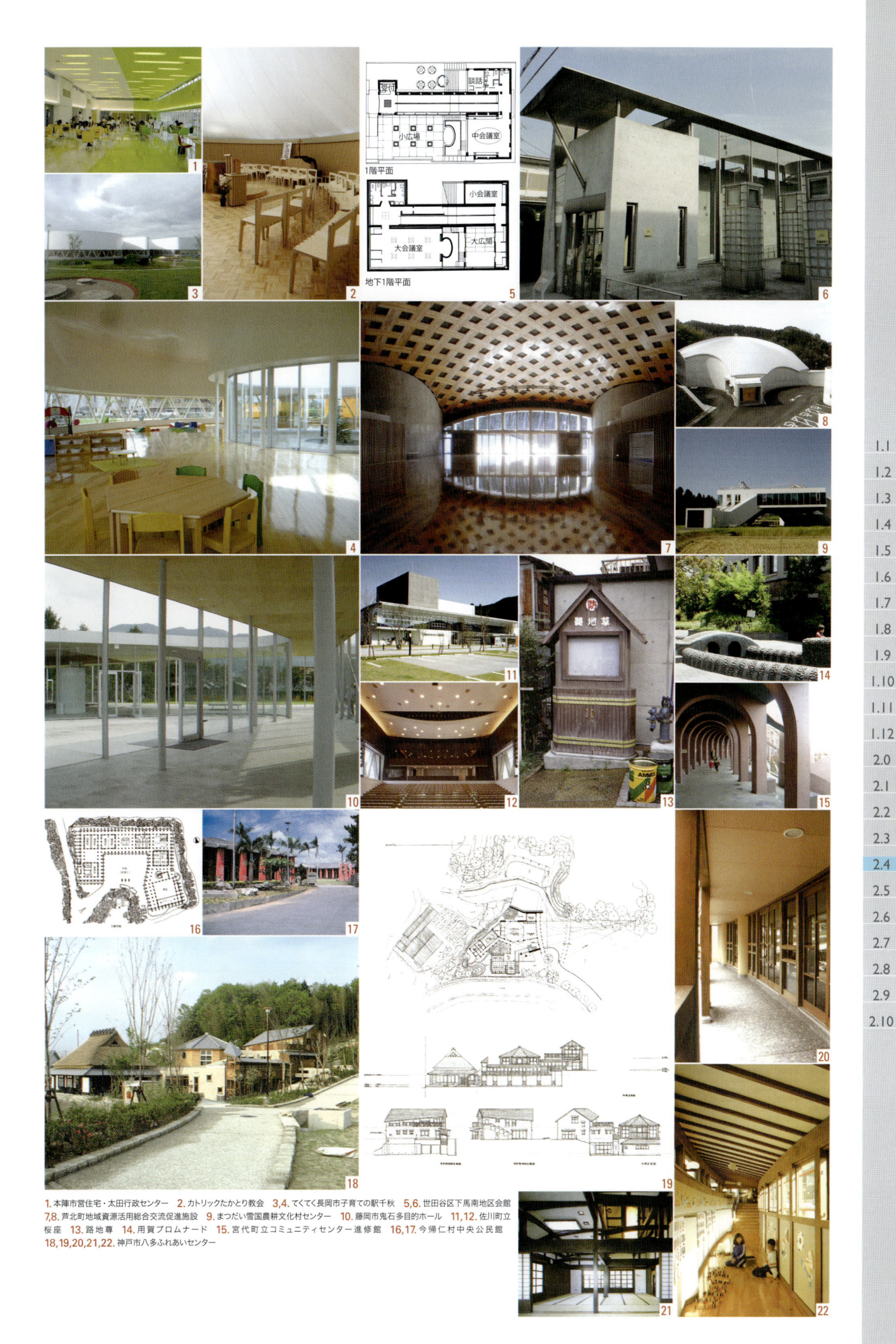

1. 本陣市営住宅・太田行政センター　2. カトリックたかとり教会　3,4. てくてく長岡市子育ての駅千秋　5,6. 世田谷区下馬南地区会館　7,8. 芦北町地域資源活用総合交流促進施設　9. まつだい雪国農耕文化村センター　10. 藤岡市鬼石多目的ホール　11,12. 佐川町立桜座　13. 路地尊　14. 用賀プロムナード　15. 宮代町立コミュニティセンター進修館　16,17. 今帰仁村中央公民館　18,19,20,21,22. 神戸市八多ふれあいセンター

2.4　コミュニティセンター

■プログラム、コンセプトをつくる
1）施設の規模と内容を決め、面積配分を検討する
地域の特性、住民のニーズ、既存施設との機能分担などにより、活動の種類・内容、利用階層等が決定される。施設規模や面積配分も、地域のニーズ、複合化や特化のあり方によって様々である。ただ、延べ床面積に対する専用面積は施設規模にかかわらず、概ね60〜70%である(1)。一般的な例として、各部門の諸室の例を以下に示すとともに、それぞれの部門の関係を(2)に表す。
　a.会議・研修部門：講義室、研修室、集会室、会議室、和室、グループ室
　b.実習部門：工芸室、調理実習室、音楽室、和室、準備室
　c.ホール部門：講堂、大ホール、多目的ホール
　d.スポーツ・レクリエーション部門：体育室、トレーニングルーム、レクリエーションルーム、更衣室・シャワー室、器具庫
　e.図書・資料部門：図書室、書庫、郷土資料室、展示室、視聴覚室
　f.健康・福祉部門：保健室、保健相談室、浴室、託児室、プレイルーム
　g.管理部門：印刷室、受付・事務室、倉庫、機械室
　h.共用部門：ロビー、廊下、階段・エレベーター、便所、給湯室、食堂・喫茶

■敷地を読み配置をデザインする
1）敷地と法規の概要を調べ、アクセスを計画する　まず、法的条件と対象敷地および周辺環境の現況について調べる。アクセスは規模や機能による利用圏域によっても異なるが、コミュニティ施設の立地特性から大半は徒歩、自転車によるものと想定される。一般の施設が公共交通機関からのアクセスを重視するのに対し、きめ細かなアクセス計画が望まれる。また、近隣からの利用であっても、高齢者や身障者の自動車利用も考慮されなければならない。

2）施設配置と敷地全体を計画する　他の施設同様、周辺環境との調和と配慮が必要とされる。特に、住宅地にあっては隣接敷地の用途や配置にも配慮が求められる。周辺環境を考慮して、用途とボリュームを配置する。特に、廃棄物保管庫や機械室などネガティブなゾーンの処理と利用者のアプローチは重要である。
(3〜17)は横浜市北山田地区センターで、「構成が明らかで、骨格を露わにする裸の即物的なあり方をした建築」をテーマにデザインされた。(5〜7)のエスキスは、「敷地を読み配置をデザインする」から次項「ボリューム・空間構造を考える」に至る設計のプロセスをよく示している。(5)で敷地に対して大まかなボリュームと駐車場が配置され、中央の自由通路もこの段階で提案されている。同時に、敷地現況写真(3)からも読み取れる前面道路との高低差に対するエスキスもなされている。

■ボリューム・空間構造を考える
1）機能別のボリューム構成を検討する　上述した部門に対応したボリュームを大まかに把握し、ボリューム単位で、アクセスや周辺状況に配慮したうえで敷地に対する位置を検討したり、機能や利用者に応じた設置階の検討を行う。また、実習室など一部の固定的な設備をもった諸室以外はかなり多岐にわたる活動に対応している実情を踏まえ、室の大きさと種類でボリュームを把握する方法も有効である。つまり施設で最大規模の室（体育室または多目的ホール）、和室、その他間仕切りなどによって使い分けられる中小規模の室から構成されると考え、そのボリュームを手掛かりに計画を進めるのである。
　大まかに配置した後に、所要室の機能、面積、利用頻度と利用時間帯、屋外を含む付帯設備、発生する音・匂いなど詳細な条件を加えてゾーニングを進める。
　事例では、(6)でこの建築を特徴づける「細かく割られた桁方向のスパンによる外郭の鉄骨列柱」が検討された様子がうかがえる。この構成は断面においてもエスキスされ、(11)のCGパースにも構造形式とボリュームが表れている。(7)で骨格に沿った諸室の配置が検討されている。

■平面、断面をデザインする
1）平面、断面を同時にデザインする　各部門、諸室に応じた平面、断面計画を行う。ほとんどの室は2.7〜3.0mの天井高でよいが、規模の大きい集会室や多目的ホールなどは2層分以上の階高が必要となるため断面で検討する。体育室など特に大きなボリュームを配置する場合には、周辺環境との調和を考え、配置計画での検討が必要となる。体育室周りだけが突出しないように、前面道路から見て敷地の奥側に配置したり(9)(p.81)、掘り下げる(10)(p.87)などの工夫が求められる。

2）各階の平面と動線をデザインする　住民のニーズそのものも変化するため、固定的用途や設備を要する室以外はできるだけフレキシブルであることが望ましい。間仕切りの使用や家具配置により、フレキシブルな対応が可能となるように、会議室の単位空間3.0〜3.6mをモジュールとするとよい。
　ユニバーサルデザインの観点から、単純な動線計画が望ましい。一般に利用者と管理者の動線は区分されるが、住民の運営参加により重複する動線が生じる。また、複合化した施設にあっては、利用・管理形態に応じた動線計画も必要となる。

■立面をデザインする
1）都市、街並みの文脈を表現する（地域性）　外観のデザインでは、都市や街並みの文脈を考慮する。屋根や開口部など部位のデザインや材料の選択により地域性を表現するのも一つの選択肢である。近年、活動の様子が外から見えるようなオープンな外観も増えている。施設来訪者や通行する人々の関心を惹くことにより、より多くの住民の利用を促すデザインといえる(10)(p.83)。

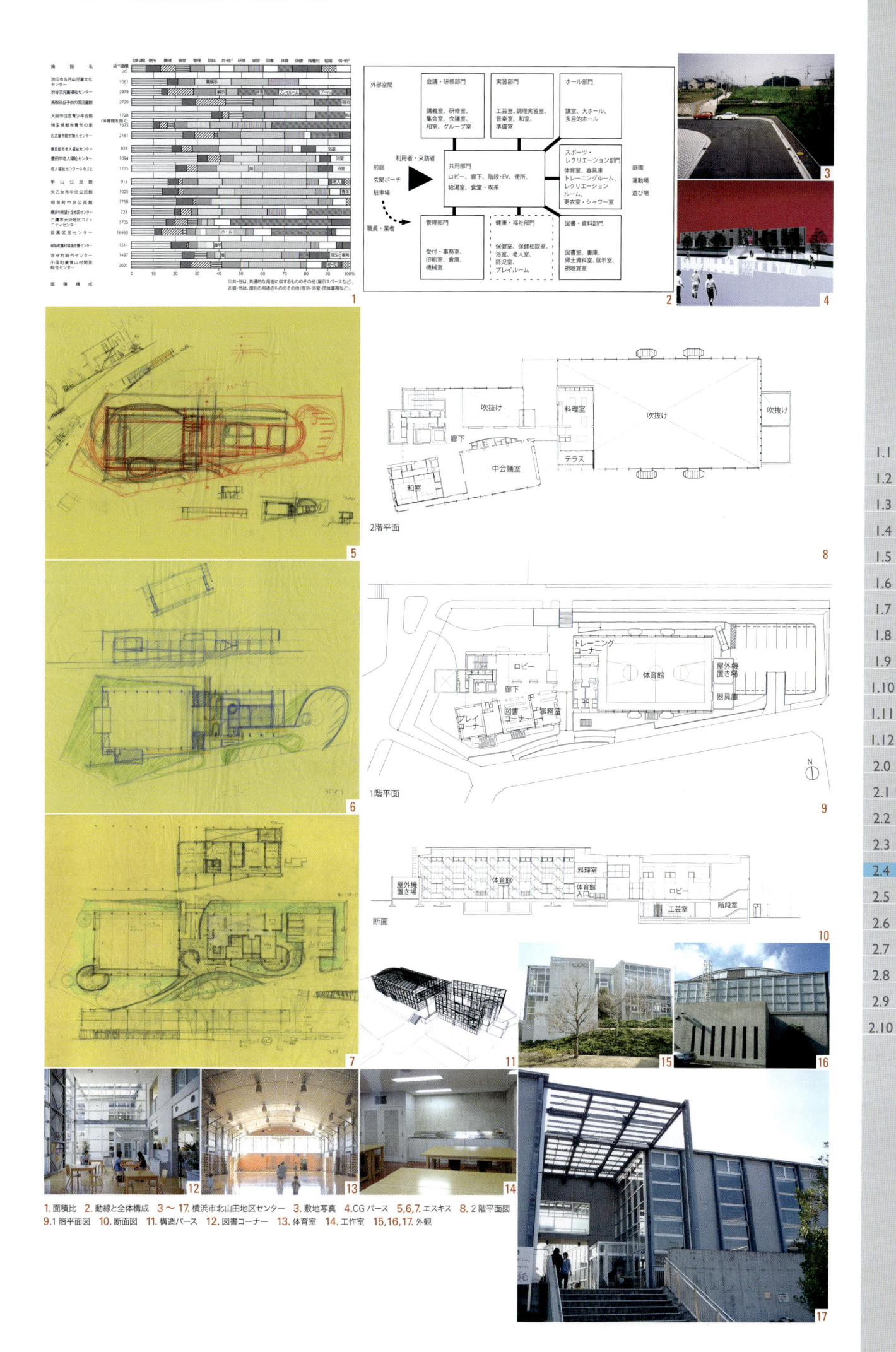

1. 面積比 2. 動線と全体構成 3〜17. 横浜市北山田地区センター 3. 敷地写真 4. CGパース 5,6,7. エスキス 8. 2階平面図
9. 1階平面図 10. 断面図 11. 構造パース 12. 図書コーナー 13. 体育室 14. 工作室 15,16,17. 外観

2.4　コミュニティセンター

■ 集会室・会議室・和室（会議・研修部門）をデザインする

集会室・会議室は単位空間3.0〜3.6mのモジュールで構成し、間仕切りや家具配置によりフレキシブルな使用を可能とする(1〜3)。

和室は元来機能を限定しないため、地域の寄合い的な集会や、茶道・華道などの実習にも使用される(4)。茶道は水屋を要し、華道でも水場が必要である。床座の和室のほうが好まれる地域もあり、和室を複数の機能に対応させる計画もあり得る。

■ 調理室・工芸室・音楽室（実習部門）をデザインする

調理室(7)は熱と臭い、工芸室と音楽室(8)は音が発生するため静謐を要する室群と分離する必要がある。調理室は家庭科調理実習室のような配置をとる場合が多いが、試食の時間を考えると必ずしもそれがよいとは限らない。講師による調理作業を見せることに実習の重点を置き、そのあとの試食のスペースを充実させる計画もある。また、地域イベントの際に炊出しを行う場としての利用も想定される。工芸室は収納を要するほか、作業庭的な外部空間が接続していると便利である。

これらの諸室は使用が限定されるため、計画に当たっては十分な検討が必要である。また、近年、民間の実習系の教室（キッチンスタジオやアートスクールなど）では、オープンな構成で活動をアピールする事例も多く見られる。静謐な環境が求められる会議・研修と異なり、オープンな構成により活動が妨げられないことによるものだが、活動機会の創出に効果的な構成といえる(6,15)。

■ 多目的ホール（ホール部門）、体育室（スポーツ・レクリエーション部門）をデザインする

多目的ホールにおいて、本格的な音響設備が必要とされるケースは少なく、むしろ多目的な使用への対応を計画する。例えば、段床より平土間のほうが多目的に利用できるため、利用頻度が上がる。平土間のホールでも、音響室、映写室、備品庫を備えることである程度の専門的な利用が可能になる。

体育室は本格的な競技より、むしろ健康教室やレクリエーションとしてのスポーツを対象とした計画とする(9,10)。バスケットボールコートが1面取れる面積と天井高を確保すれば、多くのスポーツへの対応が可能となる。体育室のほか、更衣室、シャワー室、器具庫を設ける。

■ 図書室・展示室・視聴覚室（図書・資料部門）をデザインする

図書室では図書の管理に加えて、貸出し・返却の作業も発生する。実際にはそのための人員を確保するのは難しく、一般的な管理と兼ねられるよう管理部門に隣接して設けられることが多い(11,12)。

視聴覚室は映像や音楽に関する多くのメディアを扱うので収納があるとよい。また、フィルムやビデオの編集を行う作業室を付置させると高度な利用が可能になる。

展示室は、郷土資料室のような固定的使用を前提とした独立した室として計画される場合もあるが、ロビーなどコモンスペースの一角に展示コーナーとして設けることも可能である。展示コーナーでは、一時的な住民の作品発表の場としての使用が想定される。

■ コモンスペース（共用部門）をデザインする

ロビーやホワイエなどコモンスペースは、本来、活動の前後に必要とされる待機や休憩のためのスペースだが、コミュニティ施設にあってはそれ以上の役割を担った重要な空間である(14,15)。それぞれの目的で訪れた地域住民が、コモンスペースで顔を合わせることにより、ちょっとした会話を交わす光景はよく見られ、さらに活動の充実、情報交換、地域への理解の深まりなどが期待される。こうした活動、すなわちコミュニケーションを促すには、ロビーチェアを置いたり、談話コーナーを設けるなど(5)、快適な場づくりが求められる。コモンスペースから実習やスポーツなどの活動の様子がうかがえれば、機会の創出にも繋がるだろう(6,15)。また、近年、地域情報が閲覧できる情報端末を設置した情報ロビーを設ける施設も増えている。

コモンスペースとしての外部空間も重要である。コミュニケーションの場として機能する外部空間、簡単なイベントなどが行える多目的広場、施設内部と周辺双方に安らぎを提供する緑のスペースなどが想定される(18,19)。さらに外部空間として、実習部門をサポートする作業庭的スペースも求められる。

■ そのほかに必要なものを考える

高齢者や児童など使用者に特化した部門が計画される場合もあるが、そうでない場合でも日常的な使用を考え、プレイルームを設ける事例は多い(13,16)。

市民活動を支える諸室も計画される(17)。固定的な使用から事務室同様のしつらえとなる場合もあるが、市民活動団体に一時的に利用されるケースも多い。会議や打合せだけでなく作業が発生することも多く、印刷室が必要とされる。印刷室は管理諸室と兼ねるケースがほとんどで、動線処理に工夫が求められる。

■ ユニバーサルデザインを考える

コミュニティ施設は、すべての地域住民の利用を前提としており、ユニバーサルデザインは必須である。また、地域を単位として配置される施設であることから、災害時に一時避難場所として利用される可能性もあり、災害時要支援者にとっても利用しやすい計画が求められる。

まず、分かりやすい動線計画により、通常の利用を平易なものにするとともに、容易な避難経路を確保する。車椅子やベビーカーの利用を考えて段差をなくす(20)、扉および取っ手の種類の選択などバリアフリー化はもとより、あらゆる利用者を想定したサイン計画も必要である。アプローチでは、車から雨に濡れずに中に入れるよう車寄せを設けることも必要である。

1. 集会室の収容人員　2. 集会室のレイアウト　3,8. 世田谷区立下馬南地区会館　4. 世田谷区立九品仏地区会館　5,16,17. 横浜市下和泉地区センター　6,7,15,18,20. 横浜市市沢地区センター　9,14. 横浜市仲町台地区センター　10. 藤岡市鬼石多目的ホール　11. 図書コーナー・家具配置　12. すみだ生涯学習センター　13,19. 神戸市八多ふれあいセンター

2.4　コミュニティセンター

2.5 商業

■商業施設とは

「商業」の語源は「交換」を意味する。発生は古代にまで遡る。余剰物や希少品などが生活領域の内外で交換された。領域内では人が集まる中心的空間、他領域との交換は領域の境界空間で行われた。

中世の商業空間は、古代と同じく都市の中心的空間である広場・市場などに設けられ、税が徴収された。課税を免れるため都市門の外側にも自然発生的市場ができた。

近世になると海運の発達により他国との交易も活発となり、水辺にも商業空間が発展した。東方交易のヴェネチア、わが国では堺市などがその典型的空間であった。

近代になると工業生産力が増大し、商業空間の多様化とともに百貨店が出現した。車社会の進展と流通革新によりスーパーなどの量販店ができ、ニュータウンや郊外にショッピングセンターが出現した。また、テレビやネット等の通信販売により商業はさらに多様化した(1)。

■商業施設の種類と立地を知る

商業施設の種類は多様だが、大別すると物販、飲食、サービスの3種類になる(2)。施設の立地は、日用品などの最寄り店舗は近隣の駅前商店街、非日常の高級品を販売する買回り店舗は都心部に位置する。また、安売り店やアウトドアなどに特化した特殊なコンセプトの大型店などは、地価の安い都市周辺部に立地する(3〜5)。

■敷地と規模の設定を考える

消費者ニーズとの関係で立地条件と施設内容は規定される。施設の計画・設計は、クライアントにより敷地・内容が与えられる場合もあれば、敷地、規模、業種などを含む事業計画の策定から依頼を受けることもある。

小規模施設の計画では前者が多く、大規模複合施設の計画では後者が多い。後者の場合は、様々な専門家によるコラボレーションにより事業が進められる。

事業計画は、現在および近未来のニーズ、敷地周辺の商業施設の立地状況その他、マーケティング調査と分析に基づいて行われる。

■敷地と環境を読み取る

1) 敷地の読取り　　敷地面積、形状、高低差、地盤、方位、接道、上下水道、ガス、電気、植生等、具体的な敷地状況を調査する。

店舗の床面積や種類により法的制限があるので建設可能な敷地か否かを調査し、可能であれば、建蔽率、容積率、斜線制限などを確認する(6)。

2) 環境の読取り　　周辺建物の種類、高さ、密度、緑地、交通、人の流れ、時間帯等を調査する。さらに、昼・夜間人口、住民の階層、公的施設の位置と種類、歴史、生活文化、その場所特有の場所性等、社会・文化的条件を調べる。

■プログラム、コンセプトをつくる

1) プログラムとコンセプトの関係　　規模が確定すれば、基本設計の前にプログラムおよびコンセプトを確定する。プログラムとコンセプトは、「鶏と卵」の関係に似て、いずれも施設の具体的空間デザインの量と質を決定する重要な二つの要素である。

プログラムは、アクティビティと空間との関係を明確にする概念である。施設内外での人の活動、物の流れを計画し空間の機能と大きさを決定する。

コンセプトは、新しくつくられる施設の基本的なあり方・ポリシーを決め、空間全体の質を規定する概念である。販売される商品、サービスを含め、デザインされる空間の特性を決定する。

プログラムとコンセプトは互いに独立した概念だが、密接に関連する。プログラムなしに空間のコンセプトを考えることは難しく、コンセプトのみによる空間デザインもあり得ない。相互に関係し影響を与える概念で、どちらかを優先するというものではない。

2) プログラムをつくる　　商業施設のプログラムは、事業計画により決まる。企画・調査、計画・設計、建設・維持管理、その他、収支計画と密接に関連した規模計画との関連で、面積配分、商品構成、売り場計画、共用部計画、サービス・従業員を含む後方計画、駐車場計画、などが決定される。

コンセプトとの関係を考慮しながら計画・設計を具体化するには、規模計画で決定された延べ床面積を部門別のアクティビティに対応した諸空間・諸室の面積に配分し、延べ床面積に対応する各部門別・諸室別の一覧表を作成する。

3) コンセプトをつくる　　コンセプト (concept) とは、設計の基本的な考え方を指す。コンセプションに「妊娠」の意味があるように、この言葉には新しい概念の誕生という意味が含まれる。つまり、新しくつくり出す空間の質を決定する概念である。

コンセプトは、感覚や価値観を反映する。商業施設は特に、同時代の感覚やファッションを象徴的に反映する建築である。この意味でコンセプトは、計画・設計における基本的ポリシーであり、最も重要な概念である。

事業計画に基づきクライアントからコンセプトが示されるケースもある。また、ブランド商品を販売する商業施設では商品イメージやロゴマーク、建築デザインが決まっているものもある。いずれにしてもコンセプトは空間のデザインを決定する重要な概念であり、基本的に空間のデザイナーが企画者などとコラボレーションしながら決定すべき概念である(7〜9)。

1. 日本の商業空間の変遷

	～1960年	1960年～1990年		1990年～2000年		今後
従来型単独業態	百貨店→発展	→低迷気味	→「金満消費」で復調	→積極的な郊外出店	→現況の百貨店商法は苦戦	
	量販店（スーパー）→発展		→大店法による成長阻害と総花化による空洞化	→新GMS化 百貨店志向 ディスカウント化	→概して苦戦	→新時代対応型GMSを模索
					→建築のデザイナーズブランド化	
	商店 → 専門店		→郊外ロードサイド型専門店	→大型化/異業種集積化		
集合業態		商店街 →アーケード、カラー舗装、モール化		→時代ニーズに対応できず衰退気味		新しい事業
		大型店キー型 郊外SC	大型化、総合開発化 再開発型	→アミューズメント、アメニティ フェスティビティ志向	→エンターテイメントセンター	
		ショッピングセンター / 駅ビル	利便性から ファッション化	→テーマ型開発		
			ファッションビル	DCブランドブームによる隆盛	DCブーム、インポートブームの終焉により衰退気味	
新業態		ディスカウンター（単独ゲリラ型）	総合ディスカウンター(2)(GMS系)		日本型パワーセンター	
			総合ディスカウンター(1)(独立系)		すべて健在もしくは成長中	
			ホームセンター		スーパーセンター	
		コンビニエンスストア			やや過当競争気味ながら健在	
					ライフスタイルセンター	

2. 商業施設の種類

分類	業態	業種	扱う商品・対象
個別商業施設	物品販売店	服飾用品店	流行性を主とする衣服・靴・履き物・かばんなど
		生活文化用品店	家具・文具・書籍・貴金属・時計・カメラ・家庭電化製品など
		日用家庭品店	実用性を主とする衣服・寝具・家庭用品・各種食料品・薬品など
		加工食品店	肉・鮮魚・パン・茶・のり・菓子など
		機器・原材料品店	自動車・自転車など
	飲食店	喫茶店	純喫茶・甘味喫茶・パーラーなど
		軽飲食店	うどん・そば・ラーメン・カレー・ファーストフード店など
		料理飲食店	食堂・レストラン・和食店・中華料理店・各種料理店など
	各種サービス店	保健衛生	美容・理容・クリーニング・浴場など
		情報サービス	ショールーム・旅行センターなど
複合商業施設	総合店		百貨店 / スーパーマーケット / コンビニエンスストア
	集団店		駅ターミナル・商業ビル・地下街などに集まった商業施設 / 飲食店ビル / 小売市場 / ショッピングセンター

6. 用途地域において建築できる店舗

店舗 ＼ 用途地域	第一種低層住居専用地域	第二種低層住居専用地域	第一種中高層住居専用地域	第二種中高層住居専用地域	第一種住居地域	第二種住居地域	準住居地域	近隣商業地域	商業地域	準工業地域	工業地域	工業専用地域
店舗兼用住宅で延べ床面積の1/2以上を居住の用に供し、かつ店舗部分の床面積が50㎡以下のもの 1. 日用品販売を主たる目的とする店舗、食堂、喫茶店 2. 理髪店、美容室、クリーニング取次店、質屋、貸衣装店、貸本屋、その他サービス業を営む店舗 3. 洋品店、自転車店、家庭電気器具店等（原動機の出力の合計が0.75kW以下） 4. 自家販売のためのパン屋、米屋、豆腐屋、菓子屋等（原動機の出力の合計が0.75kW以下）	○	○	○	○	○	○	○	○	○	○	○	
1から4の店舗専用部分が2階以下、かつ、床面積が150㎡以下で製造場がある場合は作業床が50㎡以下のもの		○	○	○	○	○	○	○	○	○	○	
1から4の店舗で店舗部分が2階以下、かつ、床面積が500㎡以下のもの。風俗関連営業は不可、物販店、飲食店、銀行の支店、保険代理店、不動産営業店舗は可			○	○	○	○	○	○	○	○	○	
一般の物品販売店舗、飲食店での店舗部分が2階以下、かつ、床面積が1,500㎡以下のもの				○	○	○	○	○	○	○	○	
一般の物品販売店舗、飲食店で店舗部分の床面積が3,000㎡以下のもの。マージャン、ぱちんこ店等は不可					○	○	○	○	○	○	○	
一般の物品販売店舗、飲食店で店舗部分の床面積が3,000㎡を超えるもの。劇場、映画館等は不可								○	○	○	○	
カラオケボックス等								○	○	○	○	○

1. 日本の商業空間の変遷　2. 商業施設の種類　3. グム百貨店：近代初期の代表的商業施設。中心部の赤の広場に面して建設された（モスクワ）　4. 郊外型の典型事例。アメリカのショッピングセンター内部（ロサンゼルス）
5. ホートンプラザ。テーマパーク型で有名となった複合商業施設の典型事例（サンジェイゴ）　6. 用途地域において建築できる店舗　7. セブンスマーケットプレイス。魅力的な吹抜けがある地下のショッピング空間（ロサンゼルス）
8. 横浜ベイクォーター。水面に開かれた馬蹄形広場をもつショッピングセンター　9. TOD'S 表参道ビル。表参道の並木をファサードデザインのコンセプトに取り入れている

2.5　商業

■敷地と環境をデザインする

ここでは、韓国・ソウルから〜35kmほど行った坡州市にある魅力的な商業施設「ブックハウス」[注1]を主要事例に取り上げ、さらに他の関連事例を補足しながら解説する(1,2)。

配置計画は、敷地内の施設配置、人のアクセスと外部空間のデザイン、車のアクセス・駐車場の計画を含む敷地全体の計画である。これらは相互に関係するため同時に行う。以下では便宜的に項目立てし記述する。

1) 施設を配置する
プログラムで決定した延べ床面積が建蔽率、容積率の範囲内に収まっていることを確認する。この作業はスケッチおよびスタディ模型で行う。同時に、建物の高さが高さ制限、道路斜線制限内に収まっているか、ボリュームが周辺環境に対し適切かを検討する。この作業は施設の配置計画と同時に検討する。全体の高さがオーバーしていれば地下に沈めることが可能かの検討が必要となる(3,4)。

配置計画はコンセプトにより異なる。一体のボリュームとするか、分散配置とするか、異なるコンセプトになる。将来の増築計画の可能性も検討する(5〜8)。

2) 人のアクセス・外部空間をデザインする
敷地の外部からのアクセスは、下記の項目を調査し、敷地周辺図にプロットして計画する。

- 最寄り駅、商店街、バス停などの位置、方向、距離
- 複数のルートの有無
- 歩道の有無、幅員、街路樹の有無
- 歩行量、時間帯による差異
- 保育所、幼稚園、小中学校などの通学路のルート

敷地内のアクセスは、機能性と同時に演出性が重要である。特に広場、中庭、オープンテラス、舞台演出、回廊、ピロティ、庇空間など、外部と内部の関係に配慮した回遊性のあるデザインが望ましい。

3) 車のアクセス・駐車場をデザインする
車のアクセスは、下記の項目を調査し、上記の図面にプロットして計画する。

- 周辺駐車場の有無、位置、規模
- 敷地の接道状況、車道の幅員、交差点・信号の有無
- 車種、交通量、時間帯による差異
- バイク、自転車の利用状況

大規模施設では特に駐車場のウエイトが高くなる。都心部では地下および屋上駐車を含む立体型、郊外では平面駐車形式が一般的である(9)。

顧客と物品搬入の駐車場は区別する。駐輪場および管理システムも同時に検討する。車のアプローチおよび駐車場は、環境建築への配慮から緑化が望ましい。

主要事例のブックハウスでは、配置図(3)の西側（左）に小規模の駐車場が計画されている。

■施設の空間構成をデザインする

1) 施設の構成
施設の構成は、a.販売部門、b.管理部門、c.駐車場で構成される。物販販売店、飲食・サービス店ともこの構成は変わらない。各部門の比率は立地条件、業態、経営方針、コンセプトなどにより異なる。

2) 面積配分
業態や規模、プログラムやコンセプトにより総面積および面積配分は異なるが、a.売り場、b.共用部、c.後方施設、d.駐車場の項目に分かれる。売り場面積と後方施設の割合は50：50〜70：30程度が一般的である。複合商業施設などの共用部の割合は約30％だが、通路空間や休憩スペースなどを含むアメニティスペースのウエイトが高くなる傾向にある(10〜12)。

複合商業施設には非物販施設を中心とする構成もある。非物販施設とは美術館・ギャラリー、劇場、映画館、その他のアミューズメント施設などを指す（2.10章参照）。今日の大規模商業施設では非物販施設を含む構成が一般的であり、そのユニークさと魅力的空間構成が顧客の獲得を左右する傾向にある。

主要事例のブックハウスでは地下1階部分に大きなギャラリーイベント空間が計画されている。地下部分ではあるが、このスペースには外部に開かれた吹抜けのサンクンガーデンが計画されており、配置図(3)に見られるように西側の駐車場に隣接する1階から外部階段で直接アプローチすることも可能となっている(13,14)。

後方施設は、a.商品部門、b.事務管理部門、c.従業員厚生部門に大別される。大・中規模の機械室は一般に地下部分に計画されることが多いが、延べ床面積の約7〜9％必要である。

3) 空間構成をデザインする
まず、施設全体の空間構成をデザインする。この構成が、構造・設備の形式にも影響する。空間構成には経験的に構築された複数の「型」がある。以下に典型的な空間構成の「型」を示す。

a.格子型：直交する2軸で構成される型で、グリッド型ともいう。ラーメン構造に最も素直に対応でき、平面的にも立体的にも自由に空間を構成できる特質がある。

b.軸線型：敷地形状、シンボリックな軸線などが空間を規定する場合に有効である。曲線軸や立体的に傾斜する軸も用いられる。

c.中心型：求心的建築構成に典型的に見られる型で、広場、吹抜けなどの核となる中心をもち、周りに店舗などの緒空間を構成するタイプである。

d.回遊型：回遊式庭園のように店舗を通路で繋ぎ空間を巡るタイプ。個性的場所をデザインし、そこに至る通路や出入口を演出する場合などに有効である。

e.バーコード型：バーコードのように複数のラインに緒空間を平行配置するタイプ。コンビエンスストアなどに見られるが、様々な空間に応用可能な型である。

f.フィールド型：ある性格をもつ場をつくり、その中に大きさの異なる空間をアイランドや入れ子状に自由に構成するタイプ。

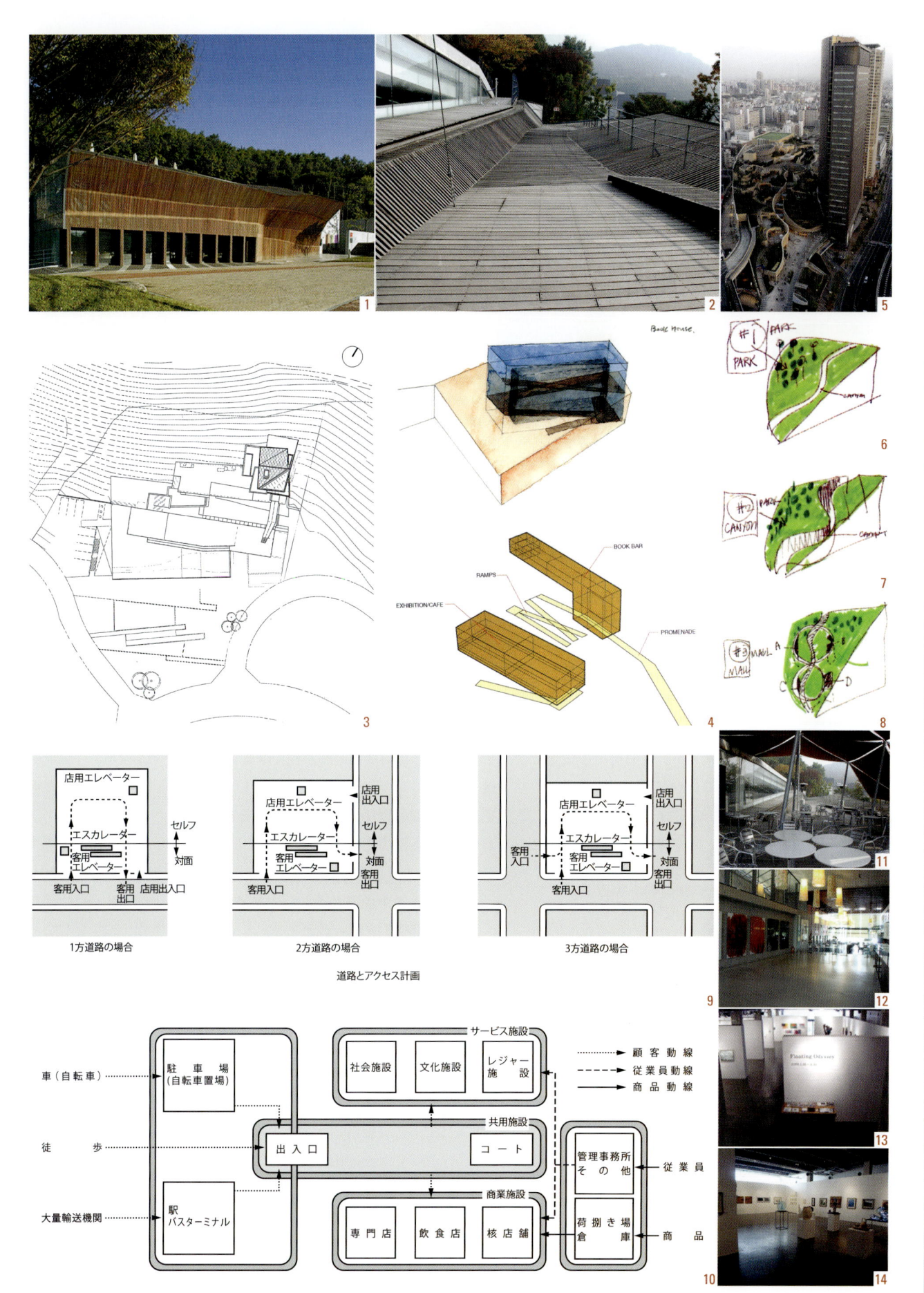

1. ブックハウス。外観。背後の緑に映える木目の柔やかなデザイン　2. 同　屋上。波打つ木目のファサードは屋上まで連続する　3. 同　配置図。斜面地の環境をうまく利用している　4. 同　スケッチによるコンセプトとボリュームの検討　5. なんばパークス。高層部と低層部による配置　6. 同　コンセプト図1「パークスガーデン」　7. 同　コンセプト図2「キャニオンストリート」　8. 同　コンセプト図3「ヴィレッジモール」　9. 一般的な店舗のアクセス計画　10. 一般的な複合店舗の全体構成　11. ブックハウス。屋上レベルのレストラン前のアメニティスペース　12. 同　エントランスの共用空間。シークエンスがデザインされている　13,14. 同　地階のギャラリー空間

2.5 商業

■平面をデザインする
1) 平面の計画　　平面の計画は、人の行動・アクティビティおよび物品の流れに適切な広さ・スケールを与えることにある。
「平面図」は3次元の空間を水平に切り上から見て2次元に描いた図、「断面図」は垂直に切り横から見た図である。水平か垂直かの違いはあるが、いずれも同一の空間を異なる切り口で描いた図である。

平面・断面・立面の計画は同時に進めることが重要である。特に平面図・断面図は、同じスケールで両方が同時に見えるようにスケッチする。

2) 平面計画全体をデザインする　　最初にプログラムで確定した各階の面積配分を決定する。売り場、共用部、後方施設、駐車場の面積を各階に配分する。その際、1階、中間階、上階、地階の各空間をどのように特徴づけるかを意識しスケッチする。

スケッチの進め方は、例えば売り場は橙色、共用部は黄色、後方施設は青色、駐車場は灰色など、機能別に色分けし表現すると分かりやすい。同時にボリューム模型を作製する。

ボリューム模型はスタディ模型の一つである。スタディ模型は何度も作り替える必要があることを意識し、簡単に作り替えられる材料を選ぶ。常にスケッチと連動し更新してゆくイメージが重要である(1,2)。

面積配分と各階の空間イメージをつくりながら、全体の空間構成・空間の骨格を考える。空間構成の決定には力学的構造が関係するが、コンセプトによる構成の骨格を優先し、それにふさわしい力学的構造形式を決めることが望ましい。例えば「中心型」で中央にアトリウムがある空間を構想すれば、ボイドな空間を支えるにふさわしい構造形式が必要となる。

■共用空間をデザインする
1) 魅力ある共用空間のデザイン　　共用空間には外部空間と内部空間がある。広場、中庭、エントランス空間、エレベーターホール、アトリウム、吹抜け、通路などを共用空間という。施設計画が魅力をもつには、外部と内部の双方に魅力ある共用空間が必要である。大勢の人々を集めるアメニティ空間であり、商業施設にとって極めて重要な演出空間である(3,4)。

2) 外部空間を演出する　　外部空間のデザインでは、道路からのアプローチ空間、広場や中庭のデザイン、回廊や通路空間の演出などが重要となる(5,6)。

広場や中庭では基本となるスケールがある。高さ(H)と幅(D)の関係でD/Hが1〜1/2を基本とする。ただし、この値はコンセプトにより異なる。

3) 内部空間を演出する　　内部空間では、最初の印象を決定づけるエントランス空間が重要となるほか、アトリウム空間、エレベーターホール、吹抜け空間やエスカレーター回りなどが重要なデザインポイントとなる(7,8)。

■構造・設備をデザインする
1) 構造の骨格をデザインする　　空間構成の骨格に関わる構造を平面・断面計画と同時に立体的にイメージする。全体構成を考慮しラーメン構造か否かを決定する。ラーメン構造の場合は柱・梁の大きさとスパンを検討する。スパンは8m程度を目安とする。特殊な構造形式は必要に応じ参考資料を収集する。

2) 設備の骨格をデザインする　　設備は空調・給排水衛生・電気がある。平面計画のみならず床下・天井裏など、断面計画にも配慮する。機械室との関係、縦配管の位置と大きさを決める。縦シャフトの位置は各階が重なるようデザインする。

■動線をデザインする
1) 客とサービスの動線を区別する　　動線とは、人と物の動きを示す線である。基本は、客とサービス・物品の動きが交錯しないようにし、売り場と後方施設の関係を明確にする。客とサービス・物品の動きは、平面図上で赤色と青色などに分けチェックすると分かりやすい。

2) 動線の骨格をデザインする　　客用動線計画の原則は、機能性と快適性を満たすことである。この性格の異なる二つの動線をデザインする。一つは機能的に最短で目的の場所に到達できるルート、もう一つは売り場と空間を演出するルートである。

前者は、階段・エレベーター、後者はスロープ・エスカレーターが道具立てとなる。特に後者のルートは、回遊性をもたせ滞留時間が長くなるようにデザインする。ブックハウスでは、施設中央のスロープに沿って書棚が並ぶ客用動線のデザインが特徴的である(9〜11)。

■各階の平面をデザインする
1) 1階をデザインする　　1階は都市空間・外部空間との関係で重要である。魅力ある広場・中庭・水場・緑などの外部のアクティビティと、エントランス空間、売り場空間との内外部の関係を魅力的にデザインすることが重要なポイントとなる。ブックハウスでは、レストラン・カフェ、展示、子ども書籍売り場、外部テラスと水場などがデザインされている(12〜14)。

2) 中間階をデザインする　　売り場が中心となる基本階である。専門店の場合、面積は1店舗当たり60〜120m²程度、通路幅は3m以上で段差は設けない。中間階は基本階として機能的になりがちである。中間階にもほっとできる中庭などの外部空間を計画し、光や周りの風景を取り込むことが望ましい。

3) 上階および地階をデザインする　　上階には展望喫茶、レストランのほか、美術館、ギャラリーなど、非物販施設を計画することが多い。屋上は環境に配慮し緑化などを考える。地下は採光・通風などを考慮し、トップライトや広場を設けるなど、魅力ある地下空間をデザインする。

1. ブックハウス。全体スケッチ　2. 同　ボリューム模型。スタディ模型を完成模型に近づけてゆく　3. 丸の内ビルディング内のアトリウム空間。吹抜け上部から光を取り入れている　4. 同　アトリウム空間を吹抜け上部から見下ろす　5. ブックハウス。屋上レストランの外部空間。屋上平面図の中央斜線部分の光景　6. 同　屋上平面図。斜線部分はレベル差が異なる　7. 同　3階平面図。上階と下階を繋ぐスロープがデザインデザインされている　8. 同　2階平面図。大小の吹抜けが見る見られる空間関係を意識させる　9. 同　低層階から中層階に至るスロープの内部空間。スロープに沿って書棚がデザインされている　10. ビッグステップの大階段と吹抜けによる空間演出　11. 丸の内ビルディング内の柱を利用した店舗のサイン計画　12. ブックハウス。1階平面図。床レベルが少しずつステップアップするようシークエンスがデザインされている　13. なんばパークス。平面図。回遊性をもつコンセプト「ビレッジモール」がデザインされている　14. 同　コンセプトの一つ「キャニオン」の光景。1階から見た「キャニオン」

2.5　商業

■断面をデザインする
1) 断面のスケッチ　　商業施設のドラマティックな空間性は、平面図よりもむしろ断面図に表れる。断面図が魅力的な計画は、空間も魅力的にできているといってよい。この意味で、断面のデザインは重要である。

断面図は、平面図では見えない階高や天井高、吹抜けなどの立体的空間の特徴が見える図である。断面のスケッチは、平面図と同じスケールで平面図の上にトレペを重ね、平面と断面との空間関係を確認しながら行う。

主要事例ブックハウスの断面スケッチを(1,2)に示す。

■断面構成全体をデザインする
1) 断面の骨格をデザインする　　全体の断面計画は、各階の階高を決定することから始まる。各階の階高の合計が法的条件の高さ制限内に収まっているかを確認する。オーバーしていれば階高・階数を調整するか、地階の計画で調整可能かを検討する。

各階の階高は、a.必要な天井高の確保、b.天井仕上げ材料の厚さと下地材の寸法、c.天井ふところの設備配管スペースの寸法、d.構造部材（梁背）の合計で決まる。

2) 各階の断面をデザインする　　一般的な天井高は約3m、階高は4m程度だが、コンセプトや条件により変わり得る。階により高さが変わると階段室の寸法に影響する。階段の踏面と蹴上げの条件を変えると踏み誤る危険があるので、この関係は各階一定とする。階高が変われば段数の増減で調整することになるので、階段室の長さが変わることに留意する。

断面図は一般に直交する2面をデザインする。主要事例ブックハウスの直交する断面図を(3,4)に示す。(3)は全面道路に平行した東西方向の断面、(4)は全面道路に直交した南北方向の断面図である。

■共用空間の断面をデザインする
1) 立体的空間を演出する　　吹抜けやアトリウムは中心的共用空間であり、施設計画の見せ場である。効果的に演出するには空間演出のコンセプトを明確にし表現する。例えば「劇場的空間」のコンセプトで、立体的な「見る・見られる」関係を演出するなどである(5〜7)。

2) 上下の人の動きを演出する　　共用空間における断面的な人の動きの演出も重要である。「見る・見られる」視線の関係だけでなく、行動的にも上下階の移動が楽しくできるようにデザインする。シースルーのエレベーター、エスカレーター、スロープなどが演出的にデザインされることが多い(8)。

3) 外部空間を演出する　　立体的外部空間の計画は火災時などの避難計画にも重要である。このような機能的側面だけでなく演出的デザインも必要である。外部空間の断面的演出にも、コンセプトが重要な役割を果たす。コンセプトが「谷間」と「森」とでは光の取入れ方、明暗の演出も異なる(9〜11)。

■各階の断面をデザインする
1) 下層階をデザインする　　下層階の断面デザインの要点は、顧客をいかに施設内に引き込む断面空間を構築できるかにある。下層階において特に重要な階は1階である。1階の階高は、都市空間や外部空間との関係で基準階より1.5〜2倍高くするのが一般的である。逆に意図的に入口部分を低く抑え、内部に入ると劇的な吹抜け空間が現れるなどのように内部空間を演出する場合もある。コンセプトにより、その断面構成は大きく異なる(12〜14)。

親水空間の劇場的演出でユニークな事例に、キャナルシティのダイナミックな断面構成がある(15,16)。

地階のデザインは、既存の地階のイメージを脱却し、地下にあることの空間特性と魅力をいかに構築できるかを考える。地中の暗いイメージを利用し、洞窟のような非日常の空間・業種をデザインする。または、光井戸や吹抜けなどにより、とても地下とは思えない安らぎのある空間を演出するなどである。

ブックハウスの事例では、地下室に様々な利用に対応できるフラットなギャラリーイベント空間がデザインされている。断面図(3)の左端に見るように、ギャラリー空間の突当りには地上に開かれたサンクンガーデンが計画され、外部からもアプローチできるようにデザインされている。

2) 中層階をデザインする　　中層階は基準階であり、経済合理性からすれば断面的にも特色のない階となりがちである。特別に変化のある断面計画を構想しようとすれば、普通の店舗とは異なる断面構成の劇場・映画館・美術館・ギャラリーなどの非物販施設とミックスした店舗構成もあり得る(17)。

「アート」は、現代の商業施設活性化のキーワードの一つである。これらの文化・芸術空間と店舗空間がミックスした構成は、これからの商業複合施設の新しい課題の一つとして可能性がある。

3) 上層階をデザインする

一般に、1階の利用率を100とすると、すぐ下階の地下は60〜80%、上階が50〜70%の比率といわれている。したがって利用率を上げる工夫が必要となる。

上層階には、中層階からスロープやエスカレーターで自然に上階にアプローチできる空間演出が必要である。例えば、下層階とは異なる空や天をイメージできる吹抜けやアトリウム空間の中に、魅力あるアートギャラリーと屋上が連続した空間などである。また、天空の森と屋上庭園がミックスした商業空間など、環境建築を含む新しい空間イメージの可能性を探ることが重要である。

ブックハウスの事例では、1階からスロープでシークエンシャルな内部空間を連続的に体験しながら屋上テラスまで到達できる。内部空間の体験そのものが快適で魅力的に構成されている。さらに屋上から別ルートのプロムナードで1階に戻る回遊空間がデザインされている。

1,2. ブックハウス。立体的な内部空間のスケッチ　3. 同　東西方向の断面図。吹抜けとスロープを用いた空間構成　4. 同　南北方向の断面図。斜面地を利用した立体構成　5. 同　屋上の外部空間から吹抜けを通して階下の店舗を覗き見る　6. 上海 1933。リノベーション建築の最上階吹抜け空間　7. 上海グランド・ハイアットのアトリウム　8. ブックハウス。内部のスロープ。スロープに沿って書棚がデザインされた空間　9. 同　魅力的な屋上の立体的外部空間。ガラス部分は階下への光取り　10,11. 新丸の内ビルディング内の快適な屋外空中テラス　12.「ゆらぎ」のある Ao〈アオ〉の断面構成　13. ユニークな Ao〈アオ〉の立体構成　14. 丸の内ビルディング 1 階エントランスの吹抜け空間　15. キャナルシティ博多。ダイナミックな断面構成　16. 同　劇場的な雰囲気をもつ中心の親水空間　17. 新丸の内ビルディングのエスカレーター回り

2.5　商業

■立面・表層をデザインする
1） 立面・表層の特徴　　かつての商業施設の立面・表層の特徴は、開口部が少なく壁面が多いことであった。その理由は商品の日焼けを防ぐことや陳列壁面が必要であったなどによる。一昔前の百貨店などはその典型である。今日の商業施設の立面・表層は、極めて多様であり、木やガラス系のファサードもある。

環境建築との関係で熱線吸収ガラスや複層ガラスその他、材質および表面処理技術等が進んだこと、コンピューターによる解析、シミュレーション等、情報処理技術の影響も大きい(1,2)。

このように立面・表層のデザインは何でもありの様相を呈するが、大別すると構成原理は二つある。一つは内部の構成を立面・表層に表現すること。もう一つは内部の構成とは無関係に自由に構成することである。この二つの考え方は、近代建築理論と関係する。前者は「形態は機能に従う」との考え方に近く、立面・表層は内部機能の結果により決まるとする考えである。後者は「自由な立面」という考え方に近い、主要事例として取り上げたブックハウスは後者の典型である(3～6)。

■立面・表層の意味を考える
1） 経営姿勢が表現される　　建築は所有者の意見を反映し建設される。所有者が立面・表層をどの程度意識したかは別にして、その意思は結果的にボリュームや高さ、立面・表層にも表われる。

設計に際し何をメッセージとして表現するか、施設設計のコンセプトは何かを明確にすることが重要となる。

2） 街並み・場所性の文脈を表現する　　郊外に独立して建つショッピングセンターは別にして、商業建築は街の一角に建ち都市空間の様相を形成する。必然的に法的条件を含む都市空間・街並みなどの文脈を反映し、立面・表層にも表現されることになる。同時に都市の一部として社会的存在となり、街並みや場所性に影響を与えることになる(7,8)。

3） 同時代の意識・技術を表現する　　過去の建築を振り返れば、建築の立面・表層には意図したか否かは別にして、結果的に建設された同時代の人々の意識・技術が表現されている。それは「軽・薄・短・小」の現代のファッショナブルなガラスの表層にもよく現れている(9)。

■立面をデザインする
1） 内部の構成を表現する　　立面の構成方法としては最も素直でオーソドックスな方法である。商業施設は都市空間に対応した下層階と中層階や上層階では業種構成が異なることが多い。業種構成が違えば立面・表層に現れる形態・様相も異なる姿となる。レストラン・喫茶では開放的な立面となり、劇場・映画館では閉鎖的な立面となる。その空間構成を意識的に立面・表層に表現する方法である(10)。

2） コラージュし表現する　　コラージュは美術の分野でキュビストが用いた手法で、壁紙・切手・マッチ箱などの断片で画面を構成する方法である。文脈の異なる断片が寄せ集められ、意外性や偶然性を取り込んだ空間構成が成立することになる。街並みや立地環境に立面・表層を構成する拠り所がない場合に有効な手法である。

1980年代ころにモダニズム建築を批判し、その反動として現れたポストモダン建築の一部にも、ファサードに折衷的で装飾的な商業建築が意図的に表現された(11)。

3） 都市・街並みの文脈を表現する　　都市空間・街並みがもつ文脈を立面・表層に表現する方法である。そのためには立地する都市空間の歴史・文化・街並み・立面構成などがサーヴェイされ、その特性を把握しデザインに生かすことが重要となる。

4） コンセプトを表現する　　どのような商業施設とするか、業種構成や空間構成を構想したコンセプトがあるはずである。例えば「都市の森」「アーバンコンプレックス」などである。そのコンセプトのイメージを立面・表層に表現する。

5） 環境建築を表現する　　地球環境に配慮した建築・都市の時代となり、商業施設にも設備のみならず省エネルギー対策が要請されている。こうした背景から庇、ルーバー、省エネ加工ガラス、壁面・屋上緑化、その他、立面・表層の重要な構成手法となってきた。

6） ファッショナブルに梱包し表現する　　梱包する手法は、衣服の分野のみならず美術や建築でも使われる。建築では「入れ子」や「スペース・イン・スペース」と呼ばれる手法も、このタイプに属する。今日ではレース模様のガラス、鉄、木材など、感覚的表層を意識したデザイン、現代技術を用いたシームレスな材料などにより梱包する手法が流行している(12)。

主要事例のブックハウスはこのタイプといえよう。ありふれた木質ルーバーを使用しながら、ダイナミックな現代感覚を表現している。

■サイン・屋外広告をデザインする
1） 屋外広告の種類　　サイン・屋外広告は商業建築には付きものである。外部では広告塔、各種の壁面サイン、突出し広告、懸垂幕、装置類などがある。内部では各店舗の看板、各種の案内・表示・誘導サインなどがある。

2） サイン・屋外広告のデザイン　　サイン・看板類は、建築の分野と異なる専門家によってデザインされるのが一般的である。記号学が明らかにするようにこの分野は奥が深い。

大切なことは、サイン・看板類を排除するのではなく理解し、サイン・シンボルをシステム化してデザインし、アートとして表現することである(13)。

注1：ブックハウス（Hangil Book House 2004）：ソウル郊外のヘイリ芸術家村にある中規模商業施設（ギャラリー・イベントスペース、書店、複数のレストラン・喫茶）。地下1階，地上3階だが、複数のスキップ・フロアがスロープ・階段で屋上まで連続的に繋がっている。
設計／SHoP + Jun Sung Kim、坡州市（South Korea）

1,2. ブックハウス。立面・表層のスケッチ。背後の緑と対比的にダイナミックにデザインされている 3. 同 正面道路側立面図。正面性が強く意識されている 4. 同 自立した柔らかな表層の検討 5,6. 同 立面・表層のディテール。見る位置、角度によりダイナミックに変化する 7. TOD'S 表参道ビル。立面図。並木のイメージ 8. 同 表参道の並木を表層のデザインに反映 9. The Iceberg のダイナミックな立面・表層。現代都市に強く発信している 10. サムジキル。ソウルにある魅力的な商業施設。中庭のスロープに沿って並ぶ店舗がそのまま見える 11. スパイラル。ファサードをコラージュした典型的事例 12. プラダブティック青山店。ユニークな構造、デザインによるガラスの表層で梱包した事例 13. ルイ・ヴィトン表参道のエントランスと記号的表層。ブランドイメージがダイレクトに表現されている

2.5 商業

2.6 業務

■ 事務所建築とは

業務を行う事務所建築は一般に、建物全体あるいは一部が事務室、執務室としての機能を有する建物をいう。現代の事務所建築の原型は、18世紀末にイギリスで始まった産業革命によって発生した。工業生産による大量生産が可能になり、工場や倉庫の管理や発注業務といった書類関連の業務を集中して行う場所が必要となった。これがいわゆる現代のオフィス（事務室）の始まりである。当初は、工場や倉庫などの一部を事務所として使用していたものが、独立、分離し、都心部にオフィスワーク専用の建物として建設された。

■ 事務所建築の変遷を知る

1) 構造・設備技術の発展　事務所建築の高層化は主としてアメリカで進んだ。1850年、構造技術の発展によりフィラデルフィアに8階建てのジェーンビルが建設された。この建物は5階以上の高さを越した初めての事務所建築といわれている。1852年にE. G. Otis（オーチス）によりエレベーターの安全装置が発明され、貨物用のエレベーターを応用し、1858年にニューヨークのホーワートビルで初めて常用エレベーターが設置された。また、1871年のシカゴ大火を契機として、耐火性のある鉄骨造が多くつくられるようになり、それまで一般的であった組積造による壁や構造の制約を大幅に軽減した。

20世紀に入り、オフィスの大型化が加速する。銀行や保険会社、証券会社の台頭に伴い、事務業務が飛躍的に増加し、1880年代、5,000人程度だったタイピストが1900年には10万人を超えていたといわれている。19世紀末から20世紀初頭までの20〜30年に構造、カーテンウォール、平面計画、エレベーターなどの高層化への技術的な諸問題は一通り解決された。

2) 高層化の変遷　世界恐慌直前の1920年代、未曾有の好況のもと事務所建築の急激な需要増により、都心部の建物は高層化を推し進め、高さ100mを超える事務所建築も現れ始める。外装デザインでは、クライスラービルに代表されるように、富や権力の象徴としてアールデコ様式の外観が採用された(3)。一方、1929年の世界恐慌以降、建物への華美な装飾は減少し、建設時のコスト管理や収益性など事務所建築に合理性が求められるようなる。1931年にニューヨークに建設されたエンパイアステートビルは高さ443mを誇り、1974年にシカゴに建設されたシアーズタワーが登場するまで世界一の高さを維持した。

第二次世界大戦後は、空調や蛍光灯、自動エレベーターなどの新しい技術が一般的に使われるようになり、工業技術の発展により建築も工業化した。ステンレスやアルミなどの建材が使用され、鉄とガラスによるファサードが浸透し、柱や壁を極力減らしたフレキシビリティのある平面計画が普及した。このように、現在の事務所建築に求められる合理性、経済性は1950年代に原型がある。

3) 日本の事務所建築の変遷　日本では、明治時代のアメリカ型の組積造事務所建築から発達し、昭和初期に鉄骨造や鉄筋コンクリート造が出現した。1920年に施行された市街地建築物法において、建築物の高さは100尺（31m）に規制（通称、百尺規制）されていたため、東京・丸の内や大阪・御堂筋などの都市部において一定の高さをもつ事務所建築による街並みが形成された。市街地建築物法の百尺規制は1950年施行の建築基準法においても引き継がれた。その後、1963年の建築基準法改正により容積地区制度が創設され、従来の高さを制限する百尺規制から容積率による規制へと変更された。これにより高さ31mを超えるビルが建てられるようになり、日本における最初の超高層ビルとされる霞ヶ関ビル(8)（高さ約156m、地上36階建て）が建設された。近年、建築材料の改良、施工技術、構造解析の高度化が進み、2012年8月現在、日本一高い事務所建築は1993年に竣工した横浜ランドマークタワー（高さ約296m、地上70階建て）である。

4) 再開発により進む大型開発と高層化　近年、再開発における事務所建築の大型・高層化が進んでいる。再開発においては、土地の有効利用を図るために容積率の割増しを受けることが重要な課題となっており、そのための手法は、総合設計制度、連単建築物設計制度、特定街区、地区計画、都市再生特別地区など実に多様化している。1894年に竣工し、1968年に解体されたJ.コンドル設計の丸の内最初のオフィスビル三菱一号館を敷地内に美術館として復元した丸の内パークビルディングの基準容積率は、1,300％である。そこに東京駅の未利用容積130％と都市再生特別地区割増容積135％を加え、計1,565％の容積率を確保し土地の有効利用を図っている。

5) 現代の多様化する事務所建築　現代の事務所建築は、都心部では高層化し、郊外では環境と共生を考慮したもの、住宅の一部に事務所があるSOHOなど立地や周辺環境により多様な計画がなされている。一方、情報技術の進化によって高度情報化時代となり、これらに対応したものに加え、緑化や建設資材のリサイクルなど環境問題に配慮した建物や空調や電気、水など省エネに配慮したビルが求められている。また、オフィスワークの形態も在宅勤務やフレックスなどの勤務体系や終身雇用の崩壊など雇用状況の変化や男女雇用均等法の対応、オフィスの証券化や24時間使用可能な事務所など事務所建築を取り巻く環境は変化している。

大地震などの緊急時に、事務所機能の円滑な再開へ向けた対策として、非常用電源の設置や、食料や飲料、衣料品や生活用品などの備蓄が見直され、様々な取組みが進んでいる。

1. リライアンスビル 2. シーグラムビル 3. クライスラービル 4. 新宿副都心 5. 香港上海銀行 6. CCTV 中国中央電子台本部ビル 7. パレスサイドビル 8. 霞が関ビル 9. コメルツ銀行本社ビル。平面図 10. 同 外観 11. 日本橋三井本館 12. テクニカハウス 13. 竹中工務店東京本社 14. 同 立面図 15. 同 平面図

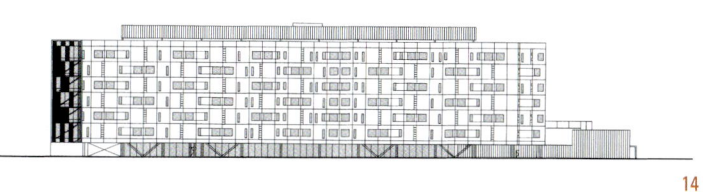

2.6 業務

■ 事務所建築の空間を計画する

1) 事務所建築の種類　　事務所は建物の所有者と賃貸形態などの利用方法により大きく三つに分類できる(1)。

a. 自社事務所：建物や土地を所有し、業務ができる事務所。官公庁の建物もこれに含まれる。

b. 貸事務所：建物や土地を他人が所有し、全部もしくは一部を賃貸契約で借りる建物。貸しビルともいう。

c. 複合ビル：建物の低層や高層などに商業施設や文化施設・医療施設が入ったビル。都心の大規模再開発に併せて建設される建築物に多く見られる。

　一般に、貸事務所に比べ自社事務所のほうが自由度の高いデザインが可能であるといえる。使用者が特定されるとともに、企業の理念を建築デザインにおいて具現化することを求められることも多い。

2) 事務所建築の構成　　事務作業や会議、企画立案などの業務内容や、銀行、証券、商社、情報系会社など業種によって様々に活動内容が異なり、それに対する諸室の割合が異なるが、大きな枠組みはほぼ同じである。

　事務所建築の構成は、大きく事務の執務スペースと共用スペースに分類され、一般的に執務スペースは収益部分、共用スペースは非収益部分となる(2)。収益部分は、執務・情報・厚生などの機能による事務空間と、貸店舗、貸駐車場などの複合されたテナントによる事務外空間となる。非収益部分は、エントランスホール・階段・エレベーター・便所・給湯室などの共用空間と、管理事務室・機械室・設備シャフトなどの非共用空間からなる。一般的には、事務空間の収益部分が面積の大部分を占めるが、貸事務所などは非収益部分の計画内容やグレードが賃料を左右することも多い。

3) レンタブル比　　貸室面積（収益部分）の合計と総床面積（収益部分と非収益部分）の比率をレンタブル比と呼ぶ。貸事務所においては執務スペースの収益部分が事業採算性に直結するためその割合が高いことが望まれる。レンタブル比は建物全体としては、非収益スペースの機械室や玄関ロビー、管理室などが入ることから65〜75%、基準階では75〜90%を目安にする。

■ 事務所建築の空間をデザインする

1) 配置の空間デザイン　　地価が高い都心部では効率的に床面積を確保するため、敷地いっぱいに計画されることが多く、敷地形状に沿った形の建物が多い。街並みの空間との関係や周辺からの見え方、エントランスの位置などに十分考慮し計画を進める必要がある。一般的には、人の動線、車の動線、荷物などのサービス動線などを分離することが多い(3)。執務スペースの開放面をどの方向にするか、敷地形状と建物の方位、共用部の位置、周辺環境を総合して考える必要がある。また、総合設計制度により、容積率が緩和された高層の建物は公開空地の設置を義務づけられることが多い。これらのオープンな空間は都市の環境形成にも重要な役割を果たす。

2) コアタイプと空間デザイン　　コアはエレベーターや階段などの動線要素、EPS、PS、便所や給湯室などの設備要素、荷重や水平力を集中して受け持つ構造的役割などの機能を集約させるものである。高いレンタブル比を確保することを目指し発展した。配置により大きく三つに分類される。

a. 集中配置：コアを1カ所に集中させることで、空間を確保し、管理のしやすい共用部を計画できる。

b. 分散配置：構造負担するコアを複数設けることで、大空間を実現できるが、共用部間の動線が必要になる。

c. 分離配置：コアを空間的に分離したもの。コアへの動線が集中するため二方向避難など注意を要する。

　初期の事務所建築では、構造的な安定性に鑑みセンターコアタイプが多く見られた。近年では快適な空間アメニティを実現するため、便所や給湯室、廊下、エレベーターホールなどの共用部に自然採光や通風、眺望が良い空間を計画することが求められる。そのため、片側コア、両端コア、分散コア、分離コアなど、多様なコアプランが見られるようになった。課題として、構造的な偏心を少なくすることやスムーズな避難動線を確保することが求められる。

3) 基準階の空間デザイン　　同じ平面をもつ空間を積み重ねることにより効率を図る手法があり、その階のことを一般的に基準階と呼ぶ。エレベーターなどの縦動線、避難経路、便所、給湯室などの位置関係に留意しながら、必要とされる諸室を検討する。なお、計画初期においても、オフィスレイアウトや構造の柱割り、カーテンウォールの割付けなどを想定することが重要である。

4) エントランス階の空間デザイン　　事務所建築におけるエントランス階は基準階と異なり、人の動線、車の動線、サービス動線など様々な動線が集約する空間である。それらの量や状況を想定し、各々の動線が交錯しないように計画することが必要である。エレベーターホールなどの各階へのアクセス空間とメインエントランス、夜間出入口を想定したサブエントランスとの位置関係に留意する。中規模以上の事務所建築の場合、セキュリティを高めるために夜間はメインエントランスを閉鎖し、サブエントランスに併設された管理室を介しての入退室計画が一般的である。また、搬入などのサービス動線や駐車場の出入りも管理室を介するものとする。

5) 屋上階・地階の空間デザイン　　設備機器置き場としてのみ利用されることの多かった屋上は、見直されている空間である。近年では眺望を生かしたリフレッシュエリアとして計画する例が増えている。併せて、屋上緑化や太陽光パネルの設置なども計画されることが多い。地階は空調機械室、電気室などの設備機械室や消火設備、中央監視室、駐車場などのバックヤード空間が配されることが多い。機器の寸法は概ね決まっているため、柱割りに納まるように計画する必要がある。

事務所建築の種類		
自社事務所	貸事務所	複合ビル
建物や土地を所有	全部もしくは一部を賃貸。中規模ビルに多い。	商業施設や文化施設などと複合。大規模再開発に多い。

1

事務所建築の構成			
執務スペース（収益部分）		共用スペース（非収益部分）	
事務空間	事務外空間	共用空間	非共用空間
主として事務作業に使用される部分	事務作業以外に使用される部分	執務に付随し利用者が使用する部分	利用者は入らず管理者が使用する部分
執務、厚生機能など	貸店舗、貸駐車場など	ホール、階段、EV、便所、給湯室など	管理室、機械室、設備シャフトなど

2

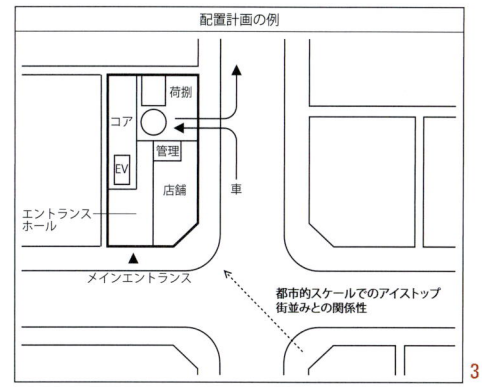

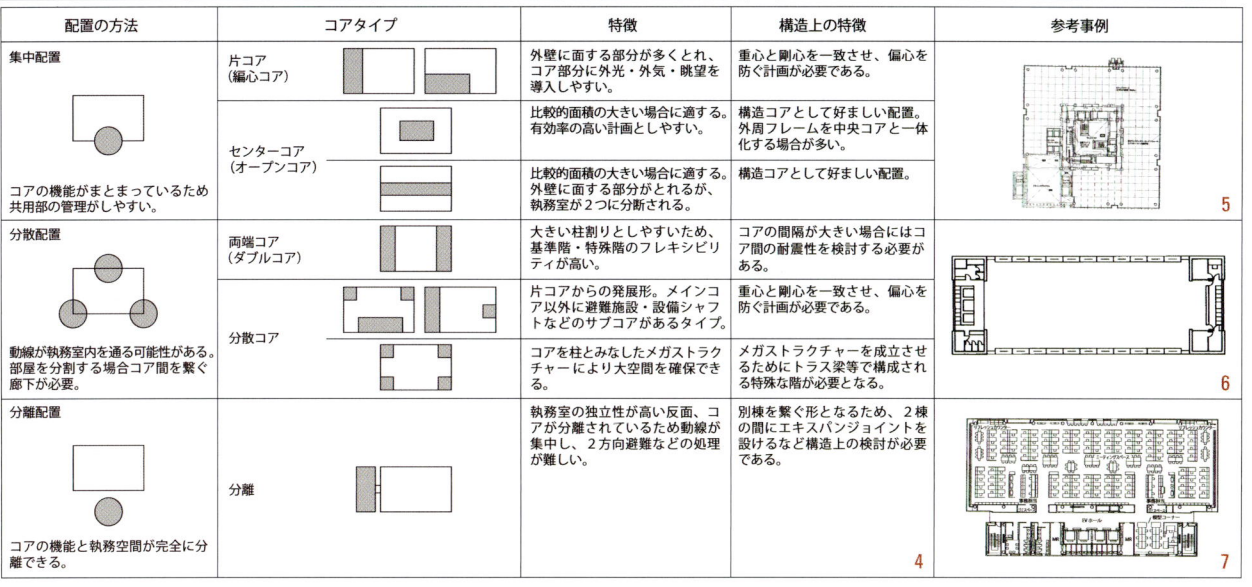

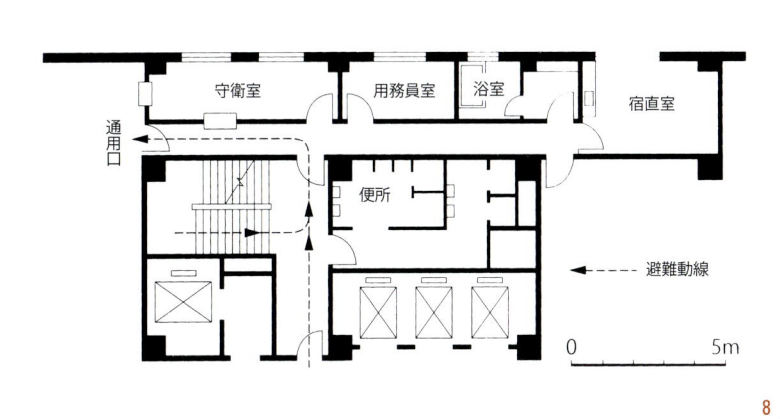

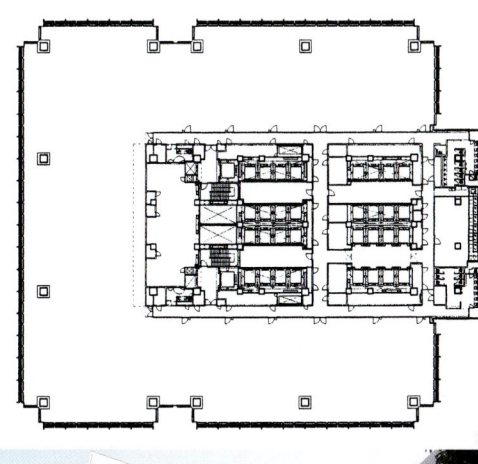

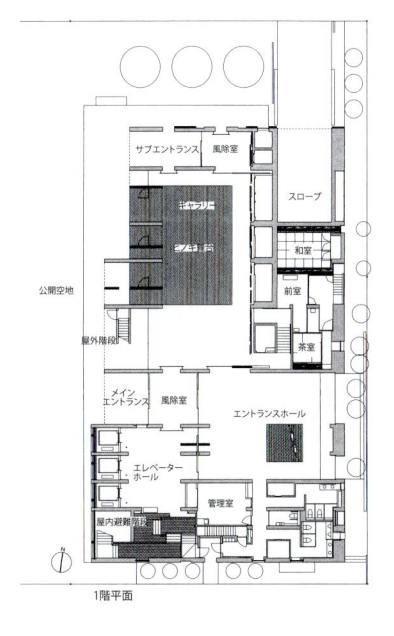

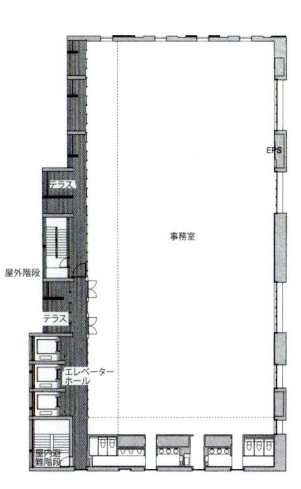

配置計画の例 3

配置の方法	コアタイプ	特徴	構造上の特徴	参考事例
集中配置 コアの機能がまとまっているため共用部の管理がしやすい。	片コア（偏心コア）	外壁に面する部分が多くとれ、コア部分に外光・外気・眺望を導入しやすい。	重心と剛心を一致させ、偏心を防ぐ計画が必要である。	
	センターコア（オープンコア）	比較的面積の大きい場合に適する。有効率の高い計画としやすい。	構造コアとして好ましい配置。外周フレームを中央コアと一体化する場合が多い。	
		比較的面積の大きい場合に適する。外壁に面する部分がとれるが、執務室が2つに分断される。	構造コアとして好ましい配置。	5
分散配置 動線が執務室内を通る可能性がある。部屋を分割する場合コア間を繋ぐ廊下が必要。	両端コア（ダブルコア）	大きい柱割りとしやすいため、基準階・特殊階のフレキシビリティが高い。	コアの間隔が大きい場合にはコア間の耐震性を検討する必要がある。	
	分散コア	片コアからの発展形。メインコア以外に避難施設・設備シャフトなどのサブコアがあるタイプ。	重心と剛心を一致させ、偏心を防ぐ計画が必要である。	6
		コアを柱とみなしたメガストラクチャーにより大空間を確保できる。	メガストラクチャーを成立させるためにトラス梁等で構成される特殊な階が必要となる。	
分離配置 コアの機能と執務空間が完全に分離できる。	分離	執務室の独立性が高い反面、コアが分離されているため動線が集中し、2方向避難などの処理が難しい。	別棟を繋ぐ形となるため、2棟の間にエキスパンジョイントを設けるなど構造上の検討が必要である。	7

4

8

9

10

11

1. 事務所建築の種類　2. 事務所建築の構成　3. 配置計画の例　4. コアの種類　5. 泉ガーデン　6. ポーラ五反田ビル　7. 日建設計東京ビル　8. エントランス階の管理用諸室の例　9. 新丸の内ビルディング　10. 木材会館．平面図　11. 同　外観

2.6　業務

■ 事務所建築の断面と構造をデザインする

1) 断面と空間デザイン　断面は空間を計画するうえで重要である。事務所の階高は、執務空間の天井高＋設備スペース（照明・空調ダクト・OAフロア）＋構造体（梁・スラブ）で決まる(1)。近年までは2.5m程度の天井高が一般的であったが、現在では執務空間の快適性を向上させるために高くなり、2.8m程度確保する例も多い。床は間仕切り変更、席替えや情報系の更新に対応できるようOAフロアとする場合が多い。OAフロアの厚さはスラブから仕上げまで5〜15cm程度といろいろな仕様がある。それぞれ長所と短所があるため、床荷重の設定や様々な計画内容に合わせて選定する必要がある。設備スペースは、照明、空調ダクト、換気ダクト、スプリンクラーなどの配管が通される。空調、換気ダクトは梁に設けられたスリーブを貫通する場合が多く、配管ルートが制限される。

2) 構造と空間デザイン　都心部の事務所建築は土地の有効活用上、建蔽率や容積率を最大限にする傾向にあるが、地方都市や郊外においては中高層や低層などとなる傾向にある。それぞれは規模も形状も異なり、室内居住空間や周辺環境に配慮した空間計画となるため構造方式も計画に対応したものとする必要がある。経済的で効率的（等スパン、等階高、矩形平面など）かつ安全、安心（地震、風、積載・積雪荷重等に対して安全）な空間の構造計画とする必要がある。平面上は重心と構造の剛心（耐震的抵抗の中心）があまり偏心しないようコアや柱、耐震壁などをバランス良く配置する。階によって耐震壁のバラツキがあったり、積載荷重や階高のバラツキ、高層部に過重な積載物があったりするなどバランスの悪い計画は避けることが望ましい。フレキシビリティのある執務空間を実現するため、20〜30mの大スパンを無柱とした構造計画も見られる。

3) 免震・制震構造　事務所において災害に対する対策は会社の利益および信用に繋がる。平面計画における耐震対策は、地震力によるねじれや回転、変形が生じないよう計画するとともに剛性のバランスをとる必要がある。そのほか建物と基礎部に地震力を吸収する様々な免震構造がある(2〜4)。制震構造は外力別に大別すると風と地震に分けられ、そのシステムの種類によってアクティブ制震とパッシブ制震に分けられる。

■ 事務所建築の各室の空間をデザインする

1) エントランスの空間デザイン　事務所建築のエントランス空間はその建物や企業・会社のイメージが表れ、特徴的でシンボル的なデザインがされることが多い。単にエレベーターや階段への動線として人の流れのみを考えるのではなく、待合せや簡単な打合せができるスペース、さらに企業PRのための展示空間などを配した魅力的な空間づくりが望まれる(6)。アトリウムや吹抜けを設けたり、アートやグリーン、ゆったりとしたソファの設置など、快適性を高める工夫が必要である(7,8)。受付のほか、行き先がどこにあるか迷うことのない適切な空間計画、サイン計画が求められる。大規模の事務所建築の場合、エントランス空間にカフェなどを配置することがある。

2) 共用部空間のデザイン　事務所の共用部には、便所・洗面所・化粧室や給湯室、エレベーターホール、共用通路などがある。近年までは高レンタブル比を実践するため、これら共用部は必要かつ最小の空間しか充てられないことが多かったが、最近ではオフィスアメニティの観点より、ゆとりあるスペースの確保、自然採光やグリーンによる演出、落着きのある色調の内装材や照度を幾分抑えた照明計画など、空間の快適性を高める工夫が見られる。

3) 便所空間のデザイン　計画では各階の在籍者数、男女比率などの利用者数を設定し、便器の数、洗面器の数を算定する(9)。配置は給排水のパイプシャフトや階段、エレベーターとの関係からコア部分に配することが多い。廊下や事務室から直接内部が見通せないような空間配置やドアの開閉音に注意する。なお最近ではオフィスアメニティの観点から外部を眺望できる開口部を設けるなど、快適性を高めた空間が望まれる。特に女子便所の手洗い、化粧スペースなどの充実が図られている（2.0章参照）。

4) 廊下・階段空間のデザイン　廊下は利便性や避難のしやすさを考慮して折曲りのない単純なものとすることが望ましい。また、柱の凹凸や床面の高低差がないようにし、エレベーターホール付近など通行者の多いところでは幅員を広げる工夫もある。一般に、階段による移動は高層ビルの場合、上下階程度の利用となる。上下階に同分野が分かれて空間配置される場合、個別に階段と吹抜けなどを設ける場合がある。二方向避難が確保できる配置とし、屋外階段となる場合には地上階におけるセキュリティの確保が求められる。また、近隣建物のプライバシーに配慮した配置、視線を制御するルーバーなどの工夫が必要である。

5) エレベーターホール空間のデザイン　事務所建築の高層化に伴い、上下階の移動手段としてエレベーターは欠かせないものである。利用者の待ち時間をできる限り短縮して効率良く目的階に誘導するために、エレベーターの設置台数、能力、サービス方式の検討が重要である(11〜13)。エレベーターの設置台数は、事務所建築では朝の出勤時や昼休みの始まりなどのピークに留意する。なお高層ビルでは移動時に高所感が失われやすく、近年、エレベーターホールから外部の様子が見える窓を設けるなどの空間デザインの工夫がなされている。

6) 駐車場空間のデザイン　駐車場法などにより駐車台数分の設置が義務づけられている地区がある。駐車方式は、自走式と機械式とに大別される。地階に駐車場を設けた場合、駐車スペースの確保から主要構造の柱割りが決定する場合も多く、空間的に制約を受ける場合もある。荷物搬入のための荷捌きスペースは、道路からのアクセスやエレベーターとの位置などに留意して空間を配置する。

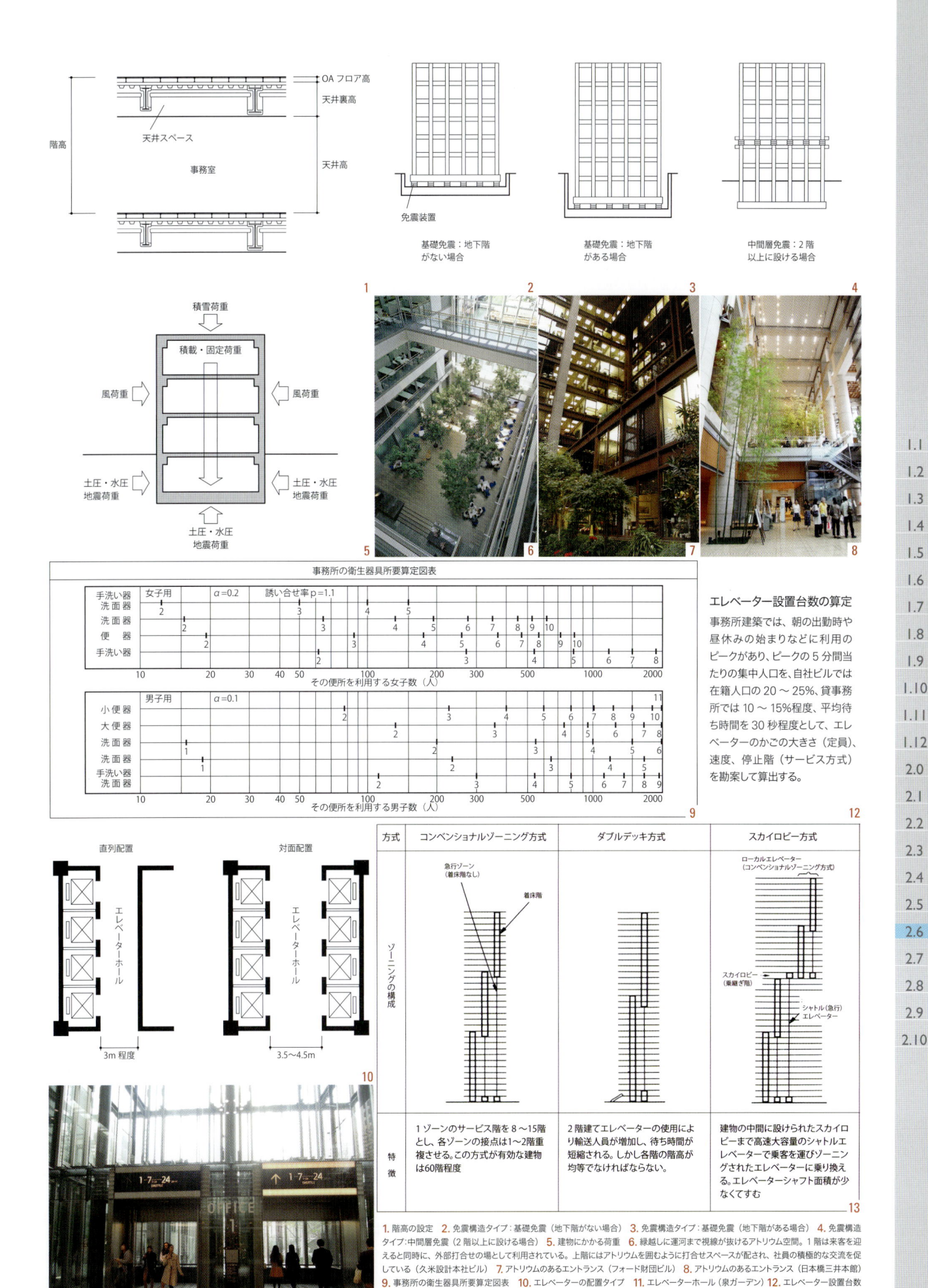

エレベーター設置台数の算定

事務所建築では、朝の出勤時や昼休みの始まりなどに利用のピークがあり、ピークの5分間当たりの集中人口を、自社ビルでは在籍人口の20～25%、貸事務所では10～15%程度、平均待ち時間を30秒程度として、エレベーターのかごの大きさ（定員）、速度、停止階（サービス方式）を勘案して算出する。

1. 階高の設定　2. 免震構造タイプ：基礎免震（地下階がない場合）　3. 免震構造タイプ：基礎免震（地下階がある場合）　4. 免震構造タイプ：中間層免震（2階以上に設ける場合）　5. 建物にかかる荷重　6. 緑越しに運河まで視線が抜けるアトリウム空間。1階は来客を迎えると同時に、外部打合せの場としても利用されている。上階にはアトリウムを囲むように打合せスペースが配され、社員の積極的な交流を促している（久米設計本社ビル）　7. アトリウムのあるエントランス（フォード財団ビル）　8. アトリウムのあるエントランス（日本橋三井本館）　9. 事務所の衛生器具所要算定図表　10. エレベーターの配置タイプ　11. エレベーターホール（泉ガーデン）　12. エレベーター設置台数の算定　13. エレベーターのゾーニングの種類

2.6 業務

■ 事務所建築のファサードをデザインする

1) 都市空間と立面のデザイン 　ファサードは建物の印象を決定する重要な要素であり、企業イメージなどを表現する手法としても有効である。建物のみで計画するのではなく、都市空間の一部として街並みなどの周辺環境や地域性と、内部の室内環境などを総合的に捉え計画することが求められる。最近では単にカーテンウォールを計画するのではなく、室内空間への日射の影響を軽減するためのルーバー設置や、壁面緑化を施すなど環境配慮の姿勢をデザインに組み入れるものが見られる(6)。外壁で用いられる主な材料として、ガラス、アルミなどの金属、石材、コンクリート打放し、PC（プレキャストコンクリート）板、コンクリート二次加工材（押出成形セメント板、ALC板）などがある。

立面計画において下記の点に留意する。

a. 街並みなどの周辺環境や地域性、環境に配慮したデザインとする。

b. 低層部、中間部、高層部、看板などの付属物はバラバラにデザインするのではなく、統一性のあるデザインとする。

c. 高層ビルの場合、各フロアの防火区画（層間区画）のデザイン処理が必要である。防火区画を構成する材料は耐火性が求められるとともに高さに規定があり、デザイン上の制約となりやすい。

d. 外壁部は気密性、水密性、耐風圧、地震時の脱落がないようにする。アルミなどの型材は風圧や水密性、地震時のクリアランスの確保に優れ、デザイン性も良い。

e. 外壁の清掃やメンテナンス性に注意する。光触媒によるコーティング材の利用や、屋上からのメンテナンス用ゴンドラの計画なども有効である。

f. 施工方法や工期、工費を検討し立面を決定する。

g. リサイクルが可能な建材を検討する。

2) 開口部と空間デザイン 　事務室における開口部は、外部の自然状況や変化する気象状況などと接することのできる部位であり、眺望による開放感など空間の快適性に大きく関わる部位である。初期の事務所建築では、鉄筋コンクリート構造を採用することが多く、外壁は柱や梁と同様、荷重を支えるほか地震や風圧によって建築物にかかる力に対抗する役割を果たしていたため、開口部の大きさは制約を受けあまり快適とはいえない空間であった。高層建築の発達過程において、建築物の荷重を支える構造は柱と梁によるものとなり、外壁はそれらの構造物に貼り付けるカーテンウォール工法が開発された。これによって外壁重量の軽量化が可能となり、外壁が構造体から独立した。そのため、外装デザインの自由度が大幅に高まり、快適性も増した空間となった。

最近のオフィス建築では開口部回りの空調システムやガラスの断熱性が進歩したため、極めて開放的な全面ガラスファサードが多く見られる(2)。

3) ペリメーターゾーンの空間デザイン 　一般に、事務室において外気による熱負荷の影響を受けない空間をインテリアゾーンと呼び、外周部、特に外壁に接する空間（通常5〜6m）など外部の熱負荷の影響を受ける空間をペリメーターゾーンと呼ぶ(11)。ペリメーターゾーンとインテリアゾーンは熱負荷の違いにより、別系統の空調システムとする場合が多い。

ガラスを多用したファサードでは熱負荷の影響が特に大きくなるため、熱線反射ガラスなどの特殊ガラスや、二重のガラスによる複層ガラス、外部側において庇やルーバーなどにより日射をコントロールする方法、気圧をコントロールし制御された自然換気を導入する手法など、空間の快適性と省エネルギーの両立を可能とする高機能なペリメーターゾーンが模索されている。

4) ダブルスキンのデザイン 　高機能なペリメーターゾーンデザインの手法の一つで、建物外壁の一部または全面をガラスで覆う建築手法であり、省エネルギー効果が期待できる外壁のデザインである。

夏期には、日射によりダブルスキン内の暖められた空気をダブルスキン上部より自然排気し、春や秋などの中間期には、自然換気を利用してダブルスキン下部より涼しい空気を室内に導入することができる。冬期には、日射による熱を集める空間としてダブルスキンを利用し、外気の予熱を行うとともに断熱効果を高めることができる(3,6,9)。

■ 事務所建築の環境をデザインする

1) 屋上・壁面緑化のデザイン 　屋上緑化は建築物の断熱性や景観の向上などを目的として、屋根や屋上に植物を植えて緑化し、屋上を快適な空間として改善する手法である。日本では1990年ごろより環境保護の観点から取り組まれるようになった。当初は技術的な困難や維持・管理コストが障害となり遅滞したが、東京都の条例など地方自治体が積極的な推進を図ったことから需要が拡大し、技術革新やコスト減により普及が促進した。

壁面緑化は壁面の冷却効果や大通りに面した建物の防音壁としての利用、環境に対する企業姿勢を表現するファサードデザインとして採用されている(6)。効果としては、紫外線などによる建築物の劣化防止の効果や断熱性によりビルの長寿命化に効果がある。また、緑を増やすことで、都市景観の向上、日常的な緑とのふれあい、鳥や昆虫を呼び戻すことによる自然性の回復などの効果が高まるとともに、大気汚染物質の吸収による大気の浄化機能の獲得、二酸化炭素の吸収量の増加により地球温暖化対策への貢献ができると考えられる。

導入には、防水、防根、灌漑排水設備の設置、土壌の軽量化など、構造上の対策やメンテナンスの効率を高める工夫など、特別な対策も必要である。

2) 設備による環境と空間デザイン 　オフィスアメニティの視点から環境設備計画は、執務空間の快適性を向上させるため重要性が増している。事務所はガラスなどに密閉された空間となることが多く、特に超高層では外から密閉される建物が多い。そのため室内空間環境を維持するには、

1. 交詢ビル　2. TK南青山ビル　3. トーレ・アグバール　4. カルティエ財団ビル　5. SKT-Tower　6. オフィスビルの壁面緑化（パソナ新本社ビル）　7. アグバータワー。平面図　8. ペリメーターゾーン計画の参考断面。泉ガーデン　9. 同　積水ハウス九段南ビル　10. 同　梅田DTタワー　11. ペリメーターゾーンの範囲　12, 13. ダブルスキンのデザイン（トーレ・アグバール）

2.6　業務

空調換気設備、電気設備、給排水設備が不可欠である。空調換気設備は、室内の温湿度、埃、臭気、有毒ガスなどを人や物品などに対して設定した状況を保つ設備を指し、密閉された事務所における執務空間の快適性に大きく関係する。また、事務所において照明計画は執務空間の生産性に関わる要素である。事務室の要求機能やオフィスレイアウト、建物の採光状況などによって計画は異なる。空間照明は全般照明式、局部照明式があり、器具からの照明方法は直接照明、間接照明などがある(2～5)。直接光源が見えるグレアを解消するために、間接光照明や光源にルーバーを取り付けるなどの工夫が必要である。省エネルギーの観点から昼光（自然光）を利用するため、センサーと連動したブラインドなどの手法も見られる。

　近年、設備はますます高度化し、便利で快適性も増し事務所建築に浸透している。一方、地球環境に優しい建築や建築にかかるエネルギーの省エネルギー化などの問題も顕在化し、建築空間計画においてそれらを総合的に判断し設計されることが望まれている。

■**執務室の空間をデザインする**
1) オフィスレイアウト　　オフィスレイアウトは事務室の空間づくりにおいて、執務の効率やオフィスアメニティなどの点から重要である。業務の内容に適切なプライバシーをパーティションによりコントロールすることが多い(1)。オフィスレイアウトは、概ねオープンタイプとクローズドタイプがある。オープンタイプは、1フロアを大空間としてデスクや家具を配置し、場合によって可動のローパーティションで間仕切るものであり、組織の大きな変更に合わせて空間を間仕切り、レイアウトがフレキシブルに変えられるものである。クローズドタイプは小さな空間に区切られ、グループ単位や少人数のワーカー、個室として使用されるオフィスをいう。耐震上、壁が多く小部屋にならざるを得ない初期の事務所建築に多く見られ、ヨーロッパの事務所では現在も利用されている。クローズドタイプは部門間や個人間のコミュニケーションが不足する、組織の変化に柔軟でない、などのデメリットがある一方、高いプライバシーが確保でき機密性が保たれるというメリットもあり、機密性を必要とする管理職や個人的な作業を中心とする研究開発、設計などの専門性の高い執務空間に見られる。

2) デスクレイアウト　　オフィス空間にデスクをどのように配置するかにより、空間の印象や作業性に大きく違いが出る。デスクの配置形式には対向式、並行式、スタッグ式、ランドスケープ式などがある(7)。対向式は部署ごとにデスクを向い合せに並べ、管理職のデスクがその端にあるオーソドックスな形式である。並行式はスクール形式とも呼ばれ、学校の教室のようにデスクを一方向に向けて並べたもので、対向式に比べプライバシーは確保しやすい。スタッグ式はデスクと脇デスクを組み合わせて、一定の間隔で交互に配置したもので、対向式のコミュニケーションと並行式のプライバシー確保というそれぞれの利点を備えた形式である。ランドスケープ式は、ドイツのクイックボナーにより1958年に提唱されたプランニング手法で、現在のオフィスデザインの源となっている(6)。ワーカーの知的生産性を高めるために、コミュニケーションとプライバシーを調節できるよう、デスクを幾何学的ではなくランダムに配置し空間をつくる特徴がある。

3) コミュニケーションを誘発する空間デザイン　　近年、デスクレイアウトのみならず、ワーカー間のコミュニケーションを誘発する様々な空間デザインが試みられている。ワーカー間の交流や情報交換を誘発するラウンジスペースや打合せスペースの設置、その空間を演出するオフィス家具や緑の設置などが見られる(8～10,12)。休憩時や移動時の空間など、直接の執務空間外にこうしたスペースが設置されることも多い。着席者の目線と歩行者の目線を近づけ、通りすがりの人も気軽に参加できるスペースの計画など、身体とコミュニケーション、空間を総合して捉えた試みも見られる(11)。

4) 床のデザイン　　業務の情報化に伴い、情報処理機器の配線収納としてOAフロアが使用されることが多い。OAフロアの上には歩きやすさ、音の出にくさなどからカーペットが敷設されることが多く、色彩は一般に天井より明度の低いものが用いられる。

5) 壁のデザイン　　壁には遮音、吸音、断熱、耐火などの機能が要求され、さらに収納壁として書架や棚など組み込まれる場合が多い。オープンタイプのレイアウトでは間仕切りとしてローパーティションが使用される。近年では、壁面をホワイトボード化しコミュニケーションを誘発する工夫や、壁面に映像を投影し情報板として利用するなど、壁面デザインが多様化している。

6) 天井のデザイン　　天井の材質・色彩は室内の雰囲気をつくるうえで重要であり、材質は吸音性能のあるもの、色彩は一般的に白に近い明度の高いものが好まれる。照明のデザインやレイアウト、露出する空調機器の吹出し口やスピーカー、煙感知器などを統一感をもってデザインすることが求められる。ルーバー天井などにより天井裏を見せ、天井を高く感じさせるデザインも見られる。

■**事務所建築の健康に配慮した空間デザインを考える**
　近年、高気密化が進むワークスペースにおける健康被害としてシックハウス症候群の発生が指摘されている。建材や家具などから発生する揮発性有機化合物質（VOC）が主な原因として考えられており、VOCの少ない建材を選択することが重要である。一方、家具に関する規制はない。人に最も近い位置にあるオフィス家具のVOCを抑えることは重要であり、その点に着目した研究が進んでいる(13)。

パーティションの高さとプライバシーの関係

プライバシーの度合	パーティションの高さ（単位mm）	内容	用途
(a) ハイプライバシー	1,800以上	周囲と遮蔽された状態	会議室・研修室など
(b) スタンディングプライバシー	1,400～1,500	立って周囲をのぞき見ることができる	OA機器コーナー開発・設計など
(c) シーティングプライバシー	1,100～1,300	座っていればほかからは見えないが立つと全体が見通せる	開発・設計オープンな応接室など
(d) ミニプライバシー	900～1,100	机の面が隠れる程度	一般事務など

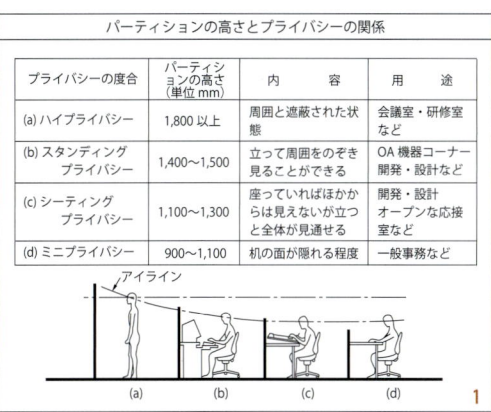

デスクレイアウトの種類

種類	対向式	並行式	スタッグ式	ランドスケープ式
概要	机を対面に配置する形式	机を同一方向に向けて配置する形式	机と脇机をお互いに組み合わせ、交互に配置する形式	担当部署などによって机を自由に配置する形式
特徴	事務所の所要面積が最も小さく、密なコミュニケーションを必要とする事務に適する。	通路部分が多くなるため、対向式に比べて面積が20～30％増加する。対面する視線がないため、執務に集中しやすく、比較的プライバシーが要求される業務に適する。同向式ともいう。	対向式と並行式の特徴を併せもち、個人の空間がより明確になる。コミュニケーションとプライバシー確保の双方を必要とする業務に適する。	面積が大きくなるが、様々な配置の組合せが可能となる。執務形態の融通性やコミュニケーションおよびプライバシーなどが要求される業務に適する。

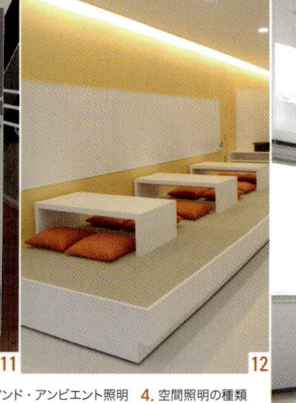

1. パーティションの高さとプライバシーの関係　2. 照明器具によるグレア　3. タスク・アンド・アンビエント照明　4. 空間照明の種類　5. 照明方法の種類　6. オフィス・ランドスケープ　7. デスクレイアウトの種類　8. Z会文教町ビル。役員エリアと一般執務エリアを緩やかに繋ぐワークスペース内に取り込まれた中庭。無機質になりがちなオフィスに潤いを与えている　9. イトーキ東京オフィス　10. TBWA\HAKUHODO。平面計画　11, 12. アスビオファーマ神戸事業所。執務空間の近くに設置された打合せスペースや休憩スペース　13. 化学物質の揮発を抑えたオフィス家具の研究開発と事務室の計画

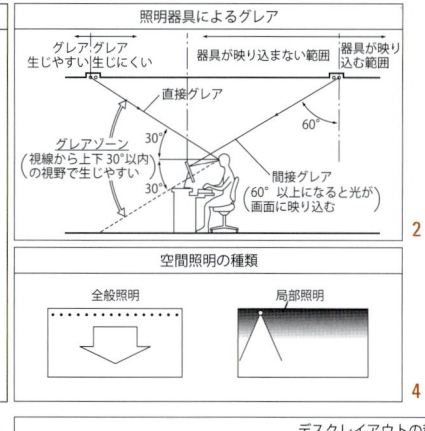

2.6 業務　107

2.7 宿泊

■宿泊施設とは

1) 宿泊施設を知る　初期の宿泊施設では「人が日を跨ぐ移動を行う場合、最低限必要な日常生活が営めること」のみが主な目的として捉えられてきたことから、その空間デザインには、生活行為に必要な機能性と経済的合理性が求められていた。しかしながら、1960年代後半に出現したアトリウム建築は、その考え方を一変させた。このアトリウムを用いた空間デザインは、宿泊施設に新たな質的価値観を生み出したのである。その結果、宿泊施設の担う役割は多様化し、娯楽や癒しなど様々な質的価値観が付加され今日に至っている。

2) 種類　宿泊施設の運営における業務適正基準を定めた旅館業法において宿泊施設は、ホテル・旅館・簡易宿泊所・下宿に分類される。特に、本章の中核的施設となるホテルと旅館は、洋式か和式のどちらの特徴を有するかによって、洋式をホテル営業、和式を旅館営業として区別される。宿泊施設を一般名称との関係で整理した場合、ホテル営業ではシティーホテル・ビジネスホテル・リゾートホテルなど、旅館営業では都市旅館・温泉旅館・国民休暇村・モーテルなど、簡易宿泊所営業ではペンション・ユースホステル・オートキャンプなどが挙げられる。

■機能構成を知る

1) 構成要素と諸部門　宿泊施設の構成要素は、客室・ロビー・直接サービス・間接サービス・その他に分類される。そして、各構成要素に関連する部門として、客室要素では客室部門、ロビー要素ではロビー部門、直接サービス要素ではフロント・宴会・料飲などの収益部門、間接サービス要素では管理・調理・ハウスキーピング部門、その他要素では機械部門などがある。宿泊施設として収益をもたらす要素は、客室・直接サービス要素である。一般に、延べ床面積に占める収益部門の有効床面積の割合は、シティーホテルが40〜50％程度、ビジネスホテルが50〜65％程度であるとされている(1〜11)[注1]。

2) 動線と機能構成　宿泊施設は、主に収益部分と非収益部分によって構成され、収益部分の利用者動線と非収益部分の従業者動線を交錯させないよう計画される。一般に、宿泊施設では宿泊客であるか否かによって利用者の動線が整理される。宿泊客の場合、フロントで手続きを済ませ、一旦、客室へ入り、荷物などを降ろした後、その客室から施設内の直接サービスへと連続する動線が計画される。一方、宴会客のような非宿泊客の場合、宿泊客と差異化されたロビーを通過させ、そのまま直接サービスに導かれるよう動線を計画する。なお、近年ではカードキーの利用によって、宿泊客以外の者が客室階へ行くことを防止するセキュリティチェックが行われる場合が多く、客室階へ通じるエレベーターにカードキーをかざすことによって、初めてエレベーターが操作できる、または、特定の宿泊階への停止を指定できる、といったようなシステムが採用され始めている。このような動線的特徴を踏まえ、断面計画上、直接サービスとして低層部に大空間を要するロビーや宴会場、上層部にバーやレストランなどが配置され、その中層部に客室が計画されるのが一般的である(12,13)。

■客室・宴会場・ロビーの計画を知る

1) 客室　客室面積は法律によってその最低基準が定められており、旅館業法では1客室当たり洋式で9m^{2}以上、和式で7m^{2}以上、国際観光ホテル整備法では洋式で13m^2（1人用客室9m^2）以上、和式で9m^2（1人用客室7m^2）以上とされている。客室の種類は、主にシングル・ツイン・ダブル・スイートに分類され、そのほかには和室やユニバーサルルームなど様式や機能に特徴をもたせた客室が考えられている。客室の計画では、利用者のプライバシー保護のため隣室との遮音を十分に検討する必要がある。一般に、客室に備えられている設備には、ベッドや机、椅子などの家具、浴室や便所、洗面などのサニタリー、テレビや冷蔵庫などの家電、照明・空調設備、インターネット接続などの情報設備が主なものとして挙げられる。なお、基準階面積に占める客室面積の割合は、一般に片廊下型で60〜70％、中廊下型で70〜75％程度が目安とされている[注2]。

2) 宴会場　宴会場の計画では、利用客とサービス動線のどちらを軸とするかで宴会場・ロビー・宴会厨房・パントリーの配置が異なる。宴会場はセミナーを始め、披露宴やパーティーなど多様な目的に用いられる。そのため、大型宴会場の場合、間仕切り壁の採用による自由度の高い計画が求められる。大型宴会場に加えて小・中規模の宴会場が複数設けられる場合は、利用客とサービス動線との分離が十分に図られる必要がある(14)。

3) ロビー　宿泊施設のロビーは、利用者の動線を考慮して宿泊客用と非宿泊客用とに差異化させることが求められる。また、ロビーは利用者にとって非日常空間への入口として位置づけられることから、利用者に与える印象を十分に検討し、デザインする必要がある。例えば、吹抜け空間の採用による開放感、質の高い内装材料で構成することによる高級感、歴史に裏づけられた重厚感など、様々な空間デザインが試みられている。一般に、ロビーには、客室要素や直接サービス要素への導入部としての機能のみならず、利用者のニーズに応えるようフロントやラウンジ、店舗などの施設が設けられる。主なニーズには、宿泊客のチェックイン・アウトの手続きや情報収集、非宿泊客の待合せや談話、休憩、料飲など様々な用途が挙げられる(15〜20)。

■空間デザインを考える

1) 都市空間の形成　宿泊施設は、都市の形成において

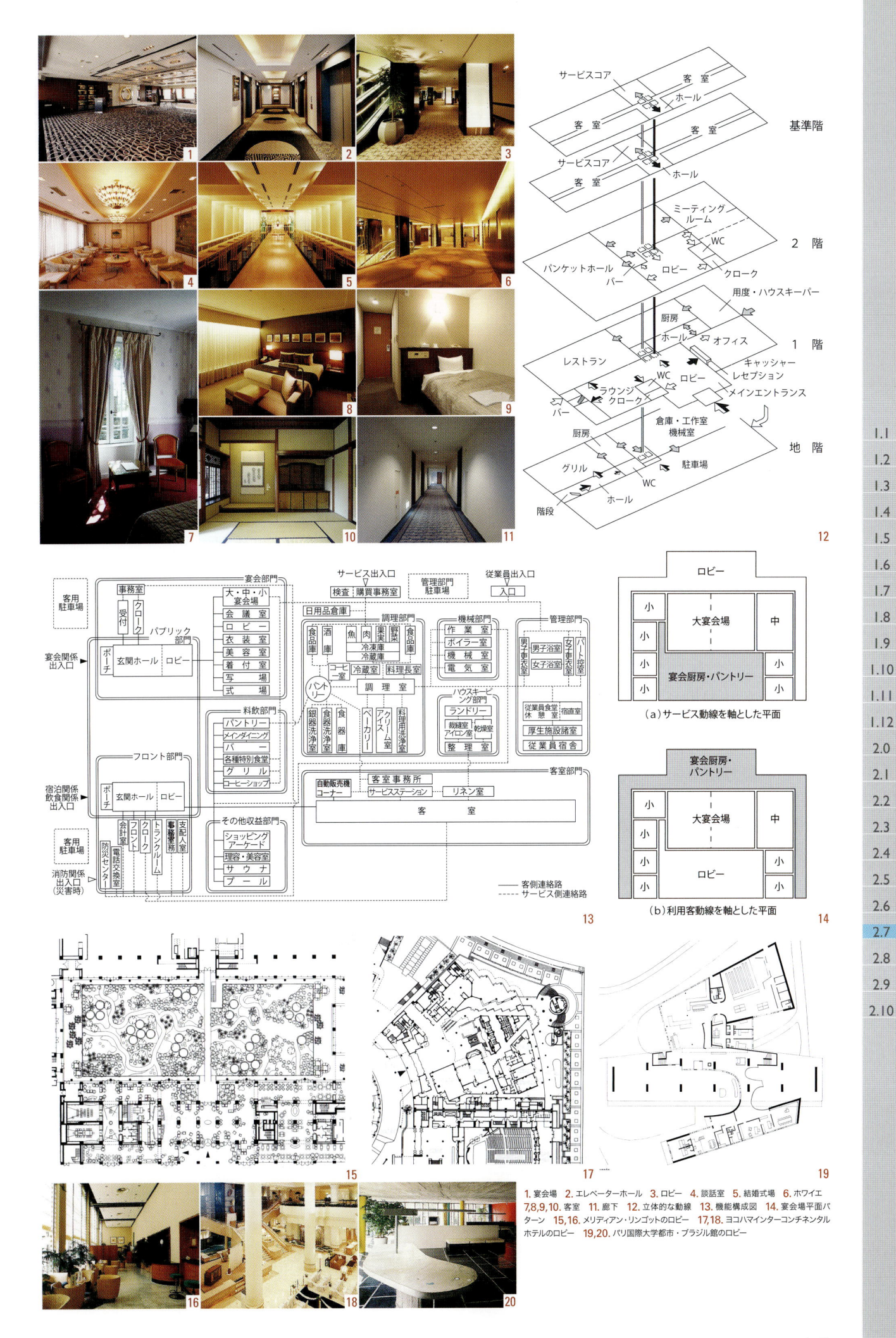

1. 宴会場　2. エレベーターホール　3. ロビー　4. 談話室　5. 結婚式場　6. ホワイエ　7,8,9,10. 客室　11. 廊下　12. 立体的な動線　13. 機能構成図　14. 宴会場平面パターン　15,16. メリディアン・リンゴットのロビー　17,18. ヨコハマインターコンチネンタルホテルのロビー　19,20. パリ国際大学都市・ブラジル館のロビー

2.7　宿泊

非常に大きな役割を担っている。例えば、宿場町や宿坊群などのように宿泊施設の集積によって構成される街が、我々に歴史性を認識させるのは、その特徴的な空間デザインが有する歴史的文脈としての意味性である。これら意味性と空間デザインとの関係は、都市のイメージを構築させる重要な要素であり、現代における都市空間においても同様である。

(1) 歴史的街の形成

交通が人馬を中心に行われていた時代、その街道沿いに設けられた街が宿場町である。現存する宿場町が形成されたのは、江戸時代であるとされている。東海道・中山道・甲州街道・奥州街道・日光街道などの主要道が特に有名であり、その要所に設けられた各々の宿場町には、地域的特性が反映された空間デザインが試みられている。例えば、中山道における奈良井宿は、木曽路において非常に栄えた宿場町であったため「奈良井千軒」とも称され、出梁造・しとみ戸・千本格子・袖うだつ・猿頭などの伝統的な空間デザインが江戸時代の風情を今に伝えている(1〜3)。また、宿場町と同様に社寺周辺に設けられた宿坊群もその伝統的な空間デザインによって歴史的街を形成している。従来、宿坊は主に僧侶が宿泊する施設であったが、社寺参詣が大衆化されるに伴い、その宿泊層は一般庶民にまで広げられた。よって、大きな社寺には参詣者が多くなることから、それらの社寺周辺に多くの宿坊が設けられた。宿場町がある目的地に到達するまでの途中の宿泊施設であるとするならば、宿坊はその目的地における宿泊施設であると位置づけられる。「お伊勢参り」「熊野参り」「善光寺参り」など当時の社寺参詣は、一般大衆側からみれば現代におけるテーマパークと同様の意味合いを含むとともに、社寺側からみれば信仰の普及と経済的基盤を担っていたことがうかがわれ、この両者の関係から宿坊を中心とした街が発達したものと考えられている。なかでも「一生に一度は参れ善光寺」と称されるほど善光寺への参詣は有名であり、未だ三門から続く参道を中心に39軒もの宿坊が存在し、善光寺如来の護持といった運営的機能を有する宿泊施設として現在においても機能している(4〜7)。

(2) 現代的街の形成

現代的街の形成には、宿場町や宿坊群といった宿泊機能を中心として形成された街というよりはむしろ、未来性や融和性などの意味性が計画的に取り入れられ、それに基づいた空間デザインが試みられている。

業務・商業機能、生活・文化機能、観光・アミューズメント機能、さらには、国際交流機能・港湾管理機能まで、都市の有する多種多様な機能が集積されている横浜みなとみらい21は未来性が計画的に意図された街である。この街にはキング軸・グランモール軸・クイーン軸といった都市計画上、重要な歩行者軸が計画されており、特に、クイーン軸には、横浜ロイヤルパークホテル・パンパシフィックホテル横浜・ヨコハマインターコンチネンタルホテルといった三つの宿泊施設がその中央と両端に配置され、各々の宿泊施設が街のランドマークやアクセントとしてこの街のイメージ構築に大きな役割を果たしている(8〜10)。パリ国際大学都市は、融和性が計画的に意図された街である。この大学都市は、世界各国の学生や研究者たちのために設けられた寄宿舎群によって構成され、世界平和を求める民族間の文化・学術交流を理念としている。この理念は、各寄宿舎における空間デザインにも反映されており、多くの寄宿舎には日本館やモロッコ館、イタリア館などその国の名称が付けられるとともに、その国々の文化や伝統がデザイン要素として用いられている。また、その時代を反映する建築様式が空間デザインとして用いられている寄宿舎もあり、ル・コルビュジエのブラジル館やスイス館などは国際様式の建築物として今も機能している(11〜13)。

2) 都市空間の演出

宿泊施設と都市空間の関係を都市の自我同一性に対する宿泊施設の役割といった視点で捉えた場合、宿泊施設が都市の自我同一性そのものに大きな影響を与える場合と、都市の自我同一性をその内部に取り込もうとする場合に大別される。前者は都市の象徴、後者は都市の内包といった言葉で表される。

(1) 都市の象徴

一般に、都市の象徴としての空間デザインは、その建築物の規模や高さ、色彩などの物理的要因について語られることが多い。しかしながら、宿泊施設が都市の象徴としての役割を担う場合、その存在は物理的な象徴のみならず、心理的な象徴として街の空間デザインに大きな影響を与える場合がある。物理的な象徴は、都市のランドマークやアクセントなどの役割を担い、都市の摩天楼などと称される場合が多い。例えば、アトランタ市街の中心部に立地するウェスティンピーチツリープラザは、ガラスカーテンウォールで覆われた円筒状のスマートな空間デザインであり、街の至る所から見ることができるその姿は、アトランタ市街のランドマークとなっている。また、低層部のアトリウムには10本の巨大な柱が円形に配置され、この巨大な柱によって客室棟である高層部が支えられている。この内部空間は、外観のデザインとは逆に、ダイナミックで圧倒的な空間として我々に迫ってくる。この西半球最大級の超高層ホテルは、アトランタの摩天楼として訪れる人々を迎え入れている(14〜17)。心理的な象徴には、その宿泊施設が有する固有の意味性が大きく関係する。例えば、中世の面影を色濃く残すドイツ・ハイデルベルク旧市街に立地するツム リッター ザンクト ゲオルクは、400年以上もの歴史を刻む最も古い歴史的建築物である。エントランス上部に聖人ゲオルク(騎士)の像がデザインされているこのホテルを、人々は親しみを込めて「騎士の家」と呼ぶ。この小さなホテルは、その歴史的価値から街の象徴としてハイデルベルクを訪れる多くの人々を魅了し続けている。このホテルの存在は、歴史的価値といった文化的要素が都市の象徴となり得ることを証明している(18)。また、京王プラザホテルは、わが

1,2,3. 中山道・奈良井宿の街並み　4,5,6,7. 善光寺宿坊群の街並み　8. 横浜みなとみらい21の街並み　9,10. クイーンズモール　11. パリ国際大学都市の街並み　12. 同　ブラジル館の外観　13. 同　スイス館のサロン　14. ウェスティン ピーチツリー プラザ。断面図　15. 同　外観　16,17. 同　アトリウム　18. ツム リッター ザンクト ゲオルクの外観　19. 京王プラザホテル。外観　20. 同　宴会場　21. 同ホワイエ　22. 同　結婚式場

2.7　宿泊

国初の超高層ビル群である新宿副都心開発において最初にその壮大な姿を現すとともに、当時の人々にわが国の技術力と将来への希望を与えたことから、新宿副都心の形成過程における象徴的存在として位置づけられている(19～22)(p.111)。

(2) 都市の内包

都市の自我同一性をその内部に取り込もうとする空間デザインには、その宿泊施設の形態を規定する規模のアトリウムが多用されている。空間デザインとしてアトリウムが宿泊施設に積極的に取り入れられ始めたのは、1960年代後半からであり、宿泊施設の空間デザインに大きな変革をもたらすこととなる。アトリウムを全面的に取り入れた世界初のホテル建築であるハイアットリージェンシーアトランタには、客室に囲まれた高さ約70mにも及ぶ巨大なアトリウムが存在する。そして、エントランスから客室への動線にはアトリウムに面した5機のシースルーエレベーターが計画されている。アトリウム内には、ロビーやラウンジなどの静的な空間が確保され、それに対比するかのごとく上下に動き続けているエレベーターユニットが空間に動きを与えている。空間の落着きと動きを併せ持ち、都市といったパブリック空間から客室といったプライベート空間へと人々を誘うための中間領域としてデザインされたアトリウムは、都市と人間のアクティビティとの関係性において見事な調和を演出する(1～4)。J.ポートマンが手掛けたアトリウムホテルの集大成とされるハイアットリージェンシーサンフランシスコでは、アトリウムを取り囲むように計画された17層の客室が上層へ向かうに従い、一方から迫り出してくるようにデザインされており、アトリウムに有機的な変化をもたらしている。このホテルでは、ハイアットリージェンシーアトランタに見られた都市と人間のアクティビティとの調和のみならず、中間領域としてのアトリウムに都市のダイナミズムが内包され、よりその位置づけを明確なものにしている(5～10)。

3) リゾート空間の演出

人々が日常生活における心身の疲れを癒し、リフレッシュするために訪れるのがリゾート空間であると位置づけるならば、その空間デザインには日常空間からかけ離れた夢のような非日常性と静謐さを伴う癒しの要素が含まれなければならない。

(1) 夢空間の創造

夢空間の創造では、その多くにおいて我々が子どものころに読んだ冒険小説やおとぎ話などの架空の世界が実在し、訪れた人々がその夢空間の主人公になって物語が展開されるようデザインされている。例えば、アラビアン・ナイトの世界へ我々を誘うマディナジュメイラアラビアンリゾートは、都市に存在するあらゆる機能を取り込んだ巨大なリゾートシティーを形成する。このリゾートのコンセプトは、「古代アラビア都市の復元」であり、伝統的なアラビア様式のデザインが細部にわたり施されている。人々は敷地内に張り巡らされた水路を行き来するアブラ(水上タクシー)によって施設間を移動することができ、スークと呼ばれる伝統的市場でショッピングもできる。伝統的なデザインが施された施設群を水路・テラス・庭・緑・アラビア湾といったデザイン要素で包み込む姿は、砂漠の中のオアシスを髣髴させる(11～14)。「世界一のカジノリゾート」であるラスベガスには、メインストリートのストリップ通り沿いにニューヨーク・ニューヨーク、ヴェネチアン、ルクソール、パリスなど、世界の都市をイメージしてデザインされた巨大ホテル群が建ち並び、訪れた人々にまるで世界を旅しているかのごとき夢を与えている。一方、ミラージュでは噴火する火山の様相、ベラージオでは華麗な噴水ショーが演じられ、ラスベガス建設の第一歩となったフラミンゴでは実際のフラミンゴが放されているなど、人々の冒険心を掻き立てる空間デザインが試みられている(15～20)。

(2) 癒しの空間

癒しの空間には、静けさや自然、神秘性、ノスタルジーなどのデザイン要素が多用されている。例えば、「神の国」と称された山陰の皆生(かいけ)温泉に立地する東光園は、天台(本館)、喜多の館、離れ、といった三つの趣の異なる宿泊施設と七つの庭園によって構成されている。エントランスから「天台」に入るとその正面には凛とした姿の美しく壮大な日本庭園が訪れた人々に用意されている。そして、その日本庭園に降り立ち、振り返って見た「天台」の姿は、畏敬の念を感じさせるほどの荘厳さで我々に迫る。その荘厳さの演出は、5・6階を上部から吊り下げるようデザインされた架構形式によって実現されている。しかもこの旅館は、そのダイナミックな架構形式を組柱といった日本建築に見られる伝統的手法によって、和を感じさせる繊細なデザインへと昇華させているのである(21～23)。伊東市を流れる松川沿いに立地する東海館は、重厚な唐破風の玄関とそれに施された「旭日」と「鶴」の繊細な彫刻、廊下に設けられた飾り窓、戸建て風の客室出入口、客室の障子に施された幾何学文様の細工、120畳にも及ぶ大広間、モダンな望楼など、職人の心と技、そして、この温泉旅館を訪れ、日常の疲れを癒した人々の記憶がその空間デザインの随所に残されている。この庶民のための温泉旅館は、大正末期から昭和初期にかけての風情ある温泉街の趣をノスタルジックな思い出に変えて現代の人々を魅了し続けている(24～26)。

注1:浦一也・岡野正人・小山純ほか著『建築計画チェックリスト　宿泊施設　新訂版』彰国社、1996

注2:野上信博・荻野郁太郎・冨田隆造ほか著『建築計画・設計シリーズ28　ホテル・旅館』市ヶ谷出版社、1995

1. ハイアットリージェンシーアトランタ。断面図　2. 同　外観　3,4. 同　アトリウム　5,6,7. ハイアットリージェンシーサンフランシスコ。アトリウム　8,9. 同　外観　10. 同　断面図　11. マディナジュメイラアラビアンリゾート　路地　12. 同　スーク　13,14. 同　外観　15. ラスベガスの街並み。ニューヨーク・ニューヨーク　16. 同　ルクソー　17. 同　パリス　18. 同　ミラージュ　19. 同　ベラージオ　20. 同　フラミンゴ　21,22. 東光園。外観　23. 同　日本庭園　24. 東海館。外観　25. 同　エントランス周り　26. 同　大広間

2.7　宿泊

2.8　医療・福祉

●医療

■医療施設（病院）を知る

　人が病気になった際、その原因を見つけ、それに対し、投薬や手術の治療などを行う場を医療施設という。日本の場合、法律（医療法）によって20以上の病床をもつ施設を病院、19以下の病床の施設を診療所と呼んでいる。また、日本と海外とでは、医療施設の内容や診療システムなどにおいて、違う部分もあるが、詳細は省略する。

■古典的な病院建築の空間の変遷を知る

　人類の歴史は病気との闘いであるといってもよい。生命を維持するために人々は、あらゆる方法を用いて克服しようとしてきた。西洋の古代において病院的施設は、景勝地の日当たりのよい場所で入浴や観劇などをしながら療養し、薬剤治療を受けながら神に祈り、お告げを待つことが行われていた。むしろ癒しの空間の性格が強かった。建築の空間は、多数の人々をいかに集めて療養させるかに主眼が置かれ、大部屋の空間が計画されたといわれている(1,2)。病院の空間の変遷は、宗教と一体となって発展してきた。4世紀ごろキリスト教徒によってローマに初めて一般市民の病院が建てられたといわれ、5世紀ごろの病院は、大部屋の患者が宗教行事に多数参加できるよう平面計画された。祭壇が中央にあり十字の放射状に病棟を配置した事例がある(3)。その後、病院は修道院に付属する形で計画され、病棟に近接して浴室があり、療養に浴室が重要だったことがうかがえる。また、敷地内には薬草園や野菜畑、家畜小屋などがあり、その当時では充実した施設であった(4)。以降、病棟は発展し、施設としては厨房や便所の整備、清掃などのメンテナンスの改善が図られたものもあるが、病室の大部屋は天井が高い大空間で冬は寒く病人にとっては過酷なものだった。また、施設によっては、礼拝堂の数倍の病院が建設された事例がある。さらに、病院の一部に病院の収入源となる貸店舗を付随した施設も登場した。15世紀イタリアで、現在ミラノ大学の図書館となっているオスペダーレ・マジョーレ(5,6)は、建築家によって設計され、後世に大きな影響を与えた病院である。病棟は礼拝堂を挟んで左右に男女別の十字形をしており、半地下部分は貸店舗や食糧倉庫、サービス部門が配置され、薬局や氷室などもあった。暖炉を利用した換気機能の向上や患者個人の便所や下水管の臭気に対する対策として管を屋上まで上げ、雨水管としても利用し、管内を雨水によって洗浄するシステムとなっている。

■ナイチンゲールと病院の関係性を知る

　病院建築は、ナイチンゲールの登場により飛躍的に発展し体系化され、今日の病院に大きな影響を及ぼしている。パビリオン型病院であるフランスのラリボアジュール病院は、諸問題はあるがナイチンゲールに影響を与えた病院で、ナイチンゲール病棟の原型となったといわれている。ナイチンゲールによって計画・建設された最初の病院は、ハーバード病院である(7,8)。エレベーターやシュートなどの縦動線とサービス動線の連結、換気や採光、上下階の騒音の問題、内装の色、防火対策、回復期の患者のための屋上テラス、患者のための暖房方法、水の軟水装置に至るまできめ細かな計画がなされている。

■近代の病院建築の空間を知る

　近代になり、科学技術の発達に伴い、検査技術、治療方法の発見、手術の高度化、病院・病室の建設や環境装置の発達、病院の大規模化、複雑化に伴い、それに対応した建築計画が提案された。1941年にアメリカで提案された複廊下型病院は、コンパクト化により、設備機械の集中化、外壁周長を短くすることによるコストの削減、歩行距離の短縮化に対する提案である。アメリカでは、三角形平面の病院がエマニエル病院(9)などで提案された。三角形は四角形に比べ中央部の面積が小さくその分看護動線などが短縮できるメリットがあり、以降アメリカで流行した平面形態である。また、日本の聖路加国際病院の平面計画にその影響が見られる。アムステルダム学術医療センター(10)は、病院と研究所を複合した巨大な施設で、あたかも街のような空間である。メインの空間には、郵便局や図書館、託児所が設けられ、街灯や植栽もされている。その他様々なデザイン・計画が工夫されている。

■日本の病院建築の空間の変遷を知る

　日本においては、8世紀ごろ施薬院・非田院など病気で困っている人を救済する宗教と密接に関わる施設が存在した。近代においては、日本のパビリオン型病院の原型は、1876年の東京医学校（現東京大学医学部）の本郷台の病院である(11,12)。病院の機能と平面・配置の考えは、後世の病院計画に大きな影響を与えた。また、1892年に完成した日本赤十字社病院は、日本の病院の典型的なものとして位置づけられる。日本における戦後の病院は、計画的な側面として、戦後の日本の病院建築は、吉武泰水らによる木造2階建ての病院建築設計要領モデルプランにより始まり、中央化された診察機能とサービス部門・看護単位・病室のスパンなど先進的なモデルプランとして位置づけられる。日本では、高度成長に伴い、都市部では、病院の大規模化、高層化、多診療科化が進む一方、集約化やコンパクト化を目指し病院の計画や空間の利用に対する提案がなされた。1960年ごろから基壇塔状病院の虎の門病院に見られる低層部に外来診療部門や中央診療部を配置し、病室を塔状化する一方、看護動線の改善を目的に複廊下型平面を導入した提案。日本赤十字社医療センターに見られる外来診療部門や中央診療部を低層棟に集約し、別棟として病棟を分離・高層化した提案。翼に沿って設備廊下を配置し高度化や可変に対して機能・空間を対応可能にした多翼型病院の千葉

1. アスクレピオス神殿　2. ペルガモンのアスクレピオス神殿　3. カラット・シマン神殿　4. 聖ガル修道院　5,6. オスペダーレ・マジョーレ　7,8. ハーバード病院　9. エマニエル病院　10. アムステルダム学術医療センター　11. 東京医学校。平面図　12. 同　外観　13. 千葉県がんセンター。平面図　14. 同　外観　15. 大阪府立成人病センター。外観　16. 同　内観　17. 同　平面図　18. 聖路加国際病院。外観とスタッフステーション　19. 神戸市立中央市民病院。内観　20. 同　平面図　21. 西神戸医療センター　22. 横浜労災病院　23. 倉敷中央病院。外来ロビー　24. 同　小児科外来ロビー　25,26,27. アートやサインなどによる親しみのある空間をデザインした事例　28. 公立刈田綜合病院　29. 東急病院　30. 不知火ストレスケアセンター。外観　31. 同　内観

2.8　医療・福祉

県がんセンター(13,14)(p.115)、鳥取県立中央病院などがある。病室の変遷としては、6床を単位にしたもの、4床か6床を単位にオープン化を図ったものが計画された。その後、面積・動線の効率化や制約などから6床が主流として長く続いたが、各ベッドの個の空間として、格差が大きいなどの理由により、4床を主単位として動線を可能な限り負担の少なくなる形を成立させる工夫がなされた配置が大阪府立成人病センターで提案された(15〜17)(p.115)。病棟の平面計画としては、患者の個人の領域やプライバシーと看護する側の管理のしやすさや働きやすさの両側面があるが、それらの対立する機能に対して病院計画は応えていかなければならない。患者のプライバシーに対して特に配慮した全室個室の病院として聖路加国際病院が挙げられる(17)(p.115)。また、看護する側の視点から計画した病院としては、神戸市立中央市民病院(18)(p.115)が挙げられ、ガラス張りの4床室がナースステーションを取り囲む計画がなされている。西神戸医療センター(19)(p.115)は、個室感覚のある多床病室として試みとして評価された病院である。病院の外来は、日本においては大病院に集まる傾向があり、それに対応するために海外の事例より病院の規模は大きくなる傾向にある。当然待ち時間も長くなりその対応として、日本独自の平面計画手法の「外待(診察室外の待合室で順番を待つ)＋中待(診察室内部や隣接する部分の小スペースで順番を待つ)」が60年代より虎の門病院などで見られるようになった。ソフト面の対応として予約外来の導入や時間短縮としてオーダリングシステムの導入、入院をせずに手術と自宅療養などを可能にした日帰り手術など様々な試みがなされている。

■ 病院の諸室の空間を計画する

1) 移動空間を考える　大規模病院にとって、動線計画・空間は非常に重要な要素の一つである。患者・来訪者はストレスなくスムーズに目的の診療科や病室に到達するよう計画されることが望まれ、大きく見通しの良い空間の導入やサインによる分かりやすさ、フロアや部門によってカラーを変えるなどが重要である(5)。一方、看護動線や物品の運搬などにも利用され、両者の共存もしくは分離を的確に判断して計画する必要がある。また、廊下部分では病院の特徴である待合場所や歩行補助器具を使用した患者、医療器具やサービスワゴンなどの通行も考慮に入れる必要がある。また、適度に外部が見え、緑などによる癒し効果や自分の位置を確認できる空間計画的な工夫も必要である。さらに、高齢者・身障者や体力が低下した人などのために手摺や照明スイッチの位置、ドアの開閉器具など安全性も考慮して計画する必要がある。

2) 待合ロビー空間を考える　病院に来る人は、不安や体力の低下など心身ともに辛い状況下にある。待合ロビーは、診察・会計・薬の受取りなどの順番や付添いの待合として使用される。手に触れるものや目に入る環境は照度や臭い、熱・音環境が快適で明るい雰囲気づくりを行うことが必要である。また、細部の設計として外気が直接流入しないよう、風除室の設置や外気取入れ窓の設置位置の工夫する必要がある(20)(p.115)。

3) 憩いの空間を考える　患者にとって病院の療養生活は不自由で味気なく、耐える空間である。80年代ごろより医療空間に快適性や潤いを求めるニーズが高まり、それらのニーズに応える形で倉敷中央病院(23)(24)(p.115)ではアートなどの試みが見られ、その後他の病院でも建築と一体となったカラフルな空間づくりが行われている。

4) 病室の空間を考える　ベッドに長期間居ざるを得ない患者にとって、見える周辺の空間は、医療器具など使いやすい設置など機能的側面を確保し、また同時にプライバシーを保ちつつ、いかに和ませる空間が計画できるかは重要なことである。外の風景が眺められたり、手に触れ見えるものが清潔で清々しく心を和ませる空間づくりを心掛ける必要がある(6)(7)。また、付添いの人に対する家具(ベッドへ可変できる家具)など、特に患者が子どもの場合は配慮が必要である。機能的な側面としては、患者に直接風が当たらず、日射の遮蔽と眺望、緊急避難時の救出口としての機能、排煙としての機能が適切に設定された窓、患者の負担や院内感染に配慮した空調換気設備の導入。遮音と吸音の適切な設定。感染防止のため手洗いを設置。照明は、読書灯などは火傷などの危険性に配慮した計画が見られる。病室以外に病院には手術など多くの機能がほかにもあるが、ここでは省略する(8)(10)。

5) 現代の病院建築の空間の試みを知る　時代を反映し、病院建築の計画や空間づくりに環境配慮・サスティナブルな建築が模索されている。サスティナブルな建築として、注目したい建築として1933年に竣工したA.アアルトによる結核のサナトリウムが挙げられる(9)。フィンランドには外観の保存義務があり、最小限の改修をコンセプトに肺疾患一般病院となり使い続けられている。しかし、フィンランドの姿勢は、サスティナブルでありながら病を治す場とは何かに対して示唆に富む。建築の最新技術を用いた病院として免震構造、CFT、制震壁などを導入し、揺れない構造の建築を実現した事例がある(28)(p.115)。最近のソフト的な先端事例として電子カルテ、病床管理などの病院のIT化が挙げられ、IT化により患者と医師の会話の時間が延び満足度を上げている。また、患者を動かさない、情報として送れるものは情報にして送る試みも見られる。それは、今までの人と物・情報を集中管理する方法から分散管理への可能性を模索する動きである。一方、外来治療部門や地域連携・保険医療福祉部門の総合サービス部門は、整理集約され中央化がみられる。その他、ホテルから病院にコンバージョンした事例、病院内の犯罪が多くなったことによりセキュリティを強化した事例、子ども病院では「病院らしくない病院」というコンセプトも見られる。また、様々な機能を付加し、多様化が現在も進んでいる(24〜27)(p.115)。

病棟の主な変遷

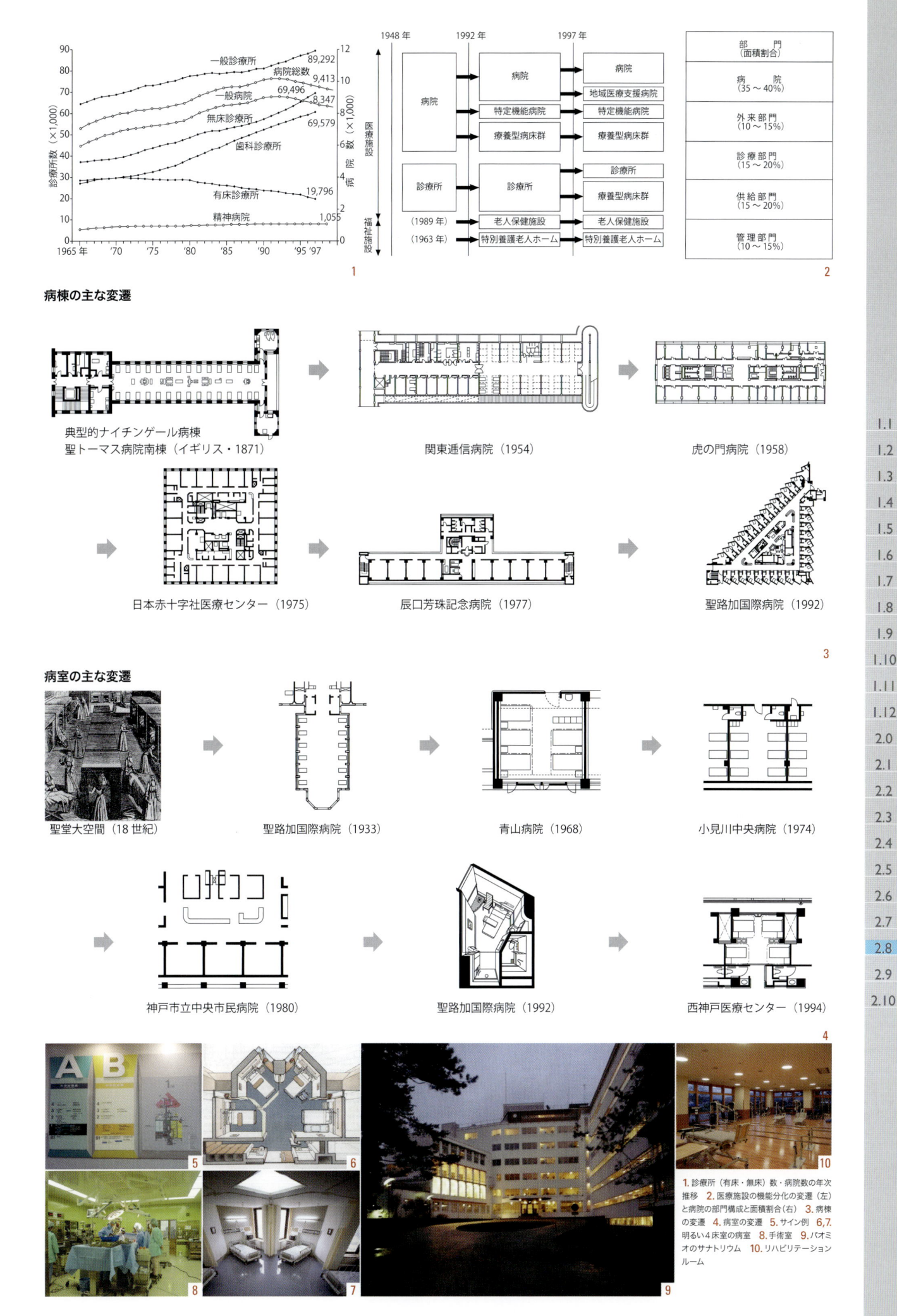

典型的ナイチンゲール病棟
聖トーマス病院南棟（イギリス・1871）

関東逓信病院（1954）

虎の門病院（1958）

日本赤十字社医療センター（1975）

辰口芳珠記念病院（1977）

聖路加国際病院（1992）

病室の主な変遷

聖堂大空間（18世紀）

聖路加国際病院（1933）

青山病院（1968）

小見川中央病院（1974）

神戸市立中央市民病院（1980）

聖路加国際病院（1992）

西神戸医療センター（1994）

1. 診療所（有床・無床）数・病院数の年次推移　2. 医療施設の機能分化の変遷（左）と病院の部門構成と面積割合（右）　3. 病棟の変遷　4. 病室の変遷　5. サイン例　6,7. 明るい4床室の病室　8. 手術室　9. パオミオのサナトリウム　10. リハビリテーションルーム

2.8 医療・福祉

● 福祉
■ 福祉施設を知る

　社会的に弱い立場である人々のための施設が福祉施設とされていることから、その種類は多岐に及び、高齢者を対象とした特別養護老人ホームやグループホーム、幼児や子どもを対象とした保育所や児童館、知的障害者や身体障害者を対象とした授産施設やグループホームなどがこれに相当する。そのため、福祉施設を論ずる場合、その目的に応じて各々の施設を取り上げ解説する必要があるが、ここでは現在、わが国が抱える特に大きな社会問題の一つである超高齢社会に焦点を絞り、高齢者福祉施設でも特に環境との関係で未だ多くの課題を有する認知症高齢者に関する福祉施設を中心に解説する。

■ 空間デザインを考える
1) 施設介護から在宅介護への転換　　従来、高齢者ケアは施設中心に展開されてきた。しかしながら、たとえ心身が不自由になったとしても住み慣れた地域で現状の生活を継続したいという願いは人間の根源的な希望である。そのため、2006年4月に実施された介護保険法の改正では、サービスの方針が施設介護から在宅介護へと大きく転換し、地域密着型サービスが創設されるに至っている。地域密着型サービスの主な内容には、認知症対応型共同生活介護、地域密着型介護老人福祉施設入所者生活介護、認知症対応型通所介護、小規模多機能型通所介護、地域密着型特定施設入居者生活介護、夜間対応型訪問介護などが挙げられる。

(1) 認知症高齢者グループホーム
　この施設では、5名以上、9名以下の小規模な環境で食事や入浴、排泄などの基本的な介護サービスが提供されるのみならず、居住者の残存能力を十分に活用した日常生活が共同で行われている。在宅に限りなく近い環境を想定していることから、新築のみならず、民家などの既存建築物の活用が積極的に行われている。このような特徴を有する建築物であることから様々な居住形態が積極的に提案されているが、その多様性から設置基準は満たしているものの、居住環境としては十分でない施設も散見される。より在宅に近い環境を整えることが重要であることから、斬新なデザインを求めるのではなく、習慣や地域性などを考慮に入れ、人々の日常生活に根差した馴染みやすい環境を整備することを中心にデザインされなければならない(1〜7,10〜13)。

(2) 特別養護老人ホーム
　特別養護老人ホームには、従来型・ユニット型・一部ユニット型の3種類が存在する。ユニット型か否かによって、その設置基準には様々な差異が見受けられるが、主に1居室の定員が従来型では4名以下であるのに対して、ユニット型ではサービスの必要上1名を原則とし、2名までとされている。さらに、ユニットの定員は原則10名以下とされる。このような施設形態を前提にして、施設の定員が29名以下のものが地域密着型介護老人福祉施設と定められている。

　さらに、この地域密着型介護老人福祉施設は、主に小規模型介護老人福祉施設とサテライト型居住施設に区別される。サテライト型居住施設とは、移動時間が20分以内の距離にあることを前提とし、特別養護老人ホームなどの母体となる支援施設を背景に、その分館的役割を担い、地域に配置される小規模な居住施設である。そして、ここではデイサービスやショートステイなどの地域密着サービスも同時に行うことが可能であるとされている(8〜13)。なお、この地域密着型介護老人福祉施設入所者の生活介護と同種の地域密着型サービスには、有料老人ホームやケアハウスとして知られる地域密着型特定施設入居者生活介護が挙げられ、各々でその性格に差異が認められるが、ここでは特別養護老人ホームの解説のみにとどめる。

(3) 認知症対応型デイサービスセンター
　この施設では、送迎サービスを含む食事や入浴介護、文化活動や機能訓練などのプログラムを通して一日を過ごすことができるサービスが提供されるとともに、家族に対する身体的・精神的介護負担の軽減も意図されている。認知症対応型通所介護には、単独型・併設型・共用型などの種類がある。併設型とは特別養護老人ホームや介護老人保健施設などに併設する形態であり、共用型とは認知症高齢者グループホームの居間や食堂を利用して、グループホームの居住者とともにサービスが行われている場合を示す。単独型と併設型には、定員12名以下、機能訓練室や食堂、相談室などの空間機能やスタッフなどに関する設置基準が設けられている。共用型では、主に定員3名以下などの設置基準が設けられているが、その基準は比較的緩和されている(11,14,15)。

(4) 小規模多機能居宅介護事業所
　この施設は、通いを中心としているが、利用者の状況に応じて、随時、訪問や泊まりを組み合わせた柔軟なサービスの提供を可能としている。つまり、在宅生活を支援するためにデイサービス・ホームヘルプ・ショートステイの3種のサービスを提供するサービス複合施設である。特徴的な事柄は、この施設の立地が、家族や地域との継続的な関係が途切れないよう住宅地やそれと同程度の地域の中にあることが規定されていることである。また、この施設は地域密着型サービスに関係する四つの施設（地域密着型介護老人福祉施設・地域密着型特定施設・認知症対応型共同生活介護事業所・介護療養型医療施設）との併設ができるよう配慮されている(16,17)。

2) 施設介護における居住環境の改善
(1) ユニットケアへの対応
　従来の高齢者施設では、居住者全員が同時に食事を行うなどの大規模生活単位のケアが行われてきた。しかしながら、現在では居住者一人ひとりに合った個別的ケアを志向する観点から10人程度の小規模生活単位ごとにケアを提供するユニットケアが主流となっている。このユニットケアをより推進するためには、居住環境側の改善が不可欠となる。

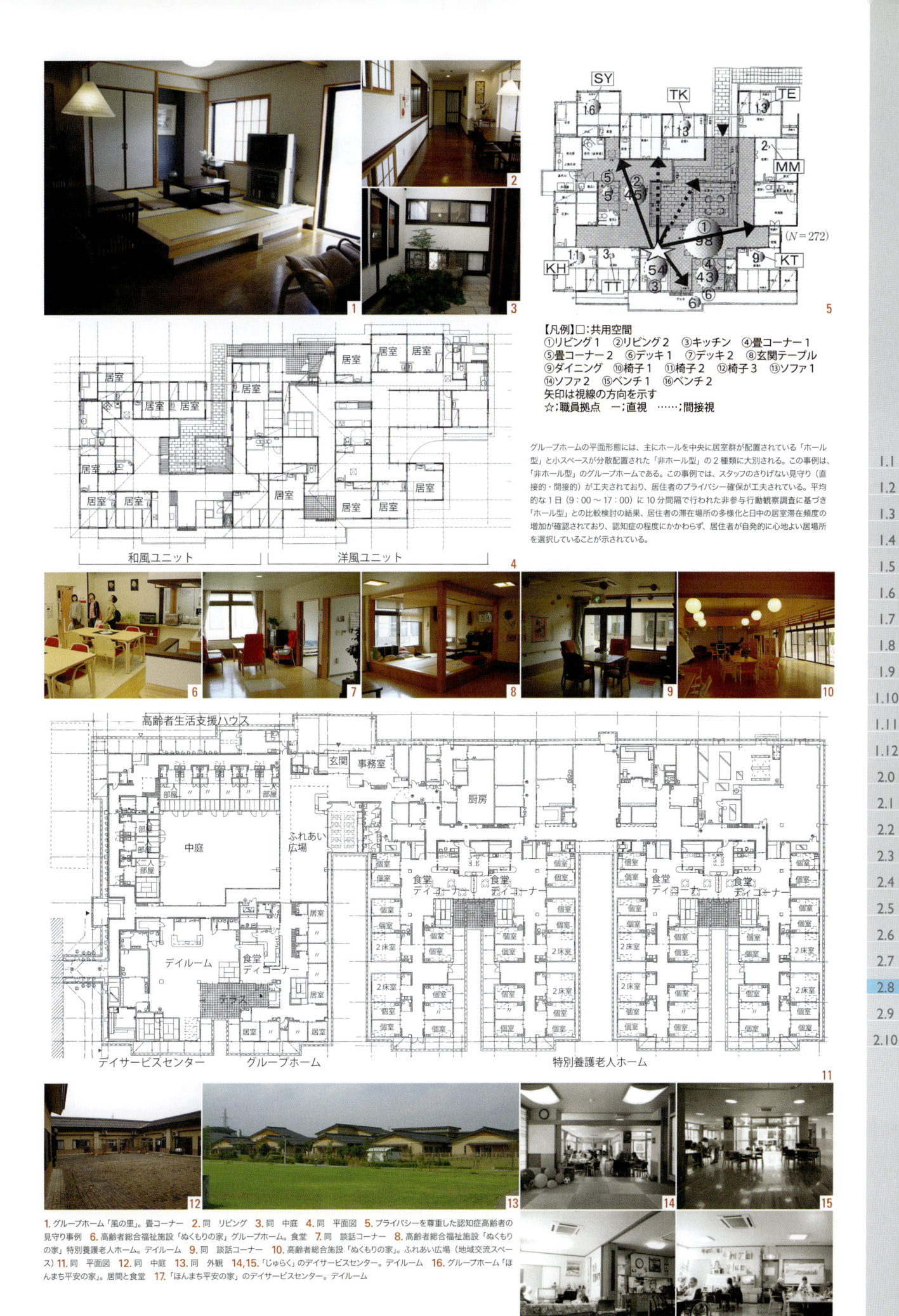

【凡例】□：共用空間
①リビング1　②リビング2　③キッチン　④畳コーナー1
⑤畳コーナー2　⑥デッキ1　⑦デッキ2　⑧玄関テーブル
⑨ダイニング　⑩椅子1　⑪椅子2　⑫椅子3　⑬ソファ1
⑭ソファ2　⑮ベンチ1　⑯ベンチ2
矢印は視線の方向を示す
☆；職員拠点　―；直視　……；間接視

グループホームの平面形態には、主にホールを中央に居室群が配置されている「ホール型」と小スペースが分散配置された「非ホール型」の2種類に大別される。この事例は、「非ホール型」のグループホームである。この事例では、スタッフのさりげない見守り（直接的・間接的）が工夫されており、居住者のプライバシー確保が工夫されている。平均的な1日（9：00～17：00）に10分間隔で行われた非参与行動観察調査に基づき「ホール型」との比較検討の結果、居住者の滞在場所の多様化と日中の居室滞在頻度の増加が確認されており、認知症の程度にかかわらず、居住者が自発的に心地よい居場所を選択していることが示されている。

1. グループホーム「風の里」。畳コーナー　2. 同　リビング　3. 同　中庭　4. 同　平面図　5. プライバシーを尊重した認知症高齢者の見守り事例　6. 高齢者総合福祉施設「ぬくもりの家」グループホーム。食堂　7. 同　談話コーナー　8. 高齢者総合福祉施設「ぬくもりの家」特別養護老人ホーム。デイルーム　9. 同　談話コーナー　10. 高齢者総合福祉施設「ぬくもりの家」。ふれあい広場（地域交流スペース）　11. 同　平面図　12. 同　中庭　13. 同　外観　14, 15. 「じゅらく」のデイサービスセンター。デイルーム　16. グループホーム「ほんまち平安の家」。居間と食堂　17. 「ほんまち平安の家」のデイサービスセンター。デイルーム

2.8　医療・福祉

ユニットケアは、2003年ごろから導入され始め、現在では、特別養護老人ホームの空間デザインにおける重要な与条件となっている。ユニットケアの導入に伴う主な注意事項は、居住者の日常生活がそのユニット内で必ずしも完結しないようデザインすることである。つまり、日常生活の中心は自身のユニット内で行われることになるが、居住者の自己決定による自由な移動を制限しないよう、緩やかなまとまりを有するユニットとしてデザインされることが重要である(1〜7)。

(2) 個室中心のプライベート空間

従来、施設におけるプライベート空間は、主に4床室を中心とした多床室として計画されてきた。この多床室中心の考え方は、施設そのものが高齢者の居住空間としてよりも、むしろ収容空間であるとの認識が強かったためであると考えられる。現在の高齢者施設では、基本的に個室中心のデザインが行われており、その理由は人間の尊厳に対する認識が高まったからである。さらに、個室のデザインにおいて重要視されている事柄は、その人らしさであり、多くの施設では在宅生活時に利用していた家具や小物などを個室に持ち込み、可能な限り本人の自己決定に基づいた個室のしつらえが行われている。しかしながら、完全個室型が必ずしも良いとは言い切れない実態も存在する。例えば、多床室の生活においては、隣人同士の馴染みの関係が構築されることも十分に考えられ、その関係が居住者の安心感に繋がっていく場合も存在する。つまり、個室を中心としたデザインをする一方、一部に居住者間の馴染みの関係が考慮された多床室への可能性も残すフレキシブルな空間デザインが求められる。そして、この場合、多床室のデザインは病室のようなカーテンなどによる間仕切りではなく、あくまで居住空間としての家庭らしさを考慮し、家具のレイアウトなどによって、より自然な状態で必要なプライバシーが保護されるようデザインされなければならない(8)。

(3) 家庭らしさの創出とその空間デザイン

認知症高齢者の居住環境におけるQOL（Quality of Life）の向上には、個別的ケアの充実やプライバシーの保護、さらには自立性の援助や安全・安心の確保など、多様な要因が指摘されている。しかしながら、その中でも特に重要な項目の一つとして生活の継続性が挙げられる。生活の継続性は、環境への適応能力が低下している認知症高齢者にとって、慣れ親しんだ在宅から不慣れな施設への劇的な環境移行を回避させるのみにとどまらず、残存能力の維持や向上にも繋がる重要な役割を担うものである。そのため、生活の継続性は認知症高齢者に対する多くの居住環境評価尺度の一つとして用いられている。そして、生活の継続性を評価するための下位次元には、家庭的な環境の必要性が述べられている。つまり、施設環境においてより家庭的な環境を創造することが、生活の継続性を高める重要な要因の一つであるとされているのである。家庭的な環境を提供することによる効果については、様々な視点から多くの指摘が行われている。例えば、U.コーヘンら[注1]は、家庭的な環境が認知症高齢者の環境への適応を支援する大きな効果があることを指摘している。また、児玉ら[注2]は家庭的な環境が認知症高齢者の精神状態の安定に寄与し、治療的な効果をもたらす可能性があることを示唆している。しかしながら、家庭らしさといった抽象的な概念を実際の空間としてデザインする場合、非常に困難なものとなる。それは家庭らしさの基準が、人生観や過去の記憶・経験などの多様な要因によって個々に固定化されているからであり、そのバラツキがコンセプトの曖昧さに繋がり、その曖昧なコンセプトに基づいてデザインされた結果、家庭らしさを素直に感じ得ない空間になってしまう。居住環境研究においても家庭らしさが具体的にどのような物理的環境要因によって創造され得るのかといった事柄は、未だ十分に取り組まれていないのが現状である(9〜13)。

(4) 環境行動論的視点の重要性

近年、認知症高齢者の居住環境に関して環境行動論的研究が急速に増加している。環境行動論的研究とは、認知症高齢者の行動的側面と居住環境的側面を各々単独に捉えるのではなく、この両側面の相互関係性を検討し、認知症高齢者のQOL向上のために役立てようとする研究である。この研究が近年、急速に増加している理由は、質といった非常に抽象的な基準に対してより多面的な視点で認知症高齢者の居住環境を捉える必要性が認識されつつあるからである。この研究の主な項目には、経路探索、領域形成、集まり、しつらいなどがあり、様々な研究手法のもと、認知症高齢者の行動的側面と居住環境的側面との相互関係性が検討されている。集まりとは、施設内での私的・公的空間における認知症高齢者の集まりの状態を分析し、認知症高齢者が施設を体系化していく過程や、認知症高齢者間の関係性の成立・不成立などといった居住環境との関わりを扱った研究内容、しつらいとは、文字・色彩・形状、および家具・什器の配置形態などの居住環境要素が、認知症高齢者にどの様な影響を与えるのかを捉えた研究内容を指す。環境行動論的研究は、今後、認知症高齢者の行動的側面と居住環境的側面との相互関係性の複雑さに応じて、さらにその研究範囲が多様化していくものと考えられる。

注1：U.コーヘン・J.D.ワイズマン著、岡田威海監訳、浜崎裕子訳『老人性痴呆症のための環境デザイン 症状緩和と介護をたすける生活空間づくりの指針と手法』彰国社、1995

注2：児玉佳子・足立啓・下垣光・潮谷有二編『認知症高齢者が安心できるケア環境づくり 実践に役立つ環境評価と整備手法』彰国社、2009

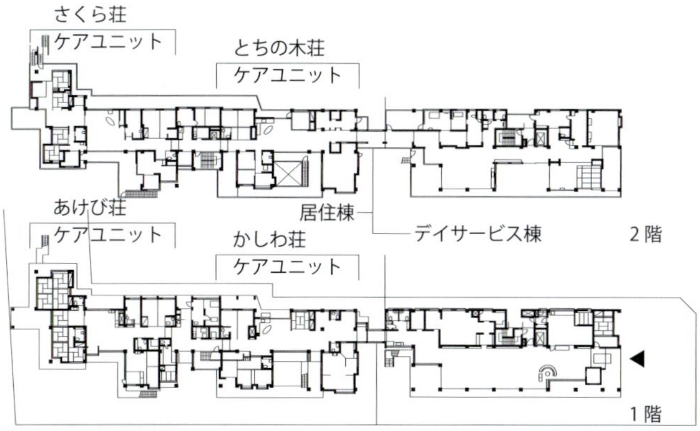

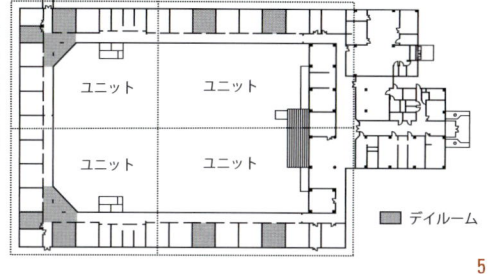

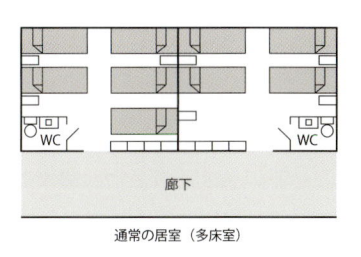

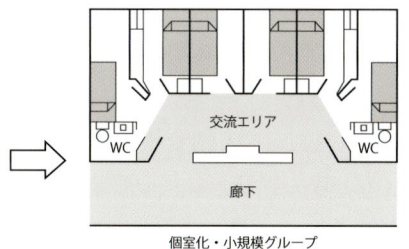

二つの多床室（5床室・4床室）を六つの個室群へと改修するとともに、廊下と個室群の中間に新たにセミプライベートゾーンとしての役割を担う交流エリアを設けた結果、①プライバシーの増大、②直接的な会話や交流の増加、③視覚的（間接的）関わりの増加、④無為行為の減少、などの効果が得られたと報告されている。

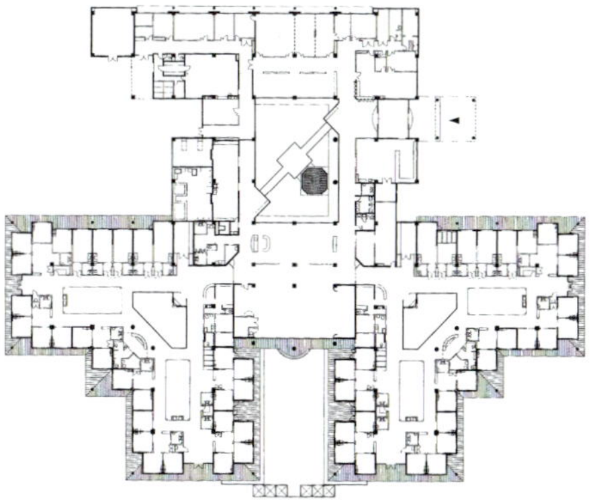

居住者の廊下空間活用事例
①共用空間を生活の中心とし、会話相手を探しながらユニット間を移動する居住者。プログラム時間外は、一つの場所にとどまることなく移動し、コミュニケーションを図ろうとしている。

②居室を生活の中心とし、必要に応じて空間を使い分けている居住者。自室前にしつらえられた一人用の椅子に座り、廊下を行き来する人に声を掛け、コミュニケーションを図っている。

1. 親の家。平面図　2. 同　外観　3. おらはうす宇奈月。平面図　4. 同　外観　5. 幸豊ハイツ。平面図　6. 同　外観　7. 居住者の廊下空間活用事例　8. プライベート空間の改善効果　9. 分かりやすさに基づいた空間シミュレーション　10,11,12,13. 家庭らしさに関するしつらえ事例

2.8　医療・福祉

2.9 祝祭（教会堂、葬斎場、茶室）

　日本にはハレ（晴れ）とケ（褻）と呼ばれる概念がある。民俗学においてハレは非日常、ケは日常を意味する。ハレとは折り目や節目を指す概念で、このハレに対応する空間、つまりハレの（晴の）場は節目の非日常の出来事に対応する空間である。本章ではこの非日常の出来事に対応する空間を祝祭空間として取り上げる。

　日本の伝統的な祝祭に冠婚葬祭がある。これは古来の四大礼式のことで、本来は元服・婚礼・葬儀・祖先の祭礼のことである（現代では慶弔関連儀式の総称として使用されることが多い）。伝統的にこれらは家族・血縁の重要な行事として、儀式とそれに引き続き祝賀・披露の集会が各住宅の中で行われていた。現代では儀式は教会・神社・寺院などの宗教施設で行い、集会はホテルやレストランなどの飲食施設で行われる場合が増えてきた。同一施設の中で儀式と集会に対応できるよう計画された専用施設もある。

　本章では祝祭の儀式に対応する空間として教会堂（キリスト教）と葬斎空間、またハレの場の一つとして茶室を取り上げる。なおこれらの記述はいずれも空間デザインと表現を主体としており、歴史、宗教的および儀礼的解説においては不十分であることを申し添えておく。

	近 代	現 代
誕生	住宅の中で家族と助産婦の助けで出産、近くの神社に宮参り。お祝いは家族・親族が集まり住まいで行う。	病院に入院し、分娩室で医師と看護師の立会いで出産。お祝いはレストランなど住宅外で行うことも多い。
成人	地域の神社で成人式。若者組に参加。	自治体主催の成人式。公民館や市民ホールで行われる。
結婚	住宅での挙式と座敷での披露宴。白い角隠しに黒の裾模様の花嫁が嫁ぎ先の家の敷居をまたぎ、座敷に座ると酒宴が始まる。	ホテルや専用の結婚式場に多くの客を招待し、花嫁は純白のドレス。二人の誓いが厳かに行われる際に、儀式には神仏、キリストの宗教が介在。レストランでの人前結婚式など宗教離れもみられる。
葬式	住宅で家族、親戚縁者に看取られる。家で遺体の処理が行われ、通夜、葬儀。家から墓地までの野辺送りの行列、墓地での埋葬、死者の供養として年忌法要と続く。	病院の個室やICUで医師、看護師に看取られる。病院で死後処理。葬儀専用会館で通夜、葬儀、霊柩車を先頭に火葬場へ。繰り上げ法要、納骨と続く。密葬、無宗教葬、自然葬など多様化の兆し。

冠婚葬祭儀式の行われる場所の変化

●教会堂
■教会堂を知る
1) 教会と教会堂　本来教会とは信仰を同じくする人の共同体のことである。宗教活動に対応する建築物を指す言葉としては教会堂や聖堂と呼ぶのが正しい。本章では建築物を指す言葉として教会堂を用いることとする。

2) キリスト教の教派　キリスト教は様々な教派に分かれているが、カトリックとプロテスタントそして東方正教会が三大教派である。

　カトリックとはギリシャ語を語源とする「普遍的」「公同的」「一般的」という意味の言葉で、自らをそうであると信じ全人類のための唯一の救いの機関であることを表す表現である。ローマ教皇を中心として全世界に10億人を超す信徒がいる。カトリックの教会堂の特徴としては、十字架にかけられたキリスト像、イコンやステンドグラス、壁画などで信仰を分かりやすく表現したものが多い。カトリックの教会堂は全体的に祈りのための空間である(1〜3)。

　プロテスタントという名称は、16世紀の宗教改革の流れをくむ教会で「福音的」（良い知らせの意）という言葉とともにカトリック教会に反対する改革賛成派の総称として使用されている。教会堂は説教や集会のための空間として実用的に計画され、装飾は控えられる。十字架がない場合もある。またプロテスタント教会の礼拝においては、説教に重きが置かれているのも特徴である。

　また東方正教会は、中東、東欧、ロシアを中心とする18の自立教会の連合体であり、国名や地域名を付けた組織を各地に形成している。ロシア正教会・ギリシャ正教会などの組織名をもつ。古代教会の伝統を受け継いで、原始キリスト教の精神に忠実とされる。教会堂空間はイコノスタシス（イコンで装飾した障壁）をはじめとする聖像が随所に配置される。

3) 教会堂の役割　教会堂内部の主要な機能は礼拝である。礼拝の形態は複数の人が一堂に会する場合と、個人の場合がある。複数の人が参加する祈りは、集会あるいは儀式の中で行われる。定例の拝礼儀式、冠婚葬祭の儀式、日曜学校などキリスト教の学習の場という伝統的役割に加えて、今日では天井の高い空間での音響効果に期待したコンサートイベントが開催されている教会堂もある(24)。付属幼稚園を併設している教会堂もある(25)。

4) 礼拝空間　教会堂は礼拝のための空間を建築物として確保したものである。礼拝のための施設は独立した建築物としての教会堂以外にも種々存在する。結婚式を行うための式場施設やホテル、病院や公共施設、学校、集会場、個人住宅の中に設けられた礼拝空間もある。それらは一般的に礼拝堂（チャペル）と呼ばれ、比較的小規模で計画される(15〜19)。

■敷地を読み配置をデザインする
1) 敷地と法規の概要を調べる　神社、寺院と同様に国内における教会堂建築について用途地域の建築制限はない。つまりいずれの用途地域においても建設することができる。しかし、教会堂は集会機能も持ち合わせることから、大勢の人の出入りが想定され、その点において近隣に配慮した設計が必要になる。

2) アクセスを計画する　施設の規模や立地条件によって必要とする駐車場の面積は異なる。地域密着の小規模なものであればさほどの駐車台数は必要ないが、儀式や集会に関連する最低限の物品搬出入に関わる車両の駐車は考慮しておくべきである(9,22)。都市部の大規模な教会堂の場合、地下に駐車場が設けられた例もある。さらに教会堂のエントランスへ向かうアプローチ空間として歩行者の動線も重要である。教会堂は神聖な空間であり、そこへのアプ

1,2,3. アミアン大聖堂（フランス）　**4,5,6.** ロンシャンの礼拝堂（ノートル・ダム・デュ・オー礼拝堂）　**7.** 膜の教会　カトリックたかとり教会　**8.** 同　主聖堂　**9.** 同　中庭　**10.** 中庭に面するコミュニティセンターのシャッターを上げたところ　**11.** 同　主聖堂2階ホワイエ　**12.** 日本イエス・キリスト教団垂水教会　**13.** 同　スロープによるアプローチ　**14.** 同　内部　**15,16.** リゾナーレ　ガーデンチャペル　**17,18,19.** 白い教会　**20.** カトリック目黒教会（聖アンセルモ教会）。平面図　**21.** 同　礼拝堂　**22.** 同　エントランスと中庭　**23.** 日本基督教団原宿教会。断面図　**24.** 同　教会堂オルガン　**25.** 同　教会附属幼稚園　**26.** 同　教会堂内部　**27.** カトリック目黒教会礼拝堂。パイプオルガン　**28.** 同　チャペル

2.9 祝祭　123

ローチは気持ちを高める効果が期待されるのである。演出効果として水を用いたもの(17)(p.123)やスロープを用いてシークエンス効果を期待した例(13)(p.123)もある。

3）配置と敷地全体を計画する　昔からのしきたりとしては、教会の長手方向軸を東西に配置することが行われてきた。これは天体や光との関係で行われていたものらしいが、今日はこうした配置計画より敷地の状況に合わせた実質的な計画が望まれる場合も多い。ただし多くの礼拝が午前中に行われることを考えれば、この間の太陽と教会堂の位置関係には配慮が必要であろう。さらに教会堂は多くの人々が出入りする施設であることから、駐車場の位置や車両の出入口、広場の計画など近隣との関係にも十分注意した配置計画としなければならない。

4）教会前広場と中庭　ヨーロッパの伝統的都市に見られる教会には、必ずといってよいほど教会前に広場空間が設けられている(5,9)。教会内部は祈りの場であり、儀式を行う空間である。しかし儀式の前後には集会が伴う。結婚式後の新郎・新婦は、広場で人々から祝福を受ける。葬儀の後、故人を悼み悲しみを分かち合う人もいるだろう。広場自体が宗教的な集会機能をもつ場合もある。西洋において広場は教会の私有地ではなく、パブリック空間であり不特定多数の人を受け入れる空間である場合が多い。しかし日本においてはこのような広場空間は確保しにくい。そのため特に都市部においては敷地内の外部空間として前庭や中庭を設ける例が見られる(9,20,22)(p.123)・(2,6)。

■ **建築をデザインする**

1）象徴をデザインする　西洋諸都市の教会堂建築における象徴性は神の存在を意識するだけでなく、教会堂自体がランドマークおよび都市の中心施設として扱われてきた歴史によるものである(1,4)(p.123)。今日の都市では様々な大規模建築が多数建設され、都市の規模も拡大し、ランドマークとしての教会堂の役割は希薄となっているように思われる。しかし宗教建築に求められる要素として、下界と宗教空間の隔離があり、俗なる世界と聖域を区別するために建築物のデザインには象徴性が求められることが多い。この意味で今日の教会堂建築においてもシンボリックなデザインが求められることは当然であろう。

事例としては十字架を象ったもの(10,18,19)、上昇性を表すデザインが多い(8)(p.123)・(17,20,21,22)。また外観は単純な箱の形にとどめ、外皮のテクスチャーや内部空間の演出によってほかとの隔離を図った例もある(12)(p.123)・(7,14,16)。

2）機能別ボリューム構成を検討する　教会内部に必要な空間と要素は、祭壇・十字架・説教台・洗礼盤・聖具室（香部屋）・告解室・聖歌隊・オルガン・聖像と十字架の道行・泣き部屋（幼児室・親子室）(28)・聖水盤などである。小礼拝室を設ける場合もある(28)(p.123)・(27)。集会機能にも対応する場合には、それら集会室はもとより炊事場、事務・管理室なども必要である。外部には前述の広場空間のほかに、塔（鐘楼）・洗礼堂・納骨堂・司祭館・信徒会館などが設けられる場合もある。これら必要とされる要素は教会の規模や立地条件、教派によっても異なる。

3）ゾーニングと動線をデザインする　教会堂の中心となる礼拝空間の位置は、人の流れを考慮しなるべく外部から出入りしやすい位置であることが望まれる。必ずしも1階である必要はないが、礼拝空間を2階以上に設ける場合は、身体の不自由な方への配慮としてエレベーターやスロープの設置を含めて分かりやすい動線の確保が必要である。また複数の礼拝空間や集会施設が内包され、これらの施設を同時に使用する可能性がある場合は利用者の動線が重ならないようにする。さらに礼拝空間と事務諸室などの俗的空間が混在しない動線計画も必要である。特に都市型で敷地の条件などにより多層構成にしなければならない場合、礼拝空間の設置階をどこにするかについては宗教的検討も必要である。

4）礼拝空間をデザインする　教会堂の中で最も大きな面積を占めるのは礼拝空間であり、教会堂を設計するということは礼拝空間を設計することが中心となる。計画の主となる要素としては軸線や求心性とヒエラルキーの表現(21)(p.123)・(1)、光を用いた空間の演出(5,6)(p.123)・(3,11,13)、光を制限する手法(4)、建築そのものに象徴性をもたせること(22,23)や高さ・天空への志向性の表現などである(11,19,24)。また俗的な空間と区別する演出として、扉や空間の開閉の仕掛けを用いたデザインもある(14,15)。

集会機能を担う空間としては、座席の配置も重要である。ローマ帝国で用いられた長堂（バシリカ）式といわれるシンメトリーな空間や集中式といわれる同心円状の空間構成(6)は、今日の教会堂においても礼拝空間の会衆席配置計画に影響している。いずれにしても礼拝空間は話し手の立つ聖壇と聞き手の礼拝者との距離や向きを熟慮しなければならない。さらに聖書を読むという行為に対応した明るさの確保も必要である。

5）断面構成をデザインする　教会断面の計画にはしばしば上昇性が表現される。天、神といった俗世とかけ離れた世界への志向が形となって表現されたものである。吹抜けや上方からの光の効果(26)(p.123)・(11,12,17)、十字架の表現(19,24)など考慮された事例が多い。特に光を用いた空間演出の手法は多用されている。伝統的にはステンドグラス(27)(p.123)やバラ窓があるが、現代では上部トップライトとし空間全体を明るく演出したもの(1)や、膜を用いて柔和な光を取り入れたもの(8)(p.123)、スリット状の光で十字形を表現した例も多数ある(11,19)。また建築側面からの採光も様々な演出方法があり、トップライト同様空間全体を明るく演出するもの(25)や、空間の方向性を示し祭壇の位置を強調するような光の演出もある(14,21)(p.123)。

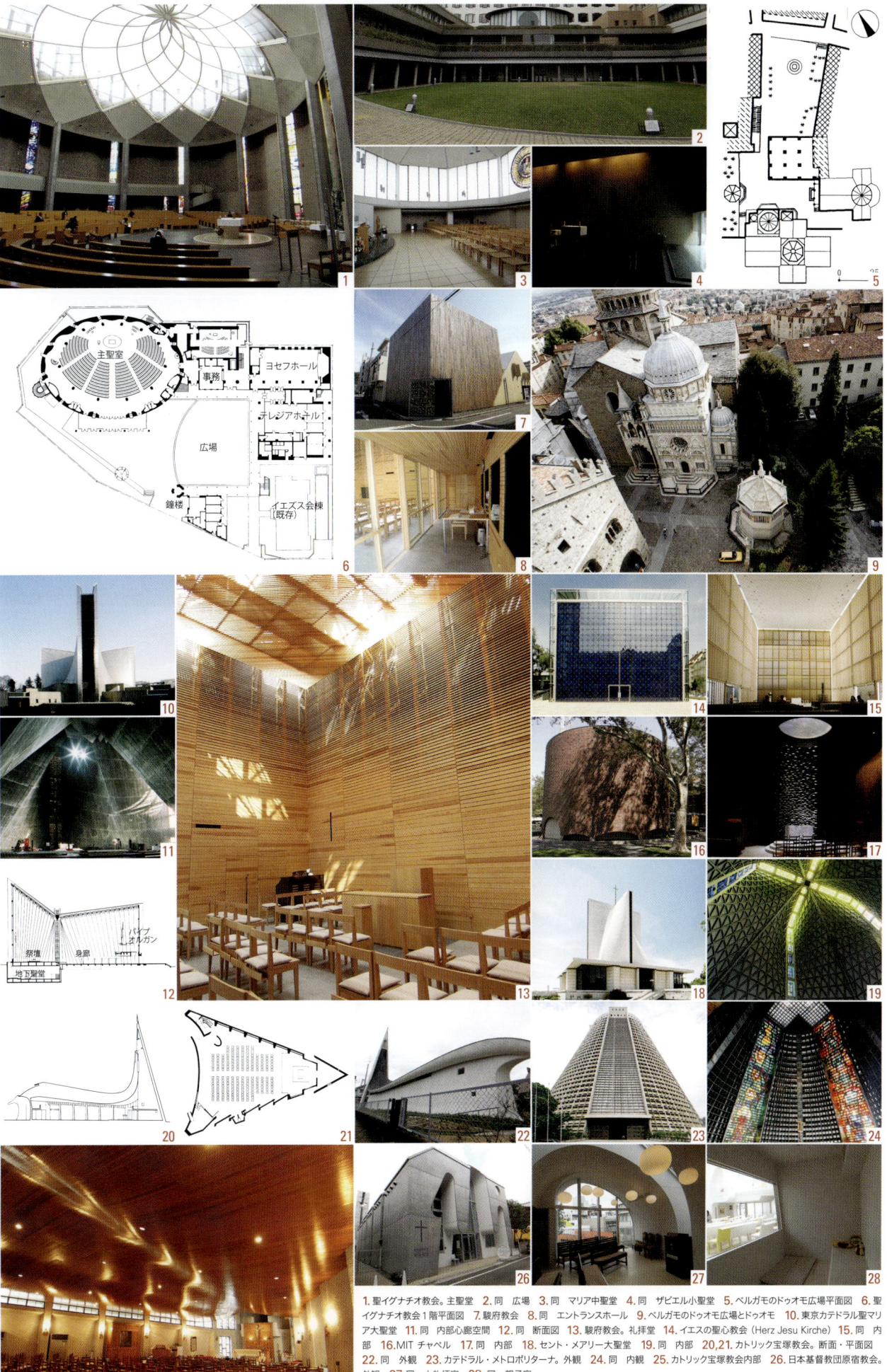

1. 聖イグナチオ教会。主聖堂　2. 同　広場　3. 同　マリア中聖堂　4. 同　ザビエル小聖堂　5. ベルガモのドゥオモ広場平面図　6. 聖イグナチオ教会1階平面図　7. 駿府教会　8. 同　エントランスホール　9. ベルガモのドゥオモ広場とドゥオモ　10. 東京カテドラル聖マリア大聖堂　11. 同　内部心廊空間　12. 同　断面図　13. 駿府教会。礼拝堂　14. イエスの聖心教会（Herz Jesu Kirche）15. 同　内部　16. MITチャペル　17. 内部　18. セント・メアリー大聖堂　19. 同　内部　20,21. カトリック宝塚教会。断面・平面図　22. 同　外観　23. カテドラル・メトロポリターナ。外観　24. 同　内観　25. カトリック宝塚教会内部　26. 日本基督教団原宿教会。外観　27. 同　小礼拝室　28. 同　親子室

2.9 祝祭

●葬斎場

■葬斎空間を知る

1) 火葬場と斎場　葬送に関する制度や習慣を葬制という。葬制には生活様式や習慣、信仰形態によって様々なものがある(1,2,3)。ここでは今日の日本の代表的な葬制の空間として火葬場を中心に、一般的な葬儀に対応する空間を含めて葬斎空間とする。斎場とは葬儀を行う場所で、今日では葬儀会場併設の火葬場を指すことも多い。

火葬は遺体処理方法の一つである。現在、日本は国として火葬以外の埋葬方法を禁じているわけではないが（行政が条例で土葬を禁じているところもある）、ほとんどの場合遺体は火葬される。これは衛生面や宗教観などの理由によるとされる。火葬を行う場所は「火葬場」「焼き場」「火屋」「三昧」「荼毘場」などと呼ばれる。

一方、人の死を弔うために行われる祭儀が葬儀である。しかし葬儀は死者を弔うだけのものではない。残された者たちは一連の行為を通してその死を受け入れるが、葬儀は故人を介して多くの人が集まる場でもある。人々が死者を弔うという共通の目的をもって集まることでその関係を確認し、今後の生活のためのコミュニケーションの場ともなるのである。ご近所づき合いや親類縁者の関係が希薄になりつつある現代では、貴重なコミュニケーションの機会ともいえよう。

2) 葬儀の多様化　かつての日本では葬儀は各自宅で行うもので、それは親戚縁者やご近所の地縁者による相互扶助によって運営された。今日では葬儀業者が関わるものが増え、費用の支払いサービスを受ける形式となっている。会場も葬儀専用施設（セレモニーホールなど）や火葬場併設の葬儀施設を利用することが多くなった。葬儀自体も仏式や神道、キリスト教式といった宗教性のものから、音楽葬といった特定の宗教儀式によらないもの、家族葬あるいは葬儀を行わないなど多様化している。現代の葬斎空間にはこうした多様な社会的要求への対応が望まれる。

■ 敷地を読み配置をデザインする

1) 火葬場の建築基準法上の扱い　火葬場は建築基準法第2条で特殊建築物と定められている。同法第51条において供給処理施設として都市計画区域内における新築・増築では都市計画決定が必要とされている（ただし特定行政庁が都道府県都市計画審議会の議を経てその敷地の位置が都市計画上支障がないと認めて許可した場合、または政令で定める規模の範囲内において新築し、もしくは増築する場合は除く）。

2) 他の施設と複合的に設置する場合　前述のように火葬場と斎場が一体化して建設される場合も多く、その場合主要用途を火葬場にするか斎場とするかによって、また建築を一体的に扱うか、斎場を集会施設として別に扱うかによって対応が異なる（集会施設は2.4章参照）。

3) 火葬場と都市計画　都市計画決定の手続きとして公聴会や地元説明会の開催、関係住民に対して計画案の縦覧を行うことなどが都市計画法で定められている。しかし施設の性格上、容易に受け入れられない場合も多い。そういったなかで近年、住民参加のワークショップ形式により建設された例や、休館日を利用してロビー空間でコンサートが開催され市民に開かれた施設として注目されている例もある。火葬場を生活に必要な別れの場として捉えることで、周辺住民および利用者の理解を得ることが必要である。

4) 施設配置と敷地全体を計画する　以前の火葬場は高い煙突がそのシンボルで、人家から離れた山間の土地に周囲からは目につきにくい形で建設されてきた。今日では火葬炉の技術的改良によって煙突は姿を消し、火葬場らしさを取り払うことが可能となった。

また公園や墓地などと併設され周辺環境や自然を重視した事例も見られる。施設配置とランドスケープデザインの関係を重視した例として、世界遺産にも登録されているアスプルンド設計の「森の火葬場」がある(12,13,15,16,19)。広大な敷地に建設された火葬場と礼拝堂からなる施設で、会葬者は石畳の長いアプローチ、森へと向かう道によって導かれる。大分県中津市の「風の丘葬斎場」は古くから墓地と火葬場のあった土地に建設された施設で、敷地内に古墳群の遺構がある。敷地は公園として整備され、従来の火葬場のイメージを一掃している(9,10,11,14)。

都市部の斎場では敷地境界線のデザインも周辺住民への配慮が必要である。東京都の代々幡斎場では生け垣によって適度な遮蔽を行い、圧迫感を軽減している(17,18)。

5) アクセスとエントランスを計画する　施設へのアクセス方法として車両と歩行者があるのは他の施設と同様であるが、斎場および火葬場では霊柩車やバスの出入り、会葬者の流れを考えなくてはならない。

棺を自宅または葬儀場から送り出すことを出棺という。出棺の際、会葬者が出入口付近に葬列をつくる。そうした見送りスペースの確保が必要である。また火葬場では霊柩車をはじめとする車両数台が同時に停車できる車寄せ、雨天時の乗降にも対応可能な庇など、空間的に余裕のある建築デザインが望まれる(4,5)。棺の移動を考えれば、高低差や障害のない床の仕上げが望ましい。

会葬者の来場について都市部の施設では、公共の交通機関の使用も考えられるが、郊外型では車両の利用を念頭に置くべきであろう。一般会葬者の駐車場は霊柩車・バスの出入りを妨げない位置としなければならない。

■プログラム・空間構造を考える

1) 葬儀空間　葬儀の流れは信仰形態や地域ごとの習慣によって大きく異なる。特別な場合を除いて葬儀は居住地の施設で行われることから、計画に際して地域性への配慮は必要不可欠である。

葬儀空間の大きさは会葬者の数による。今日、葬儀の形態が社葬等大規模なものから家族葬といった小規模なものまで多様化していることを考えれば、様々な規模に対応できる施設が望ましいといえる。その場合複数の規模の式場

1. インド・ワーナーラシのガンジス川に面する火葬場　2. ネパールでの葬儀の様子　3. インドネシア・バリ島での葬儀の隊列　4. 弘前市斎場。車寄せに大きな庇が掛けられている　5. 同　庇の下のエントランス　6. 同　待合室　7. 同　庭園。散策できるように園路が記されている　8. 同　配置図・平面図　9. 風の丘葬斎場。斎場の開口　10. 同　炉前ホールから臨む中庭　11. 同　全景　12. スクーグシュルコゴーデン（森の火葬場・森の墓地）。配置図　13. 同　アプローチと同施設のシンボルとなっている十字架　14. 風の丘葬斎場配置図　15. スクーグシュルコゴーデン。大礼拝堂ロッジア　16. 同　池と十字架　17,18. 東京代々幡斎場。周辺は住宅街である　19. スクーグシュルコゴーデン。森のチャペル

2.9 祝祭

空間を設ける場合と、一つの空間を可動式の間仕切りなどで大きさを変えて使用する場合が考えられる。

会葬者は通常施設のロビーまたはそれに該当する空間で受付・記帳を済ませ、葬儀式場へと進む。式場では中央に祭壇が設けられ遺影・棺が安置され会葬者席が設けられる。会葬者は式の進行に従って祭壇前にて焼香あるいは献花など故人の信仰形態に沿った拝礼を行う。通夜の場合はこの後、一般的に「お清めの席」といわれる通夜ぶるまいに通される。これは会葬者に対するお礼と清めのための会食の席である。葬儀の際には多くの会葬者がこうした動線を辿るわけで、それらが交錯しない流れをつくり出すことが必要である。また、僧侶・司祭と親族の控え室や、霊安室、通夜（死者に夜通し付き添い、寝ずに夜明かしすること）のための仮眠室やシャワー設備、サービスのための空間（事務室、炊事場、倉庫など）も必要である(1)（不特定多数の人が集まる集会施設としての必要機能は2.4章を参考にされたい）。

2) 火葬空間　火葬場での会葬者の動線は告別→入炉見送り→待合→焼骨出炉確認→拾骨となる(4)。かつてはこれらのすべての行為が同一空間で行われ、施設の空間構成は単純なものであった。今日、都市部では同日に複数の葬儀・火葬に対応することが可能な施設規模と運営が望まれる。しかし一般に別れの場においては、他の会葬者との交錯、特に告別と拾骨が重なるなどの事態を避けたいものである。そのためには動線の計画が重要である。平面計画的には告別・見送り・拾骨のいずれかまたはそれぞれを空間的に独立させるか、一連の流れを一つのまとまりとして家ごとに独立した火葬空間を複数設けるなどの対応を考えたい。

また近年、動物を飼う家庭が増加し、人間同様の弔いを望む声が聞かれるようになってきた。こうした社会情勢を反映して動物炉および動物告別室を併設する火葬場施設も増えている。

3) 待合空間　故人との別れの場は精神的に感情が高ぶるものであり、その悲しみを和らげる空間が必要である。待合室やロビーには休憩の場としての機能が要求される。落ち着いた雰囲気で、視界が外部空間にも向けられるような工夫もあるとよい(6)(p.127)・(7)。また土地柄によっては待合室で飲食が行われる慣習もあり、自動販売機や湯茶のサービス、売店など必要な施設・設備を計画しておく必要がある。

火葬場で棺を炉に収めてから拾骨までの時間は、残された者たちにとって気持ちの区切りとなる時間である。この時間には様々な選択肢があってよいと考えられる。言い換えればこの時間に対応する様々な空間があってよい。前述の待合室からの外の景色の眺望、屋外空間の散策路(7)(p.127)、回廊(10)、中庭、展示室など工夫が見られる事例もある。

4) 霊安室・事務空間・作業空間　災害や旅先での客死などの事情で火葬までに時間を要する場合、また自宅に棺を安置できない場合を考慮して霊安室を設置する必要がある。一般会葬者とは動線が交わらないよう配慮が必要である。また棺を安置する場所としての雰囲気、面会のための空間の設置も考えなくてはならない。

事務空間および作業空間は、職員が安全で効率良く作業に従事できることはもちろんであるが、明るく落ち着いた環境で業務に携われるよう配慮が必要である。職員の作業空間が陰湿なものにならないようにしたい。さらに十分な収納スペースの確保も必要である。テーブルや椅子などの什器から祭壇や装飾品など、備品は多岐にわたる。葬斎空間としての雰囲気を壊さないよう、整理され使いやすい収納スペースが必要である。

■**建築のデザインを考える**

かつての火葬場建築のデザインは高い煙突の存在がその決め手となっていた。宗教色の強いデザインのものもあった(2,3)。一般に火葬場は迷惑施設（社会的に必要であるが自分の近くに建設してほしくない施設）と考えられてきたことから、こうした特徴的なデザインをもつ施設は人家から離れた人目につかない土地に建設されてきた傾向がある。

しかしそれは社会生活においてなくてはならない施設であり、特に人口の集中している都市部においては利便性も求められる。その結果、今日ではむしろいかにそれらしくないデザインにするかがポイントになってきている。これは葬斎関連施設全般にいえることで、施設周辺の住民への配慮からの対応である。

だが一方で火葬場を含め葬斎施設は故人との最後の別れの場であり、そこでの空間体験はおそらく生涯の記憶に残るものとなることも忘れてはならない。人生の節目の儀礼の場として相応しい建築、空間デザインが求められる。

従来の葬斎空間のイメージを一新した「瞑想の森」は、隣接する市営墓地とともに緑豊かな公園の一部に計画された。池という要素が内部空間からは視線の広がりを演出し、外部デザインは白い波打つ屋根が湖上に伸びることで水平方向の広がりを印象づけるものとなっている(5〜12,16,18)。

施設内部に象徴的な空間を設けた例としては、ドイツのベルリン郊外に位置するバウムシューレンヴェグ・クレマトリウムがある。1階中央の木立のホールは29本の円柱がランダムに立てられた大きな空間で、上部から差し込む光が時間とともに移動する。この空間は会葬者が葬儀前後に集まり、悲しみと別れの時間を共有する場所として象徴的なデザインとなっている(13〜15,17,19)。

1. 葬儀式場部門構成図　2,3. 旧高岡市火葬場。寺社風の特徴あるデザイン　4. 火葬部門構成図　5. 瞑想の森各務原市営斎場。前面のため池越しに全景を見る　6. 同　エントランスと波打つ屋根　7. 同　待合室（和室）。ため池と緑豊かな森を臨む　8. 同　炉前ホール　9. 同　告別室　10. 同　ため池の水際に沿ってエントランスホールから待合ロビーを見る　11. 同　ガラスで区切られた内部空間。ガラスを通して外の緑が見える　12. 同　待合ロビー　13. バウムシューレンヴェグ・クレマトリウム外観　14. 同　礼拝堂　15. 同　木立のホールに差し込む外光　16. 瞑想の森配置図・平面図　17. バウムシューレンヴェグ・クレマトリウム。木立のホール中央に置かれた水盤　18. 瞑想の森。炉室　19. バウムシューレンヴェグ・クレマトリウム。木立のホール

2.9 祝祭

● 茶室
茶室を知る
1) 喫茶の目的　茶を飲む習慣は世界中で見られる(1,2,3)。喫茶の目的は嗜好品や薬、銘柄を当てる遊戯の道具など多様で、喫茶行為自体は日常的に行われるものである。また特別な茶を介して人が集まりコミュニケーションをとる行為も古くから様々な場面で行われてきた。こうした日常的な喫茶行為を非日常体験に昇華させるために設えられる空間が茶室である。

2) 茶道と茶室　ある茶礼に基づく喫茶行為の総体を茶道または茶の湯という。客を招き作法に則り茶を供する集まりを茶会(4,5)といい、茶室とは茶会を催すための施設である。茶室は古くは茶湯座敷・数寄屋・囲（かこい）などと呼ばれ、茶室という呼称が普及したのは近代以降のことである。伝統的な茶室建築は建物部分の茶室と露地と呼ばれる庭からなる(23)。

3) 非日常空間としての茶室　茶室は「市中の山居」という言葉に表現されるように、町中にいながら山中の雰囲気を楽しむことや、日常の中で一時世俗から離れることを目的とされてきた。日常の中に茶室という限られた非日常の空間を取り込み、その時間と空間の対比を楽しむのである。
　国宝の如庵では、二畳半台目注1という小さな空間に躙口（後述）より入室する。その内部は、入口を閉じれば窓から入る陽光のみが空間を支配する空間である(7〜9)。

茶室の空間要素（草庵風茶室）を知る
1) 露地の空間　露地とは一般的には屋根のない土地のことだが、茶室建築においては付随する庭園の通称である。露地を設ける目的は茶室を空間的に独立させることで室内への採光・通風を確保し、茶室への通路としてアプローチ空間をつくり出すことである。露地には腰掛や雪隠、蹲踞（せっちん、つくばい）などが配され飛石などで導かれる(18,23)。

2) 茶室の空間　茶室の間取りは4畳半の空間が一つの基準とされている。4畳半より広い茶室を広間(26)、4畳半以下の茶室を小間(28)という。広間は書院の茶の世界であり、書院造風の意匠を基調とする。小間は草庵の茶、わび茶の世界である。4畳半は造り方によってどちらにも属しうる広さとされる。また4畳半を構成する5枚の畳にはそれぞれ呼称がある(6)。この呼称はその場所の機能を表現している（ただし明確に区切られているわけではない）。亭主（茶を点じて客を接待する人）が点前を行うのは点前畳であり、丸畳（1畳）に座と台子（書院や広間の点茶用に使用される棚物の一種）などの棚物を置く場を設けることができる(6)。

【躙口】　草庵における客の出入口で、小さい室内を大きく見せるために入口を小さくしたものといわれ、躙って出入りする。これに対し貴人用の特別な出入口は貴人口といわれ、立ったまま出入りができる。

【炉】　炉は釜をかけるための囲炉裏で、江戸時代以降は一尺四寸（約42cm）四方とされてきた(10)。炉を切る場所は本勝手と逆勝手で計8通りの切り方がある。炉の位置はすなわち亭主が点前をする場（点前畳）を決めるわけで、茶室全体の構成を決めることにもなる。現在では炉を開ける時期は11〜4月で、5〜10月は風炉（土製・木製・鉄製などの炉）を用いる。

【水屋】　水屋は水湯の準備をする場所で勝手とも呼ばれる。水屋棚（簀子流しの上に棚がついたもの）が設けられる(27)。準備のため炉が備えられることもある。位置的には茶室への動線のほか、給排水設備の考慮も必要である。

敷地を読み配置をデザインする
1) 目的を考える　今日の茶室の立地は様々である。公共施設や公園、ホテルや飲食店などの商業施設、オフィスビルの一角に造られたものもある。個人住宅やクラブ活動のために学校の中に茶室が設けられる場合もある。いずれの場合でも茶室の計画に当たっては、まずその使用目的を考える必要がある。茶道の稽古を目的とした場合は、準備・片付けのために水屋が必要である。個人住宅に付属する茶室は水屋が省略されることもある。

2) アクセスを計画する　前述のように伝統的な茶室建築では露地や躙口は必要不可欠な要素とされてきた。現代の茶室空間においては伝統的な形以外の試みもなされている。これらは露地や躙口が茶室という非日常空間へと導くための仕掛けであり、日常と非日常の世界を繋ぐ装置であるという解釈のもとに、新しいデザインを試みたものである(11〜13,15,24)。

非日常空間を演出する
1) 住宅と茶室　住宅という日常に付属する茶室には、まさに非日常空間としての劇的な展開が期待される。コールハウスの茶室「源」では、茶室へは梯子を登り床面にあけられた入口からアプローチする。コール（炭）の名の通り焼杉板の黒い外壁から一転白を基調とした内装の空間は、寝室という日常の隣に位置する非日常空間である(11,12,16,17)。

2) 場をつくる　茶室を造るということは茶のための場をつくることでもある。水の茶室・鉄の茶室は茶室の場を示す囲いが水滴と鉄の廃材による壁でつくられた空間である。いずれも中の様子を透かして見ることができる。水という形のない柔軟な材料と、鉄という重厚な材料を用いて、いずれも非日常空間としての茶室の境界線を形づくっている(19,20,21)。

3) 施設化された茶室　茶会というイベントで多くの人に対応できる空間として、また異なる茶室空間を楽しむことができるよう施設化された茶室もある。東京都庭園美術館（旧朝香宮邸）の茶室「光華」は、異なる三席から構成される。瓦タイルの床と椅子座がモダンな印象の立礼の席、四季折々表情の異なる日本庭園に面する広間、飛石で導かれる露地と草庵風茶庭の小間と、趣の異なる庭を介して茶を楽しむ空間となっている(22,23,25〜28)。中ほどに水屋・立水屋・内廊下などが配されている。

注1：∪台目　台目畳の略で、台子を置く畳目を除いたものを指す。本畳の約4分の3の大きさ。

1. ロンドンのカフェ　2. ウズベキスタンのチャイハネ　3. ロンドン、サーペンタインギャラリーパビリオン内のカフェ　4. 茶会の席　5. イベント会場での立礼の席　6. 丸畳の点前畳と4畳半茶室の畳の機能　7. 如庵（国宝）。平面図　8. 同　正面　9. 同　内部　10. 東福寺芬陀院（雪舟寺）茶室図南亭（京都）　11. コールハウス　12. 同　茶室・源へのアプローチ　13. 高過庵　14. 図南亭丸窓　15. 高過庵茶室部分　16. コールハウス茶室・源。内部　17. 同　階下からの入口　18. 東京都庭園美術館（旧朝香宮邸）茶室。光華の門　19, 20. 鉄の茶室（ギャラリー間展示）　21. 水の茶室（ギャラリー間展示）　22. 東京都庭園美術館（旧朝香宮邸）茶室。光華平面図　23. 同　小間へと続く露地の蹲踞と飛石　24. 高過庵。断面図　25. 東京都庭園美術館（旧朝香宮邸）茶室。立礼の席　26. 同　広間　27. 同　水屋　28. 同　小間

2.9　祝祭

2.10　複 合

■複合施設とは

1) 複合施設を知る　社会の成熟化に伴い、人々のニーズもより多様化している。そして、その多様なニーズを内包する建築物として複合施設が存在する。複合施設が計画される目的は、単一機能の建築物では成しえない何かしらの相乗効果が得られるということが原則であり、その相乗効果には土地の高度利用、コミュニティの再生、利便性の向上、経済的合理性など様々なものが挙げられる。

2) 種類　複合施設をその複合内容別に見た場合、複合施設は異なる空間機能が複合される空間機能の複合と歴史的・文化的文脈によって様式や機能の複合に大別でき、その大部分を空間機能の複合が占める。そして、空間機能の複合はさらに、交通機能の複合、業務・商業機能の複合、文化・情報機能の複合に細分化される。一般に、空間機能の複合は計画的に行われる空間デザインであるのに対して、歴史・文化の複合は計画的に行われる空間デザインのみならず、その建築物が巡ってきた時代ごとの空間デザインが蓄積・淘汰された結果の産物として存在する。

■機能構成を知る

1) 複合の構成要素　複合を構成する要素には、都市インフラ的要素・媒介的要素・建築的要素といった三つの要素が挙げられる。

都市インフラ的要素には鉄道・道路・河川など、媒介的要素には広場・公園・デッキ・アトリウムなど、建築的要素には占用的空間などが代表的なものとして挙げられる。複合施設は、これら三つの要素をより有機的に結合させることによって生み出されている。そして、この有機的結合を図る最も重要な要素として存在するのが媒介的要素である。つまり、都市インフラ的要素や建築的要素を有機的に複合させようとする場合、目的とする相乗効果を得るためにどのような媒介的要素を空間デザインとして用いるかが重要な課題となるのである(1,2)。

2) 機能的複合の程度と媒介的要素　機能的複合の程度と媒介的要素との関係を見た場合、機能的複合の程度が高くなればなるほど、または、媒介的要素の多様性が広くなればなるほど、複合のスケールは、単体としての複合建築から都市機能や地域機能といった都市計画のスケールにおいて論じられる複合開発へと大規模化する(3)。

3) 複合の形式　複合の形式として複合される機能がどのように構成されているのかを見た場合、複合施設は、積層型複合（一つのまとまりとして計画された建築物群、または、単体としての建築物が主として垂直的に複合されている場合）・平面型複合（一つのまとまりとして計画された建築物群、または、単体としての建築物が主として平面的に複合されている場合）・立体型複合（一つのまとまりとして計画された建築物群が水平的・垂直的に複合されている場合）の三つのタイプに分けられる。そして、この複合形式の変化に伴って媒介的要素は、積層型複合<平面型複合<立体型複合の順で増加する傾向があり、その場合、より複雑な複合形態を示すこととなる(4)。

(1) 積層型複合施設の代表的事例

アメリカ・シカゴのマリーナシティや東京オペラシティなどが挙げられる。マリーナシティは、「City within a City（街の中の街）」といったコンセプトに基づき、独立空地を媒介的要素とし、集合住宅・ホテル・劇場・レストラン・銀行などが複合された施設である。特に、その中核をなすマリーナタワーはその独特の形態から街の象徴として位置づけられている。東京オペラシティは、ガレリアと呼ばれるアトリウムを媒介的要素とし、新国立劇場とコンサートホール・アートギャラリー・カフェテリア・レストラン・事務所などの多様な機能を有する東京オペラシティビルとが複合された施設である(5,10,11)。

(2) 平面型複合施設の代表的事例

アメリカ・サンフランシスコのザ・キャナリーや代官山ヒルサイドウエストなどが挙げられる。ザ・キャナリーは、1907年に建設されたレンガ造りの缶詰工場の内部を商業施設として改修したものである。ここでは、建物一体型空地を媒介的要素とし、レストラン・店舗・事務所・クラブなどの機能を有する2棟の建築物を複合させる試みが行われている。代官山ヒルサイドウエストは、パッサージュ（passages）と呼ばれる通り抜け道を媒介的要素とし、事務所・店舗・住宅などの機能を有する三つの棟を複合する施設である(5,8,9)。

(3) 立体型複合施設の代表的事例

パリ西部のデファンスやキャナルシティ博多などが挙げられる。副都心再開発地区であるデファンスは、大規模な都市インフラを巨大な人工地盤の下に収め、その人工地盤を媒介的要素とし、国際会議場・国際展示場・商業施設・

事例 （○）は主要な機能を示す	章のタイトル 複合文中の項名	2.1 住居	2.2 教育	2.3 文化	2.4 コミュニティセンター	2.5 商業	2.6 業務	2.7 宿泊	2.8 医療・福祉	2.9 祝祭	その他
東京オペラシティ	(1) 積層型複合施設の代表的事例			○		○	○				○
代官山ヒルサイドウエスト	(2) 平面型複合施設の代表的事例	○				○	○				○
キャナルシティ博多	(3) 立体型複合施設の代表的事例			○		○	○	○			○
京都駅ビル	1) 交通機能の複合			○		○		○			○
なんばパークス	2) 業務・商業機能の複合	○				○	○				○
東京国際フォーラム	3) 文化・情報機能の複合			○		○					○
広島平和記念公園	4) 歴史・文化の複合			○						○	○

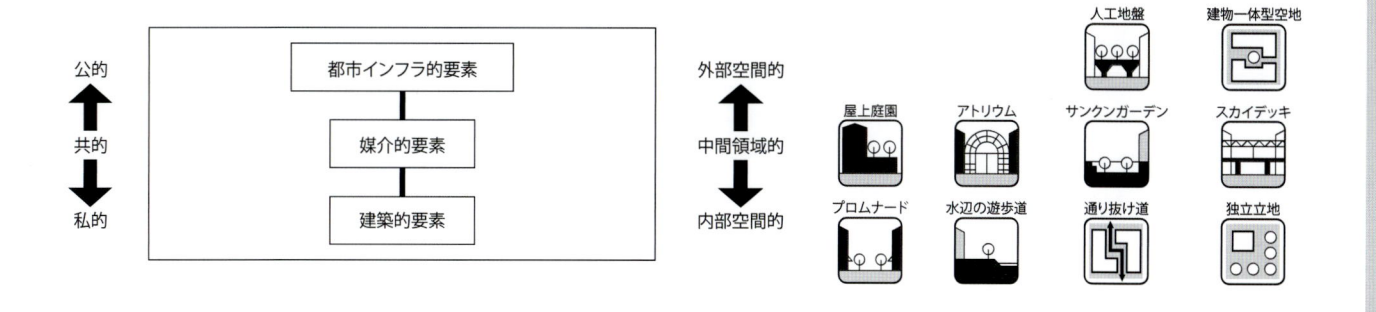

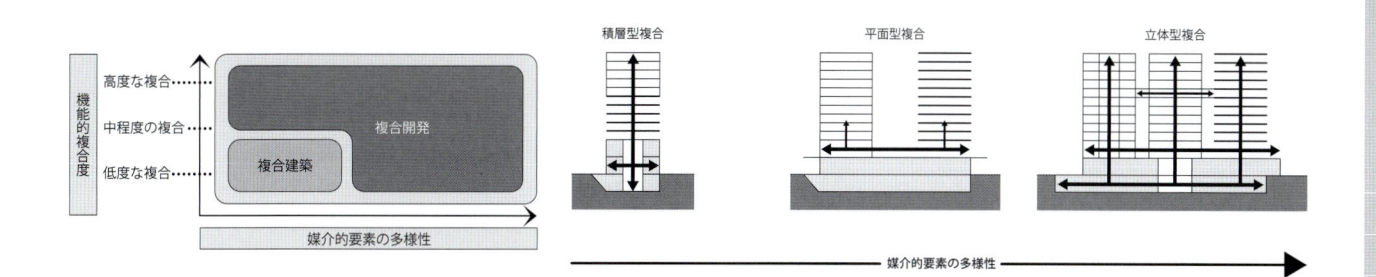

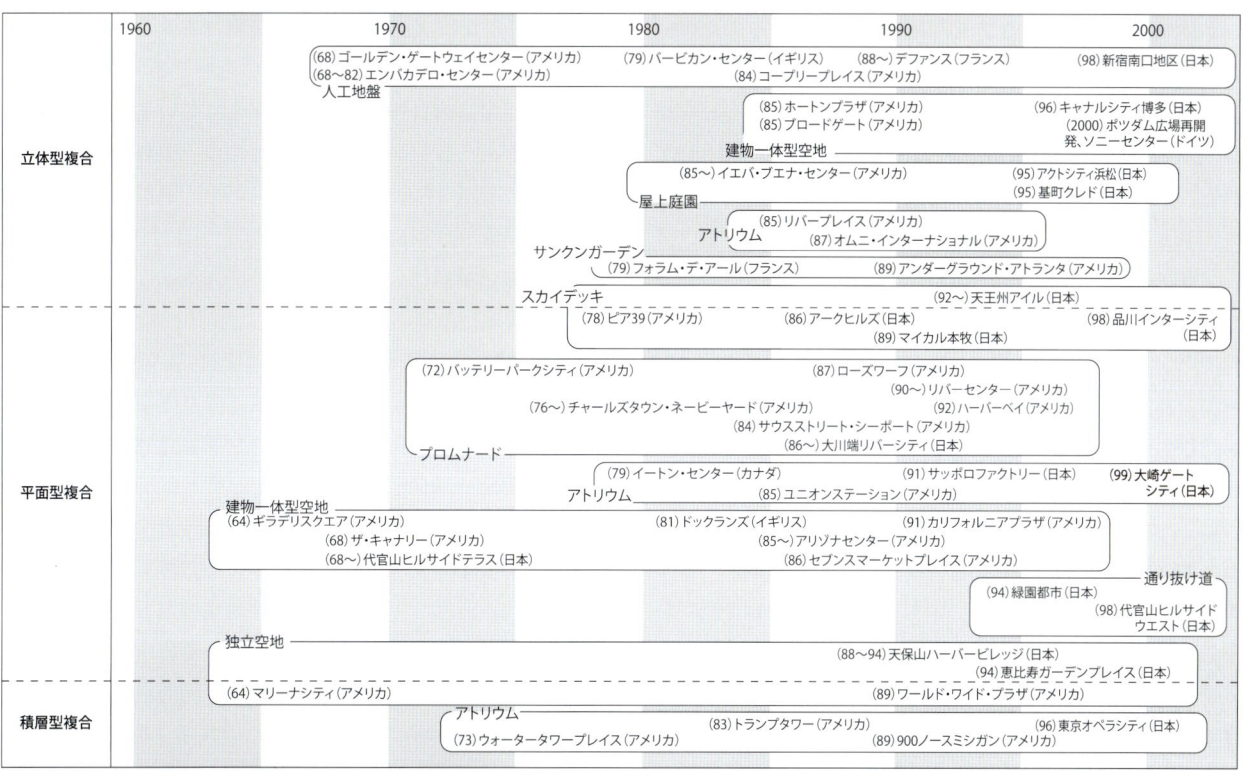

1. 複合開発の構成要素　2. 複合度と媒介的要素　3. 媒介的要素の分類　4. 複合形式と媒介的要素の関係　5. 複合開発の歴史的変遷　6. デファンス　7. キャナルシティ博多　8. ザ・キャナリー　9. 代官山ヒルサイドウエスト　10. マリーナシティ　11. 東京オペラシティ

2.10 複合

ホテル・事務所ビルなど都市を構成する多様な機能を複合する。キャナルシティ博多は、「都市の劇場」といったコンセプトに基づき、運河（canal）沿いの空間としてデザインされた建物一体型空地を媒介的要素とし、ホテル・劇場・レストラン・アミューズメント施設・事務所などの機能を有する六つの棟を複合する施設である(5,6,7) (p.133)。

■空間デザインを考える

1) 交通機能の複合　交通機能とは、主に鉄道・道路・船舶・航空などに関する機能を指し、鉄道駅舎・道路休憩施設・バスターミナル・航路旅客埠頭ターミナル・空港旅客ターミナルなどがこれら交通機能を有する建築物として挙げられる。交通機能の複合の場合、鉄道・道路などの都市インフラ的要素と事務・営業・物販・流通・展示・芸能・ライブラリー・集会・コミュニティなどの建築的要素を様々な媒介的要素で複合させることが主に行われている。「京都は歴史への門である」といったコンセプトに基づき条坊制がそのデザインに取り込まれ、「ジオグラフィカル・コンコース」と名づけられた空間デザインが特徴的な京都駅ビルでは、アトリウムを中心としたこのコンコースが媒介的要素としての役割を担っている。この複合施設では、鉄道交通機能と宿泊・文化・公共サービス・商業機能などの様々な機能が複合されている(1,2)。

東京湾アクアラインのパーキングエリアとして有名な「海ほたる」は、東京湾アクアトンネルと、木更津からの橋部分を連結する施設である。工事では、シールドの発進立坑として機能し、この立坑を利用し陸上と海中を繋ぐ媒介的要素として機能させている。東京湾の海上に地上5階建ての施設は、1階から3階までが駐車場、4階がショッピングコーナー、5階にはレストランなどの様々な施設が複合している。他のパーキングエリアと大きく違う魅力は、そのロケーションにある。海に浮かぶ「海ほたる」は、陸上、海上、空からのシンボルとして広く認知されている(3,4)。

公園型複合施設として、公共交通機関の結節点に立地するオアシス21は、地上の公園や地下のバスターミナルといった公共的機能とそれらを取り巻く商業機能とによって構成されている。この複合施設では、イベントなどが催される「銀河の広場」と呼ばれるサンクンガーデンを媒介的要素とし、バス交通機能と商業・公園機能とが複合されている。地上に広がる芝を中心にデザインされた広場は「緑の大地」と称され、人々の憩いの場所としての役割を担い、中央の「銀河の広場」を覆う大屋根「水の宇宙船」は、この複合施設のシンボル的存在として街のランドマークとなっている(5,6)。

それぞれの都市には、都市の発展において長年の念願の計画がある。新潟みなとトンネルもその一つである。河口の2つの地域を結ぶヨコの線上の空間媒体が、新潟みなとトンネルである。総延長は3.26kmのトンネルに片側2車線の4車線に並行して自転車道と歩行者道が設けられている。また、地上と地下を結ぶタテの線上の空間媒体として、両岸の各1カ所に立坑が設けられ、換気塔などの機能に加え、展望台および新潟市のシンボルとして建設された。複合施設は、計画された機能とは違った使い方もされるケースがある。冬、雪の降る寒い新潟では、屋外の活動の場が制限される。新潟みなとトンネルは、冬の寒い日でも、管理用の監視カメラが付いているため、女性でも安全に安心してジョギングを可能とする場となっている。本来の施設機能に、利用者の工夫やニーズによって新たに付加された事例といえる(7,8)。

空港は、空港ターミナルビルにおいては、空港機能、事務所機能、商業機能、駅や駐車場など様々な機能が集約し集積している。その周辺でも、物流施設やホテルなども集積し、機能的複合と人や物が高度化に結びついている。その移動動線の集積した網の目状の動線が空港の空間媒体であり、網目を視認する吹抜けなどの大空間は空港の魅力である。また、国際的な大規模な空港は、立体的な網目をもつ一つの街を形成している。神戸空港のターミナルビルは、コンパクトなターミナルビルであり、出発、到着を明確に分離し分かりやすい構造となっている。また、周辺は、医療産業都市、観光交流都市、情報文化都市、防災拠点都市として整備されつつある(9〜11)。

2) 業務・商業機能の複合　業務・商業機能とは、主に事務・営業・物販・流通などに関する機能を指し、事務所ビル・庁舎・銀行・ショッピングセンター・百貨店などがこれら業務・商業機能を有する建築物として挙げられる。ポスト・モダニズムの代表的建築物であるつくばセンタービルでは、ローマのカンピドリオ広場をモチーフとしたフォーラムが象徴的な空間として計画されている。この複合施設ではフォーラムが媒介的要素となり、業務・商業機能を中心とした様々な施設を複合している。主な施設には、ホテル・ショッピングモール・事務所・コンサートホール・公民館などが挙げられる(12〜14)。六本木の都市再開発によって誕生した六本木ヒルズのコンセプトは、「東京に新しい"文化都心"を生み出すこと」とされている。ゆえに、この複合施設ではメインとなる業務・商業機能と同等に文化機能をも取り入れられたデザインが試みられている。上層階に美術館やスクールなどの文化・学習機能が配置された森タワーをシンボルとして、このビル周辺には放送局などの文化・情報機能、集合住宅などの居住機能、レストランや映画館、店舗、ホテルなどの商業機能など、都市に存在するあらゆる機能が凝縮されており、それらの機能をプロムナードや庭園、広場など様々な媒介的要素で複合している(15,16)。大阪府の中心に「緑との共存」をテーマとする大規模複合再開発計画によって誕生したなんばパークスは、段状にデザインされたパークスガーデンと呼ばれる屋上庭園を媒介的要素とし、映画館をはじめとする多様な商業機能と高層ビルに収められた業務・居住機能とを複合させている。さらに、この複合施設は、周辺に立地する既存の業務・商業機能であるショッピングセンターやホテル、交通

1. 京都駅ビル。大階段 2. 同 断面図・平面図 3. 海ほたる 4. 同 中央動線 5. オアシス21。平面図 6. 同「銀河の広場」と「水の宇宙船」 7. 新潟みなとトンネル立杭。外観 8. 同 トンネル内 9. 神戸空港ターミナル。内観 10. 同 出発ロビー 11. 同 エントランス 12. つくばセンタービル。外観 13. 同 フォーラム 14. 同 オークラフロンティアホテルつくば本館 15. 六本木ヒルズ。配置図 16. 同 外観 17. なんばパークス。外観 18. 同 キャニオンストリート 19. エンバーカデロセンター。外観 20. 同 中庭 21. 同 外観 22. 同 プロムナードレベル 23. 同 ストリートレベル

2.10 複合　135

機能であるバスや鉄道ターミナルともペデストリアンデッキやショッピングモールなどを伸長することによって、より大きな複合体を形成している(17,18)(p.135)。サンフランシスコのファイナンシャル地区とウォーターフロント地区との間に立地するエンバーカデロセンターは、主に中・高層部に事務所、低層部に画廊やレストラン・店舗・映画館などが計画された5棟の高層ビルで構成され、そのうちの4棟がストリートレベル、ロビーレベル、プロムナードレベルといった三つのレベルで接続されている。つまり、この三つのレベルが媒介的要素となり、様々な機能を複合させているのである。特に、ウォーターフロント地区へと続くプロムナードレベルは、正面にフェリービル・マーケットプレイスの象徴である時計台が見えるようデザインされるとともに、隣接するハイアットリージェンシーサンフランシスコやエンバーカデロプラザにも接続され、4棟の高層ビルを立体的に複合させる役割を担っている(19〜23)(p.135)。

3) 文化・情報機能の複合　文化・情報機能とは、主に展示・芸能・ライブラリー・集会・コミュニティなどに関わる機能を指し、美術館・博物館・劇場・映画館・図書館・国際会議場・コミュニティセンターなどがこれら文化・情報機能を有する建築物として挙げられる。

　ラ・ビレットを構成する中核施設であり、「地球から宇宙へ」「生命の冒険」「人類の素材と労働」「言語とコミュニケーション」といったコンセプトに基づいた四つの区画から構成されるラ・ビレット科学産業都市には、その中央に巨大なアトリウムが媒介的要素として設けられている。さらに、この複合施設の外部中央にはビデオシアターとしての機能を有するジオイドと呼ばれる光り輝く銀色の球体が計画されており、ジオイドとの複合にはペデストリアンデッキといった媒介的要素が用いられている。ラ・ビレット公園の運河越しに眺めるその姿は、あたかも建築物の未来を暗示させるような空間デザインとなっている(1,2)。東京国際フォーラムは、四つのホール棟とガラス棟と呼ばれるシンボリックなアトリウムによって構成されている。この複合施設には、様々なイベントに利用される七つのホールや34の会議室、美術館、レストラン、店舗などが計画されている。四つのホール棟とガラス棟との間には、建物一体型空地としての性格を有する庭園型広場が設けられ、その広場が媒介的要素として両者を有機的に複合している(3〜6)。ビブリオシカ・アレキサンドリアは、国際競技設計応募作品から選ばれた複合施設である。特に、図書館棟は、アテン神を具現化した太陽円盤の形態がそのモチーフとされており、様々な場所から地中海が見えるよう配慮されている。そして、斜めに計画されたガラス屋根を通して太陽の光が力強く感じられるようデザインされている。この複合施設は、文化・研究機能を中心とした図書館棟と会議センター棟、プラネタリウム棟の三つの棟で構成されており、この三つの機能を複合させるための媒介的要素として市民プラザと呼ばれる広場が設けられ、この建物一体型空地からすべての機能にアクセスできるようデザインされている(7〜9)。

4) 歴史・文化の複合　広島平和記念公園には、原爆ドームと慰霊碑、平和記念資料館とを結ぶ南北の都市軸が存在する。そして、その都市軸は、媒介的要素として公園に計画された様々な施設を恒久平和といった意味的まとまりをもつ複合へと昇華させている。この都市軸は、平和記念資料館に採用されたピロティを通して、我々が慰霊碑と原爆ドームを一直線上に見通すことができるようデザインされている。このシンボリックな空間デザインは、我々の感情に戦争の悲惨さを直喩的に訴えることが意図されている(10〜13)。フランス北西部のサン・マロ湾上には、修道院を中心とした歴史的建築物群によって形成されたモン・サン・ミシェルが存在する。そして、このモン・サン・ミシェルはその幻想的な姿から「西洋の驚異」と称される。この街は、15m以上にも及ぶ激しい潮の変化という立地特性が媒介的要素となったため、巡礼の地から監獄へ、そして、再び巡礼の地へと甦る長く数奇な運命を辿ることとなる。その結果、この街にはゴシックを中心にノルマンやロマネスク、ゴシック・リバイバルなど様々な建築様式が各時代を表す歴史的痕跡として内包されるに至る。歴史の流れに翻弄され続けたこの街は、その機能と様式において複合された街として現代に生きる我々にその優美な姿を見せてくれている(14,15)。バチカン市国は、ローマ市内に位置する世界最小の独立国である。ローマ教皇が居住するローマカトリックの総本山と呼ばれ、この独立国そのものが世界遺産として登録されている。サン・ピエトロ広場を中心とした地区には、サン・ピエトロ大聖堂、バチカン宮殿、バチカン美術館などの中核施設が集中的に配置され、この国の性格を特徴づけている。この建築物群を複合させている媒介的要素は、キリスト教といった明確な宗教思想に基づく聖地としての概念である。つまり、この地区が、聖地と考えられているがゆえ、キリスト教における最も重要な機能を複合させ集積させた結果、今日の荘厳な姿を現すに至ったといえる(16〜18)。

　歴史的建造物に新たに機能を付加することは、その歴史との対話から始まる。長年培って形成された歴史や環境などを読み取り、それを守ることはもちろん、守りつつそれに新たな魅力を付加することになる。尊重しながら挑むその作業は、非常に困難を極める。歴史と対話し醸成される空間は、他に類を見ないそこだけの空間の魅力を発揮し、その新旧融合の空間媒体は人々を魅了する。金毘羅山プロジェクトは、785段の長い階段で有名な金毘羅山の階段を登りきった先にある本宮に隣接する敷地に計画され建築された。外観は、本宮との調和を意識し純和風でデザインされているが、随所に近代的な素材のコールテン鋼やコンクリートなど現代の素材を巧みに使いながら、空間を構築している(19,20)。

1. ラ・ヴィレット科学産業都市。外観 2. 同 アトリウム 3. 東京国際フォーラム。断面図 4,5. 同 庭園型広場 6. 同 ガラス棟 7. ビブリオシカ・アレキサンドリア。外観 8. 同 市民プラザ 9. 同 図書館 10. 広島平和記念公園。平和記念資料館の外観 11. 同 慰霊碑と原爆ドーム 12. 同 都市軸 13. 同 配置図 14. モン・サン・ミシェル。外観 15. グラン・リュ 16. サン・ピエトロ広場と大聖堂の外観 17. サン・ピエトロ大聖堂 18. バチカン市国の外観 19,20. 金比羅山プロジェクト

2.10 複合　137

建物リスト

The Iceberg（cdi青山スタジオ/2006年/東京都港区）… 97
Ao〈アオ〉（日本設計/2008年/東京都港区）… 95
青山CIプラザ（伊藤忠商事東京本社ビル）（日建設計/1980年/東京都港区）… 39
阿佐ヶ谷団地（前川國男建築設計事務所＋日本住宅公団関東支所/1958年/東京都杉並区）… 49
芦北町地域資源活用総合交流促進施設（ワークステーション/2009年/熊本県芦北郡）… 83
アスビオファーマ神戸事業所（鹿島建設、イリア/2010年/神戸市）… 107
アトリウム（早川邦彦建築研究室/1985年/東京都中野区）… 55
アビタ67（モシェ・サフディ/1967年/カナダ）… 57
アミアン大聖堂（1220年/フランス）… 123
アムステルダム学術医療センター（Duintjer,Istha,Kramer Van Willegen/オランダ）… 115
アラブ世界研究所（ジャン・ヌーヴェル＋アーキテクチャー・スタディオ/1987年/フランス）… 65
アラヤネス（9〜15世紀/スペイン）… 19
アルファリゾート・トマム（ホテルアルファトマム ザ・タワーⅠ・Ⅱ）（観光企画設計社/1987年（ザ・タワーⅠ）、1989年（ザ・タワーⅡ）/北海道勇払郡）… 37
安中環境アートフォーラム（藤本壮介建築設計事務所/2008年/群馬県安中市）… 17
飯田市美術博物館（原広司＋アトリエ・ファイ建築研究所/1988年/長野県飯田市）… 69
イエスの聖心教会（Herz Jesu Kirche）（アルマン・サットラー・ヴァップナー（Allmann Sattler Wappner）/2000年/ドイツ）… 125
イエルバブエナ公園子どもセンター（サントス＆プレスコット/1998年/アメリカ）… 61
石川県営諸江団地（現代計画研究所/1980年/石川県金沢市）… 53
泉ガーデン（日建設計/2002年/東京都港区）… 101,103,105
厳島神社（1556〜71年/広島県廿日市市）… 19
茨城県営水戸六番池団地（現代計画研究所/1976年/茨城県水戸市）… 51
イロド・アティコス音楽堂（2世紀/ギリシャ）… 71
岩科学校（1880年/静岡県賀茂郡）… 61
ウィークエンドハウス（西沢立衛建築設計事務所/1998年/群馬県碓氷郡）… 45
ヴィトラ・セミナーハウス（安藤忠雄建築研究所＋GPFアソシエイツ/1993年/ドイツ）… 65
Warehouses（コンラン・ロシェ（改修）/イギリス）… 29
ウェスティン・ピーチツリー・プラザ（ジョン・ポートマン＆アソシエイツ/1976年/アメリカ）… 111
ヴェネチアの街並（イタリア）… 37
植村直己冒険館（栗生明＋栗生総合計画事務所/1994年/兵庫県豊岡市）… 27,67
ウォーキング・シティ（アーキグラム（ロン・ヘロン）/1964）… 31
宇治平等院（1053年/京都府宇治市）… 27
海ほたる（日建設計＋東京湾横断道路/1997年/千葉県木更津市）… 135
梅田スカイビル（原広司＋アトリエ・ファイ建築研究所/1993年/大阪市）… 31
梅田DTタワー（竹中工務店/2003年/大阪市）… 105
梅林の家（妹島和世建築設計事務所/2003年/東京都世田谷区）… 45
盈進学園東野高等学校（環境構造センター＋クリストファー・アレグザンダー/1985年/埼玉県入間市）… 63
SK T-Tower（OMA/2004年/韓国・ソウル）… 105
エッフェル塔（エッフェル/1889年/フランス）… 13
MITチャペル（エーロ・サーリネン/1955年/アメリカ）… 125
エンバーカデロセンター（ジョン・ポートマン/1981年/アメリカ）… 135
オアシス21（大林組/2002年/名古屋市）… 9
大阪府立成人病センター（大阪府建築部、双星設計、建築計画総合研究所、浦良一/1996年/大阪市）… 115
太田看護専門学校（渡部和生/惟建築計画/2002年/福島県郡山市）… 39
Ota House Museum（小嶋一浩/C＋A/2004年/群馬県太田市）… 43
岡崎市美術博物館（栗生明＋栗生総合計画事務所/1995年/愛知県岡崎市）… 37
岡山後楽園流店（1700年/岡山市）… 27
岡山西警察署（磯崎新＋倉森建築設計事務所/1997年/岡山市）… 9
沖縄美ら海水族館（国建/2002年/沖縄県本部町）… 13

表参道ヒルズ（安藤忠雄建築研究所/2006年/東京都渋谷区）… 17
親の家（象設計集団/2001年/東京都武蔵野市）… 121
おらはうす宇奈月（外山義（指導）＋公共施設研究所（設計）/1994年/富山県黒部市）… 121
オルセー美術館（カエ・オランティ/1986年/フランス）… 29
凱旋門（1836年/フランス）… 13,15
輝く都市（ル・コルビュジエ/1930年）… 9
葛西クリーンタウン・清新南ハイツ4-9号棟（住宅・都市整備公団、構造計画研究所/1983年/東京都江戸川区）… 55
葛西臨海公園展望広場レストハウス（谷口建築設計研究所/1995年/東京都江戸川区）… 17
カサ・ミラ（アントニオ・ガウディ/1919年/スペイン）… 55
春日大社（768年（創建）/奈良市）… 11
霞が関ビル（三井不動産、山下寿郎/1968年/東京都）… 99
風の丘葬斎場（槇総合計画事務所/1997年/大分県）… 27,127
風の里（足立啓（監修）＋奥田設計室（設計）/2007年/和歌山県紀の川市）… 119
ガソメーター（ジャン・ヌーヴェル他/2001年/オーストリア・ウィーン）… 29
潟博物館（青木淳建築計画事務所/1997年/新潟県）… 17
桂離宮（17世紀/京都市）… 15,21,27,39
カテドラル・メトロポリターナ（エヂガール・デ・オリヴェイラ・ダ・フォンセカ/1976年/ブラジル）… 125
カトリックたかとり教会（坂茂建築設計/2007年/神戸市）… 83
カトリック宝塚教会（村野藤吾/1966年/兵庫県宝塚市）… 125
カトリック目黒教会（聖アンセルモ教会）（アントニン・レーモンド/1956年/東京都品川区）… 123
神奈川県立近代美術館（坂倉準三/1951年/神奈川県鎌倉市）… 39
金沢21世紀美術館（妹島和世＋西沢立衛/SANAA/2004年/石川県金沢市）… 69
から傘の家（篠原一男/1961年/東京都練馬区）… 47
ガラスの家（ピエール・シャロー/1932年/フランス・パリ）… 41
軽井沢の山荘（吉村順三/1962年/長野県北佐久郡）… 43
カルティエ財団ビル（ジャン・ヌーヴェル/1994年/フランス・パリ）… 105
ガルニエ宮（シャルル・ガルニエ/1875年/フランス・パリ）… 73
川里村ふるさと館（相田武文設計研究所/1990年/埼玉県鴻巣市）… 81
河原町高層団地（大谷幸夫＋大谷研究室/1970年/神奈川県川崎市）… 49
関西学院大学（ヴォーリズ建築事務所/1929年/兵庫県西宮市）… 63
カンピドリオ広場（16世紀/イタリア）… 19
カンポ広場（13〜14世紀/イタリア）… 19
祇園新橋通り（京都市）… 23
北大路高層住宅（日本住宅公団関西支社＋環境・建築研究所/1978年/京都市）… 53
北戸田Jキッズステーション（TAT建築研究所/2008年/埼玉県戸田市）… 61
木場公園三好住宅（住宅・都市整備公団＋坂倉建築研究所/1982年/東京都江東区）… 53
吉備津神社（1578年/岡山市）… 19
岐阜県営北方団地（1965〜1970年/岐阜県本巣郡）… 49
岐阜県営ハイタウン北方団地・妹島棟（妹島和世建築設計事務所/2000年/岐阜県本巣郡）… 57
キャナルシティ博多（ジャーディ・パートナーシップ＋福岡地所＋銭高組＋清水建設＋大林組/1996年/福岡市）… 95,133
旧高岡市火葬場（富山県）… 129
キューブハウス（ピエト・ブロム/1984年/オランダ）… 57
Q FRONTビル（アール・アイー・エー/1999年/東京都渋谷区）… 25
京都駅ビル（原広司＋アトリエ・ファイ建築研究所/1997年/京都市）… 17,135
行徳ファミリオ（一色建築設計事務所/1978年/千葉県市川市）… 53
清水寺（778年（開創）/京都市）… 13
グエル公園（アントニオ・ガウディ/1914年/スペイン）… 11
グッゲンハイム美術館（フランク・ロイド・ライト/1959年/アメリカ・ニューヨーク）… 69
くにたち郷土文化館（石井和紘建築研究所/1994年/東京都国立市）… 67
熊本県営保田窪第一団地（山本理顕設計工場/1992年/熊本市）… 53
グム百貨店：近代初期の代表的商業施設（1983年/モスクワ）… 89
久米設計本社ビル（久米設計/1993年/東京都江東区）… 103
クライスラービル（ウィリアム・ヴァン・アレン/1930年/アメリカ）… 99
クラウンホールIIT（ミース・ファン・デル・ローエ/1952年/アメリカ）… 9
倉敷中央病院（浦部建築事務所他/1975年/岡山県倉敷市）… 115
グラスハウス（フィリップ・ジョンソン/1949年/アメリカ）… 41,43
グレートコート（大英博物館）（ノーマン・フォスター/2000年/イギリス）… 29
グローブ座（1598年/イギリス）… 71
黒部ダム（間組、鹿島建設、熊谷組、佐藤工業、大成建設/1963年/富山県中新川郡）… 13

黒の家（千葉学建築計画事務所 / 2001年 / 東京都大田区）… 43
クンダ（階段池）（9世紀以降 / インド）… 9
群馬県立近代美術館（磯崎アトリエ / 1974年 / 群馬県高崎市）… 25
京王プラザホテル（日本設計 / 1971年 / 東京都新宿区）… 111
ケルンフィルハーモニー（ブスマン・ハベル / 1986年 / ドイツ・ケルン）… 75
コヴェントガーデン（1980年 / イギリス）… 29
工業都市・製鉄所（トニー・ガルニエ）… 31
交詢ビル（清水建設 / 2004年 / 東京都中央区）… 105
高知県立牧野植物園（牧野富太郎記念館）（内藤廣建築設計事務所 / 1999年 / 高知市）… 21
神戸空港ターミナル（梓設計 / 2005年 / 兵庫県神戸市）… 135
神戸市八多ふれあいセンター（神戸市住宅局営繕部、重村力＋Team ZOO いるか設計集団 / 1994年 / 兵庫県神戸市）… 83, 87
神戸市立中央市民病院（伊藤喜三郎建築研究所 / 1981年 / 兵庫県神戸市）… 115
幸豊ハイツ（1998年（ユニット型への改修）/ 北海道虻田郡）… 121
公立刈田綜合病院（アーキテクツコーラティブJV / 2002年 / 宮城県白石市）… 115
高齢者総合福祉施設・ぬくもりの家（狩野徹（監修）＋佐藤総合計画（設計）/ 2002年 / 岩手県奥州市）… 119
コールハウス（藤森照信 / 2008年 / 栃木県宇都宮市）… 131
国際教養大学図書館（仙田満＋環境デザイン・コスモス設計共同企業体 / 2008年 / 秋田市）… 79
国立劇場（岩本博行・竹中工務店 / 1966年 / 東京都千代田区）… 75
国立国会図書館関西館（陶器二三雄建築研究所 / 2002年 / 京都府精華町）… 77
国立新美術館（黒川紀章建築都市設計事務所＋日本設計 / 2007年 / 東京都港区）… 9
国立能楽堂（大江宏建築事務所 / 1983年 / 東京都渋谷区）… 75
国連大学（丹下健三・都市・建築設計研究所 / 1992年 / 東京都渋谷区）… 65
小鉄（川口通正建築研究所 / 2007年 / 東京都）… 45
金刀比羅宮（創建年不詳 / 香川県琴平町）… 21
呉服座（1892年 / 博物館明治村（旧所在地・大阪府池田市））… 75
コメルツ銀行本社ビル（ノーマン・フォスター / 1997年 / ドイツ）… 99
金毘羅大芝居「金丸座」（1835年 / 香川県仲多郡）… 75
金比羅山プロジェクト（鈴木了二建築計画事務所 / 2004年 / 香川県仲多度郡）… 137
さいたま芸術劇場（香山アトリエ＋環境造形研究所 / 1994年 / さいたま市）… 75
埼玉県立大学（山本理顕建築工場 / 1999年 / 埼玉県越谷市）… 25, 63
西芳寺（苔寺）（天平年間（創建）/ 京都市）… 27
サヴォア邸（ル・コルビュジエ / 1931年 / フランス）… 27, 37, 41, 43, 47
坂出人工土地（大高建築設計事務所 / 1968年 / 香川県坂出市）… 55
佐川町立桜座（ワークステーション / 1998年 / 高知県佐川町）… 83
佐川美術館（樂吉左衛門、竹中工務店 / 2007年 / 滋賀県守山市）… 67
ザ・キャナリー（ジョセフ・エシェリック / 1968年 / アメリカ）… 133
サグラダファミリア教会（アントニオ・ガウディ / スペイン）… 9
桜台コートビレジ（内井昭蔵建築設計事務所 / 1970年 / 神奈川県横浜市）… 49
さくらめいと（池原義郎建築設計事務所 / 1997年 / 埼玉県熊谷市）… 75
佐野市立吉澤記念美術館（芦原太郎建築設計事務所 / 2002年 / 栃木県佐野市）… 67, 69
砂漠地帯の住居（ジャイサルメール）（インド）… 41
サムジキル（チェ・ムンギュ / 2004年 / 韓国・ソウル）… 97
サレジオ小・中学校（藤木隆男建築研究所 / 1995年 / 東京都立川市）… 25, 39, 63
サントリーホール（安井建築設計事務所＋入江三宅設計事務所 / 1986年 / 東京都港区）… 73
三内丸山遺跡（縄文時代前期中頃から中期末葉 / 青森市）… 41
サン・ピエトロ大聖堂（1626年 / バチカン市国）… 21, 137
サン・ピエトロ広場（ジャン・ロレンツォ・ベルニーニ / 1667年 / バチカン市国）… 13, 137
サンマルコ広場（9～16世紀 / イタリア）… 19
シーグラムビル（ミース・ファン・デル・ローエ / 1958年 / アメリカ）… 99
CCTV中国中央電視台本部ビル（OMA / 2008年 / 中国・北京）… 99
シーランチ（チャールズ・ムーア / 1965年 / アメリカ）… 27, 55
資生堂アートハウス（計画・設計工房 / 1978年 / 静岡県掛川市）… 67
実践女子大学図書館（高橋靗一・第一工房 / 1985年 / 東京都日野市）… 79
シドニーオペラハウス（ヨーン・ウツソン / 1973年 / オーストラリア）… 13
シバーム（イエメン）… 41
島根県立古代出雲歴史博物館（槇総合計画事務所 / 2006年 / 島根県出雲市）… 21
ジャマエル・フナ広場（モロッコ）… 19

ジャンタル・マンタル（天文観測所）（1734年 / インド）… 9
上海1933（1933年・2004年（改修）/ 中国・上海）… 95
上海グランド・ハイアット（SOM / 1998年 / 中国・上海）… 95
自由学園明日館（フランク・ロイド・ライト、遠藤新 / 1922年 / 東京都豊島区）… 39, 61
首都圏外郭放水路（2006年 / 埼玉県春日部市）… 13
じゅらく（夏目設計事務所 / 2003年 / 千葉県佐原市）… 119
シュレーダー邸（ヘリット・リートフェルト / 1924年 / オランダ）… 41
如庵（織田有楽斎 / 1618年 / 愛知県犬山市（移築・1971年））… 21, 131
不知火ストレスケアセンター（長谷川逸子・建築計画工房 / 1989年 / 福岡県大牟田市）… 115
シルバーハット（伊東豊雄建築設計事務所 / 1984年 / 東京都中野区）… 47
白い教会（青木淳建築計画事務所 / 2006年 / 大阪市）… 123
新宿アイランド（住宅・都市整備公団、日本設計 / 1995年 / 東京都新宿区）… 23
新丸の内ビルディング（三菱地所設計 / 2007年 / 東京都千代田区）… 95, 101
スイス学生会館（ル・コルビュジエ / 1932年 / フランス）… 39
吹田市文化会館メインシアター（東畑建築事務所 / 1985年 / 大阪府吹田市）… 73
スカイスクレーパー・シティ（ルードヴィッヒ・ヒルベルザイマー / 1924年）… 9
スカイハウス（菊竹清訓 / 1958年 / 東京都文京区）… 45
スクーグシュルコゴーデン（エーリック・グンナール・アスプルンド / 1937年 / スウェーデン）… 127
捨て子養育院（フィリッポ・ブルネレスキ / 1419-26年 / イタリア）… 19
ステップウエル（階段井戸）（11世紀 / インド）… 9
スパイラル（槇総合計画事務所 / 1985年 / 東京都渋谷区）… 97
スペイン広場（18世紀 / イタリア）… 19
すみだ生涯学習センター（長谷川逸子・建築計画工房 / 1994年 / 東京都墨田区）… 87
住吉の長屋（安藤忠雄建築研究所 / 1976年 / 大阪市住吉区）… 45
駿府教会（西沢大良建築設計事務所 / 2008年 / 静岡市）… 125
聖イグナチオ教会（坂倉建築研究所 / 1999年 / 東京都千代田区）… 125
聖路加国際病院（日建設計 / 1997年 / 東京都中央区）… 115
聖ワシリイ大聖堂（1560年 / ロシア）… 9
積水ハウス九段南ビル（KAJIMA DESIGN / 2002年 / 東京都千代田区）… 105
積層の家（大谷弘明 / 2003年 / 兵庫県神戸市）… 43, 47
世田谷区九品仏地区会館（一色建築設計事務所 / 1988年 / 東京都世田谷区）… 87
世田谷区下馬南地区会館（新居千秋都市建築設計 / 1993年 / 東京都世田谷区）… 83, 87
Z会文教町ビル（久米設計 / 2009年 / 静岡県三島市）… 107
セブンスマーケットプレイス（ジョン・ジャーディ / 1985年 / アメリカ）… 89
善光寺宿坊群（644年（創建）/ 長野市）… 111
せんだいメディアテーク（伊東豊雄建築設計事務所 / 2001年 / 仙台市）… 17, 31
セント・メアリー大聖堂（ピエトロ・ベルーシ、ピエール・ルイジ・ネルヴィー / 1971年 / アメリカ・サンフランシスコ）… 125
ゼンパー・オーパー（ゴットフリート・ゼンパー / 1841年 / ドイツ・ドレスデン）… 73
ソーク生物学研究所（ルイス・カーン / 1963年 / アメリカ）… 27, 65
大学セミナーハウス（吉阪隆正＋U研究室 / 1965年 / 東京都八王子市）… 65
代官山ヒルサイドウエスト（槇総合計画事務所 / 1998年 / 東京都渋谷区）… 133
代官山ヒルサイドテラス（槇総合計画事務所 / 1969年 / 東京都渋谷区）… 57
第3スカイビル（渡邊建築事務所 / 1970年 / 東京都新宿区）… 57
タウンハウス諏訪（住宅公団、山設計工房 / 1979年 / 東京都多摩市）… 51
高過庵（藤森照信 / 2004年 / 長野県茅野市）… 131
竹中工務店東京本社（竹中工務店 / 2004年 / 東京都江東区）… 99
屯（大野正博 / DON工房 / 1993年 / 東京都北区）… 55
丹下邸（丹下健三 / 1953年 / 東京都世田谷区）… 41
茅野市民館（古谷誠章 / NASCA、茅野市設計事務所協会JV / 2005年 / 長野県茅野市）… 73
千葉県がんセンター（建築計画総合研究所 / 1972年 / 千葉市）… 115
千葉市立打瀬小学校（C+A（シーラカンス アンド アソシエイツ）/ 1995年 / 千葉市）… 61
千葉市立美浜打瀬小学校（C+A（シーラカンス アンド アソシエイツ）/ 2006年 / 千葉市）… 17
筑波宇宙センター総合開発推進棟（日建設計 / 2003年 / 茨城県つくば市）… 35
つくばセンタービル（磯崎新アトリエ / 1983年 / 茨城県つくば市）… 135

ツム リッター ザンクト ゲオルク（1592年（建設）・1705年（ホテル営業開始）/ドイツ）… 111
テアトロ・オリンピコ（1585年/イタリア）… 71
TK 南青山ビル（日建設計/2003年/東京都港区）… 105
TBWA＼HAKUHODO（クライン・ダイサム・アーキテクツ/2007年/東京都港区）… 107
テートモダン（ヘルツォーク・アンド・ド・ムーロン/2000年/イギリス）… 29
てくてく長岡子育ての駅千秋（山下秀之/2009年/長岡市）… 83
テクニカハウス（竹中工務店/2001年/東京都文京区）… 99
鉄の茶室（杉本貴志/2008年）… 131
デファンス（1958年（計画開始）/フランス）… 133
ドゥオモ広場（フィレンツェ）（1296年（着工）/イタリア）… 11
ドゥオモ広場（ベルガモ）（15世紀/イタリア）… 125
東海館（1928年（創業）/静岡県伊東市）… 113
東急病院（東京急行電鉄、安田幸一研究室＋安田アトリエ、大建設計/2007年/東京都大田区）… 115
TOKYO（吉松秀樹・山家京子＋アーキプロ/2002年/東京都世田谷区）… 25
東京医学校（西郷元善（工部省営繕局）/1876年/東京都文京区）… 115
東京オペラシティ（柳澤孝彦TAK建築・都市計画研究所、NTTファシリティーズ、都市計画設計研究所/1999年/東京都新宿区）… 133
東京カテドラルマリア大聖堂（丹下健三・都市・建築設計研究所/1964年/東京都文京区）… 125
東京芸術劇場（芦原建築設計事務所/1990年/東京都豊島区）… 73
東京芸術大学奏楽堂（山口半六＋久留正道/1980年/東京都台東区）… 75
東京国際フォーラム（ラファエル・ヴィニオリ/1996年/東京都千代田区）… 23,137
東京電機大学東京千住キャンパス（槇総合計画事務所/2012年/東京都足立区）… 39
東京都新都庁舎コンペ案（磯崎新）（磯崎新/1986年）… 31
東京都庭園美術館（旧朝香宮邸改修）（内務省/1933年、1983年（改修）/東京都港区）… 29,131
東京文化会館（前川國男建築設計事務所/1961年/東京都台東区）… 73
東京ミッドタウン（SOM、日建設計、EDAW Inc./2006年/東京都港区）… 39
東京モード学園コクーンタワー（丹下都市建築設計/2008年/東京都新宿区）… 37,63
東京 代々幡斎場（1996年（改築）/東京都渋谷区）… 127
東光園（菊竹清訓建築設計事務所/1964年/鳥取県米子市）… 113
東大門デザインパーク・プラザ（計画案）（ザハ・ハディド/2013年完成予定/韓国・ソウル）… 9
塔の家（東孝光/1966年/東京都渋谷区）… 45,47
東福寺芬陀院（雪舟寺）茶室図南亭（1996年（再建）/京都市）… 131
トーレ・アグバール（ジャン・ヌーヴェル/2005年/スペイン）… 105
栃木県立美術館（川崎清/1972年/栃木県宇都宮市）… 67
TOD'S 表参道ビル（伊東豊雄建築設計事務所/2004年/東京都渋谷区）… 25,89,97
土門拳記念館（谷口建築設計研究所/1983年/山形県酒田市）… 69
豊田市美術館（谷口建築設計研究所/1995年/愛知県豊田市）… 67
十和田市現代美術館（西沢立衛建築設計事務所/2008年/青森県十和田市）… 25
中銀カプセルタワー（黒川紀章建築都市設計事務所/1972年/東京都中央区）… 57
長崎県立美術館（日本設計＋隈研吾/2005年/長崎市）… 35
中山道・奈良井宿（長野県塩尻市）… 111
中野本町の家（伊東豊雄建築設計事務所/1976年/東京都中野区）… 31
今帰仁村中央公民館（象設計集団＋アトリエ・モビル/1975年/沖縄県国頭郡）… 83
名護市庁舎（象設計集団/1981年/沖縄県名護市）… 25,39
奈良北団地（住宅・都市整備公団、市浦都市開発建築コンサルタンツ/1971年/奈良市）… 55
なんばパークス（大林組、日建設計、ジャーディ・パートナーシップ/2007年/大阪市）… 91,93,135
新潟市民芸術文化会館（長谷川逸子・建築計画工房/1998年/新潟市）… 17,73
新潟みなとトンネル立坑（小林克弘＋デザインスタジオ建築設計室/2002年/新潟市）… 135
ニコレットモール（ローレンス・ハルプリン/1967年/アメリカ）… 23
西神戸医療センター（共同建築設計事務所/1994年/兵庫県神戸市）… 115
日建設計東京ビル（日建設計/2003年/東京都千代田区）… 101
日本イエス・キリスト教団垂水教会（安藤忠雄建築研究所/1993年/兵庫県神戸市）… 123

日本基督教団原宿教会（アンリ・ゲイダン＋金子文子、シィエル・ルージュ・クレアシオン/2005年/東京都渋谷区）… 123,125
日本大学理工学部駿河台校舎1号館（高宮眞介、1号館建設委員会、佐藤総合計画/2003年/東京都千代田区）… 35
日本橋の家（岸和郎＋ケイ・アソシエイツ/1992年/大阪市）… 45
日本橋三井本館（日本橋三井タワー）（三井不動産/2005年/東京都中央区）… 99,103
ニュートン記念堂（エティエンヌ＝ルイ・ブレ）… 31
ニューヨーク（アメリカ）… 9
ニューヨーク・ニューヨーク（ガスキン＆ベザンスキーアーキテクチュア アンド エンジニアリング＋イェイツ・シルバーマン/1997年/アメリカ）… 113
ネクサス・ワールド・スティーブン・ホール棟（スティーブン・ホール/1991年/福岡市）… 57
ネクサス・ワールド・レム・コールハース棟（レム・コールハース/1991年/福岡市）… 57
NEXT21（大阪ガス実験集合住宅）（大阪ガスNEXT21建設委員会/1993年/大阪市）… 29
能楽殿（白山神社）（1853年（再建）/岩手県平泉町）… 75
パーク・ヒル・ハウジング（シェフィールド市建築局/1961年/イギリス）… 49
ハイアットリージェンシーアトランタ（ジョン・ポートマン＆アソシエイツ/1967年/アメリカ）… 113
ハイアットリージェンシーサンフランシスコ（ジョン・ポートマン＆アソシエイツ/1973年/アメリカ）… 113
ハイポイント・フラッツNo.1（バーソルド・ルベトキン/1935年/イギリス）… 49
バウハウス（ヴァルター・グロピウス/1919年/ドイツ）… 9
バウムシューレンヴェグ・クレマトリウム（アクセル・シュルテス＆シャルロッテ・フランク/1998年/ドイツ・ベルリン）… 129
バスチーユオペラ劇場（カルロス・オットー/1989年/フランス・パリ）… 75
バスティーユ高架鉄道改修（パトリック・ベルジェ（改修）/1995年/フランス）… 29
パソナ新本社ビル（2010年（改修）/東京都千代田区）… 105
バチカン市国（1929年）… 137
バチカン美術館（15世紀/バチカン市国）… 35
客家（中国）… 41
羽根木の森（坂茂建築設計/1997年/東京都世田谷区）… 55
原邸（原広司/1974年/東京都町田市）… 25
パリ国際大学都市（ル・コルビュジエ/1925年（居住開始）/フランス）… 111
パリ国際大学都市・スイス館（ル・コルビュジエ/1933年/フランス）… 111
パリ国際大学都市・ブラジル館（ル・コルビュジエ/1959年/フランス）… 109,111
パリス（バーグマン、ウォールズ＆ヤングブロッド＋イェイツ・シルバーマン＋コヴァックスアソシエイト/1999年/アメリカ）… 113
パルテノン神殿（ギリシャ）… 11
バルセロナパビリオン（ミース・ファン・デル・ローエ/1929年/スペイン）… 27
パレ・アブラクサス（リカルド・ボッフィル/1983年/フランス）… 57
パレスサイドビル（日建設計/1966年/東京都千代田区）… 99
パンテオン（128年/イタリア）… 9
ピカソ・アリーナ（マノロ・ヌーネズ・ヤノヴスキイ/1984年/フランス）… 57
ビッグステップ（環境開発研究所＋赤松菅野建築設計事務所/1993年/大阪市）… 93
日野市立潤徳小学校（1993年（ビオトープ）/東京都日野市）… 61
日野市立中央図書館（鬼頭梓建築設計事務所/1973年/東京都日野市）… 79
ビブリオシカ・アレキサンドリア（スノヘッタ＋ハムザ/2001年/エジプト）… 137
ヒムロハウス（小嶋一浩/C＋A/2002年/大阪府枚方市）… 47
姫路城（1346年/兵庫県姫路市）… 13
平等院ミュージアム鳳翔館（栗生明＋栗生総合計画事務所/2000年/京都府宇治市）… 69
ビルバオ・グッゲンハイム美術館（フランク・O.ゲーリー/1997年/スペイン）… 39
弘前市斎場（前川建築設計事務所/1983年/青森県弘前市）… 127
広島平和記念公園（丹下健三（代表）＋朝田孝＋大谷幸夫＋木村徳四郎/1954年/広島市）… 137
広島基町高層団地（大高建築設計事務所/1972年/広島市）… 49
ファーレ立川（1994年/東京都立川市）… 23
ファティプール・シクリの中心柱（16世紀/インド）… 9,19
ファンズワース邸（ミース・ファン・デル・ローエ/1950年/アメリカ）… 9,27,41
フィッシャー邸（ルイス・カーン/1967年/アメリカ）… 41

フィリップエクセターアカデミー図書館（ルイス・カーン／1972年／アメリカ・エクセター）…79
フォード財団ビル（ケビン・ローチ、ジョン・ディンケルー／1968年／アメリカ）…103
フォルクスオーパー（フランツ・フライヘア・フォン・クラウス＋アレクサンダー・グラフ／1898年／オーストリア・ウィーン）…75
藤岡市鬼石多目的ホール（妹島和世建築設計事務所／2005年／群馬県藤岡市）…83,87
ふじようちえん（手塚建築研究所／2007年／東京都立川市）…61
ブックハウス（SHoP＋Jun Sung Kim／2004年／韓国・坡州）…91,93,95,97
プラダブティック青山店（ヘルツォーク・アンド・ド・ムーロン／2003年／東京都港区）…97
フラミンゴ（ジョージ・ヴァーノン・ラッセル＋リチャード・シュターデルマン／1946年／アメリカ）…113
ブリオンヴェガ墓地（カルロ・スカルパ／1969年／イタリア）…27
ブリッツ馬蹄形ジードルンク（ブルーノ・タウト＆マルティン・ワーグナート／1931年／ドイツ）…49
Bunkamura オーチャードホール（三上祐三＋MIDI綜合設計研究所／1989年／東京都渋谷区）…73
ヘッデルンハイム保育所（フンデルトヴァッサー／1995年／ドイツ）…61
ベネッセハウス（安藤忠雄建築研究所／1992年／香川県香川郡直島町）…19
ベラージオ（デリュイター・バトラー ウィズ アトランディアデザイン＋ジェルドパートナーシップ／1998年／アメリカ）…113
ベルリン国立図書館（ハンス・シャロウン／1978年／ドイツ・ベルリン）…77
ベルリンフィルハーモニーザール（ハンス・シャロウン／1963年／ドイツ・ベルリン）…73
法隆寺金堂・五重塔（7世紀／奈良県生駒郡斑鳩町）…29
ホートンプラザ（ジョン・ジャーディ／1985年／アメリカ）…89
ポーラ五反田ビル（日建設計／1971年／東京都品川区）…101
ポタラ宮（7〜17世紀／中国・チベット自治区）…9
ボンエルフ（横浜市旭区川井宿町）…23
香港上海銀行（ノーマン・フォスター／1986年／香港）…99
本陣市営住宅（長谷川逸子・建築計画工房／2005年／群馬県太田市）…83
ほんまち平安の家（吉田建築設計事務所／1999年／広島県福山市）…119
マイクロメガス（ダニエル・リベスキンド／1978年）…31
前川邸（前川國男／1942年（竣工）／東京都小金井市（移築・1996年））…45
膜の教会 カトリックたかとり教会（坂茂建築設計／2007年／神戸市）…123
増沢邸（増沢洵／1952年／東京都渋谷区）…41
マチュピチュ（15〜16世紀／ペルー）…19
まつだい雪国農耕文化村センター（MVRDV／2003年／新潟県十日町市）…83
まつもと市民芸術館（伊東豊雄建築設計事務所／2004年／長野県松本市）…39,75
マディナジュメイラアラビアンリゾート（2004年／アラブ首長国連邦・ドバイ）…113
マテーラの洞窟（8世紀／イタリア）…25,41
マラパルテ邸（アダルベルト・リベラ／1937年／イタリア）…27
マリーナシティー（バートランド・ゴールドバーグ／1964年／アメリカ）…39,133
丸亀市猪熊弦一郎現代美術館（谷口建築設計研究所／1991年／香川県丸亀市）…67
水の茶室（杉本貴志／2008年）…131
三田NNビル（日本設計／1995年／東京都港区）…39
三菱一号館（ジョサイア・コンドル／1894年／東京都千代田区（復元・2010年））…39
水戸芸術館（磯崎新アトリエ＋三上建築設計事務所／1990年／茨城県水戸市）…75
ミナレット（852年／イラク）…9
宮城県図書館（原広司＋アトリエ・ファイ建築研究所／1998年／仙台市）…79
宮崎台ビレジ（内井昭蔵建築設計事務所／1971年／神奈川県川崎市）…51
宮代町立笠原小学校（象設計集団／1982年／埼玉県南埼玉郡宮代町）…61
宮代町立コミュニティセンター進修館（象設計集団／1980年／埼玉県南埼玉郡宮代町）…83
ミュージアムクォーター・ウィーン（オルトナー＆オルトナー他／2002年／オーストリア・ウィーン）…29
Mews（ロンドン）…29
名谷28団地（神戸市住宅供給公社、ユニットシステム研究所／1981年／兵庫県神戸市）…51
ミラージュ（ジョエル・バーグマン＆マーネル・カラオ／1989年／アメリカ）…113
ムジークフェラインザール（T.ハンセン／1869年／オーストリア・ウィーン）…73
明治大学リバティタワー（日建設計／2000年／東京都千代田区）…39
瞑想の森 各務原市営斎場（伊東豊雄建築設計事務所／2006年／岐阜県各務原市）…129
目黒区庁舎（旧千代田生命ビル）（村野藤吾／1966年、2003年（改修）／東京都目黒区）…29
メゾン・カレ（アルヴァ・アールト／1958年／フランス）…41,43,45,47
メリディアン・リンゴッド（ビルディングワークショップ／1994年（改修）／イタリア）…109
モエレ沼公園（イサム・ノグチ／2005年／北海道札幌市）…27
木材会館（日建設計／2009年／東京都江東区）…101
森山邸（西沢立衛建築設計事務所／2005年／東京都）…25
モン・サン・ミシェル（13世紀／フランス）…137
ユーコート（洛西コーポラティブ住宅）（京の家創り会設計集団 洛西コーポプロジェクトチーム／1985年／京都市）…57
ユニテ・ダビタシオン（ル・コルビュジエ／1952年／フランス）…15,57
用賀プロムナード（象設計集団＋計画技術研究所／1986年／東京都世田谷区）…83
横河電機相模原事業所（竹中工務店／2006年／神奈川県相模原市）…35
ヨコハマインターコンチネンタルホテル（日本設計／1991年／神奈川県横浜市）…109
横浜市市沢地区センター（飯田善彦建築工房／2001年／神奈川県横浜市）…81,87
横浜市北山田地区センター（横浜市建築局建築部庁舎施設課、室伏次郎／スタジオ アルテック／1999年／神奈川県横浜市）…85
横浜市篠原地区センター（槇総合計画事務所／1997年／神奈川県横浜市）…81
横浜市下和泉地区センター（山本理顕建築工場／1997年／神奈川県横浜市）…81,87
横浜市仲町台地区センター（ワークステーション／1995年／神奈川県横浜市）…81,87
横浜市東永谷地区センター（伊東豊雄建築設計事務所／1997年／神奈川県横浜市）…81
横浜ベイクォーター（K計画事務所・三菱地所（基本設計）、三菱地所設計・竹中工務店（実施設計）／2006年／神奈川県横浜市）…89
横浜みなとみらい21（1993年（着工）／神奈川県横浜市）…111
横浜元町（横浜市中区）…23
横浜労災病院（労働福祉事業団営繕部、岡田新一設計事務所、伊藤喜三郎建築研究所／1991年／神奈川県横浜市）…115
4m×4mの家（安藤忠雄建築研究所／2003年／兵庫県神戸市）…45
ライフ・イン京都（若林広幸建築研究所／1986年／京都市）…37
ライブタウン沼袋（エコープランニングオフィス／1978年／東京都中野区）…53,55
ライブタウン浜田山（現代都市建築設計事務所／1976年／東京都杉並区）…51
ラ・ヴィレット科学産業都市（アンドリアン・ファンシルベール／1986年／フランス）…137
ラ・ヴィレット公園（ベルナール・チュミ／1982年／フランス）…21,27,31
落水荘（フランク・ロイド・ライト／1935年／アメリカ）…27,41,43,45
ラ・トゥーレット修道院（ル・コルビュジエ／1960年／フランス）…39
ラ・ロッシュ邸（ル・コルビュジエ／1925年／フランス）…47
リヴァ・サンヴィターレの住宅（マリオ・ボッタ／1973年／スイス）…45
リゾナーレ ガーデンチャペル（クラインダイサムアーキテクツ／2004年／山梨県北都市）…123
龍安寺（1450年（創建）／京都市）…13
リヨンオペラ座（ジャン・ヌーヴェル／1993年／フランス）…29
リライアンスビル（ダニエル・バーナム／1895年／アメリカ）…99
リラ修道院教会（14〜19世紀／ブルガリア）…9
ルイ・ヴィトン表参道（青木淳建築計画事務所／2002年／東京都渋谷区）…97
ルクソー（ベルドン・シンプソンアーキテクツ／1993年／アメリカ）…113
ルツェルン文化・会議センター（ジャン・ヌーヴェル／1999年／スイス）…15
ル・ランシーの教会（オーギュスト・ペレ／1923年／フランス）…11
ローハンプトン団地（1956年／イギリス）…49
六甲の集合住宅（安藤忠雄建築研究所／1983年・1993年／兵庫県神戸市）…37,51
六本木ヒルズ（森ビル、三菱地所、ジャーディ・パートナーシップ他／2003年／東京都港区）…25,39,135
ロビー邸（フランク・ロイド・ライト／1910年／アメリカ）…21
ロンシャン礼拝堂（ル・コルビュジエ／1955年／フランス）…31,37,123
ロンドン サーペンタインギャラリーパビリオン2005内のカフェ（アルヴァロ・シザ、エドゥアルド・ソウト・デ・モウラ／2005年／イギリス）…131
ロンドン市庁舎（ノーマン・フォスター／2002年／イギリス）…15

写真・図版出典

■ 1.1 空間・機能
● 9 ページ
(1) 積田洋
(2,3,4,5,8,10,12,13,14,15,17,18,19,20,21,22,23,24) 福井通
(6) レオナルド・ベネーヴォロ著、佐野敬彦・林寛治訳『図説 世界の都市図 1 古代』相模書房、1983
(7) 都市史図集編集委員会編『都市史図集』彰国社、1999
(9) 鵜沢隆監修『未来都市の考古学』東京新聞、1996
(11) ダグラス・フレイザー著、渡辺洋子訳『未開社会の集落』井上書院、1984
(16) ラッセル・ファーガソン編、東京大学大学院建築史研究室訳『建築の20世紀 終わりから始まりへ』デルファイ研究所、1998

■ 1.2 感覚・知覚
● 11 ページ
(1,2,3,4,5,6,7,10下,14,20,21) 鈴木弘樹
(8) 脳神経外科疾患情報ホームページ『脳の知識』の「脳の機能」をもとに作成
(9) J.J.Fruin 著、長島正充訳『歩行者の空間』鹿島出版会、1974をもとに作成
(10上,11) 日本建築学会編『第3版 コンパクト建築設計資料集成』丸善、2005
(12) 日本建築学会編『第2版 コンパクト建築設計資料集成』丸善、1994（鈴木成文・守屋秀夫・太田利彦ほか著『建築計画』実教出版、1975）
(13) 福地佑介
(15,16,17,18) 高橋研究室編『かたちのデータファイル―デザインにおける発想の道具箱』彰国社、1984
(19) DIC カラーデザインホームページより作成

■ 1.3 記憶・イメージ
● 13 ページ
(1,2,3,5,6,7,8,9,10,13,15,16,19,21) 鈴木弘樹
(4) 北川典義
(11) ケヴィン・リンチ著、丹下健三・富田玲子訳『都市のイメージ』岩波書店、1968
(12) 東京電機大学船越・積田研究室
(14) 羅靖
(17,18,23,24) 赤木徹也
(20) 江山正美「對數的均齊による龍安寺庭園の構成に就て」造園雑誌1935年7月号、日本造園学会
(22) ドリームズ・カム・トゥルーホームページより作成
(25) JIS T 0103 コミュニケーション支援用絵記号デザイン原則 附属書3 をもとに作成

■ 1.4 寸法・比例
● 15 ページ
(1) 戸沼幸一著『人間尺度論』彰国社、1978をもとに作成
(2) 彰国社写真部
(3,4,8) 日本建築学会編『コンパクト建築設計資料集成〈住居〉』丸善、1991
(5,6,10,11,12,13,14,15,16,17,18,21) 金子友美
(7) 芦川智
(9) 日本建築学会編『第3版 コンパクト建築設計資料集成』丸善、2005
(19) 国土交通省編著『高齢者・身体障害者等の利用を配慮した建築設計標準』ひとにやさしい建築・住宅推進協議会、2003
(20) 荒木兵一郎・藤間尚久・田中直人著『図解／バリアフリーの建築設計』彰国社、1995をもとに作成

■ 1.5 アクティビティ・動線
● 17 ページ
(1,2,3,7,16,17,19) 山家京子
(4) 東京大学生産技術研究所藤井明研究室
(5) 日本建築学会編『建築・都市計画のための調査分析方法』井上書院、1987
(6) 『建築計画・設計シリーズ 11 公民館・コミュニティセンター』市ヶ谷出版社、1996
(8) 小林浩志
(9,10,13) シーラカンス アンド アソシエイツ
(11) 伊東豊雄建築設計事務所
(12) 藤本壮介建築設計事務所
(14) 青木淳建築計画事務所
(15) 佐々木一晋
(18) 石井啓輔

■ 1.6 広場・中庭
● 19 ページ
(1,2,3,4,8,9,10,11,12,14,16,17,18,19,21,22) 福井通
(5) 三浦金作著『広場の空間構成』鹿島出版会、1993
(6) レオナルド・ベネーヴォロ著、佐野敬彦・林寛治訳『図説 世界の都市図 1 古代』相模書房、1983
(7) 都市計画教育研究会編『都市計画教科書』彰国社、2001
(13) エドマンド・N. ベイコン著、渡辺定夫訳『都市のデザイン』鹿島出版会、1968
(15) 高橋研究室編『かたちのデータファイル―デザインにおける発想の道具箱』彰国社、1984
(20) Wolfgang Korn『THE TRADITIONAL ARCHITECTURE OF THE KATHMANDU VALLEY』Bhargava Offsets、Varanasi、1976

■ 1.7 アプローチ・シークエンス
● 21 ページ
(1) S.D.S. 編集委員会編『S.D.S. 第7巻 広場』新日本法規出版、1994
(2,3,4,6,7,8,10,11,13,14,15,17,18,19,20) 積田洋
(5) 名鉄犬山ホテルホームページより作成
(9) 日本建築学会編『空間体験』井上書院、1998
(12) 船越徹・積田洋・清水美佐子「参道空間の分節と空間構成要素の分析（分節点・物理量分析）」日本建築学会計画系論文報告集、1988
(16) 船越徹・矢島雲居・真利曜子・清水美佐子「参道空間の研究（その5）」日本建築学会大会学術講演梗概集、1981

■ 1.8 街路・景観
● 23 ページ
(1) 芦原義信著『街並みの美学』岩波書店、1979
(2,3,4,5,6,7,9,10,11,13,14,17) 積田洋
(8) 東京電機大学積田研究室
(12) 濱本紳平・積田洋「イタリア小都市における指摘法実験と心理実験による都市空間の空間構造の研究」MERA Jounal、2007
(15) S.D.S. 編集委員会編『S.D.S. 第7巻 広場』新日本法規出版、1994
(16) 佐々木葉二
(18) 高橋直希

■ 1.9 集落・都市
● 25 ページ
(1) 金子友美
(2,3) 東京大学生産技術研究所藤井明研究室
(4,10,12,15,17,18,19,20,21,22) 山家京子
(5) 都市計画教育研究会編『都市計画教科書』彰国社、2001
(6) 明治大学神代研究室「舟屋のある集落と祭」建築文化1969年6月号、彰国社
(7) 日本建築学会編『空間デザイン事典』井上書院、2006
(8,11) 吉松秀樹
(9) 西沢立衛建築設計事務所
(13) 宗迅
(14) 磯崎新アトリエ
(16) アトリエ・ファイ建築研究所

■ 1.10 ランドスケープ・環境
● 27 ページ
(1,4,5,6,7,8,9,11,12,14,15,20,21,22,24) 鈴木弘樹
(2) 栗生総合計画事務所
(3,18) 天野由佳
(10) 彰国社写真部
(13) 金子友美
(16) 田中朋久
(17) 栗生明
(19) 鈴木信弘
(23) 森美術館『アーキラボ ARCHILAB』平凡社、2005

■ 1.11 保存・再生
● 29 ページ
(1,3,4,5,6,8,9,10,11,12,13,14,16,17,18,19,20,22) 金子友美
(2,15) 日本建築学会編『第2版 コンパクト建築設計資料集成〈住居〉』丸善、2006
(7) 福井通
(21) 芦川智

■ 1.12 図化・表現
● 31 ページ
(1) 藤井旭著『宇宙大全』作品社、2000
(2,3) 福井通
(4) Le Corbusier『Texts and Sketches for Ronchamp』Association oeuvre de N.D.du Haut、1982
(5,9) 伊東豊雄建築設計事務所
(6,17) アトリエ・ファイ建築研究所
(7) 『新建築臨時増刊 建築20世紀 PART 2』1991年6月号、新建築社
(8) 『10＋1 No.3 ノーテーション・カルトグラフィ』INAX、1995
(10) 磯崎新アトリエ

(11) Le Corbusier『Ronchamp』Association oeuvre de N.D.du Haut、1975
(12)「a+u 臨時増刊号　Rem Koolhaas」a+u 2000 年 5 月号、エー・アンド・ユー
(13) 望月諭（神奈川大学）
(14,15,16) 鵜沢隆監修『未来都市の考古学』東京新聞、1996

■ 2.0 計画と設計
● 35 ページ
(1) 建築設計テキスト編集委員会編『建築設計テキスト　商業施設』彰国社、2008 をもとに作成
(2,3,4,5,6) 建築設計テキスト編集委員会編『建築設計テキスト　事務所建築』彰国社、2008 をもとに作成
(7,9,11) 西日本工高建築連盟編『新建築設計ノート　オフィスビル』彰国社、1989
(8) 玉尾祐輝
(10,12,14) 中山誠健
(13) 日本建築学会編『第 3 版　コンパクト建築設計資料集成』丸善、2005 をもとに作成
(15) 建築申請実務研究会編『建築申請 memo2007』新日本法規出版、2007
(16) 彰国社写真部
● 37 ページ
(1) 空気調和・衛生工学会適正器具数小委員会編『衛生器具の適正個数に関する調査研究報告書』空気調和・衛生工学会、1983
(2,5,6) 西日本工高建築連盟編『新建築設計ノート　オフィスビル』彰国社、1989
(3,8) 日本建築学会編『第 3 版　コンパクト建築設計資料集成』丸善、2005
(4,10,11,13,17,19,20,21) 積田洋
(7)『東京都福祉のまちづくり条例施設整備マニュアル』東京都福祉保健局、2000
(9,12,15,18) 東京電機大学積田研究室
(14) 鈴木弘樹
(16) 中山佳彦
(22,23) Le Corbusier jacques Gutto、MONITEUR、1982
● 39 ページ
(1,3,5,7,9,11,13,15) 東京電機大学積田研究室
(2,6,8,21,23) 中山佳彦
(4) 増田祐大
(10,29) 中山誠健
(14,16,18,25,27,28,31) 積田洋
(12,17,20) 積田洋「都市的オープンスペースの空間意識と物理的構成との相関に関する研究」日本建築学会計画系論文報告集、2005
(19) 須賀睦
(22) 土田寛「プレイス・マーキング法による都市のパブリックスペースにおける行動・行為の嗜好空間の研究」東京電機大学学位請求論文、2006
(24) 積田洋・玉尾祐輝・徐華「吹抜け空間における幅・奥行・高さの認知特性の研究」日本建築学会計画系論文集、2001
(26) 渡部和生 / 惟建築計画
(30) 土田寛

■ 2.1 住居
● 41 ページ
(1) 赤木徹也
(2,8,11,12,14) 鈴木弘樹
(3,9,10,13) 福井通
(4,6,7) 天野由佳
(5) 福地佑介
(15) 増沢洵
(16) 彰国社写真部
● 43 ページ
(1) 彰国社写真部（畑拓）
(2,15) 花里真道
(3,7,16,18) 鈴木弘樹
(4) 彰国社写真部
(5,9,10) 日本建築学会編『第 2 版　コンパクト建築設計資料集成〈住居〉』丸善、2006
(6) 西日本工高建築連盟編『新建築設計ノート　住宅』彰国社、1989
(8) 建築設計テキスト編集員会編『建築設計テキスト　住宅』彰国社、2009
(11,12,13) 天野由佳
(14,17) 福地佑介
● 45 ページ
(1,2,4,13,14,15,16,17,22)　鈴木弘樹
(3) 二川幸夫
(5) 福地佑介
(6,7) 山家京子
(8) 東孝光建築研究所
(9,11) 彰国社写真部
(10) 安藤忠雄建築研究所
(12) 川口通正
(18,19) 赤木徹也

(21) 平井広行
(23) 西沢立衛建築設計事務所
(24) 妹島和世建築設計事務所
● 47 ページ
(1) 建築設計テキスト編集委員会編『建築設計テキスト　住宅』彰国社、2009 をもとに作成
(2) 日本建築学会編『建築設計資料集成［総合編］』丸善、2001
(3) 日本建築学会編『第 2 版　コンパクト建築設計資料集成〈住居〉』丸善、2006
(4) 金子友美
(5,6) 鈴木弘樹
(7) 彰国社写真部（畑拓）
(8,10,11) 彰国社写真部
(9) 小嶋一浩 / シーラカンス アンド アソシエイツ
(12) 福地佑介
(13) 篠原一男
(14) 伊東豊雄建築設計事務所
● 49 ページ
(1) ラッセル・ファーガソン、ゼイネップ・セリク著、東京大学大学院建築史研究室訳『建築20世紀 ― 終わりから始まりへ』デルファイ研究所、1999
(2)「新建築臨時増刊 建築20世紀 PART 1」1991年1月号、新建築社
(3) 日本建築学会編『近代建築史図集　新訂』彰国社、1976
(4)「建築文化」1967年3月号、彰国社
(5) 鈴木成文著『鈴木成文住居論集　住まいの計画・住まいの文化』彰国社、2004（原案設計・東京大学吉武研究室）
(6) 新建築学大系編集委員会編『新建築学大系 20 住宅地計画』彰国社、1985 をもとに作成
(7,9,10,12,14,16,17) 安原治機
(8) 日本建築学会編『競技設計入選図集 2』彰国社、1957
(11) 新建築学大系編集委員会編『新建築学大系 28 住宅の設計』彰国社、1988
(13) 大谷幸夫 + 大谷研究室
(15,18) 内井昭蔵建築設計事務所
● 51 ページ
(1) 新建築学大系編集委員会編『新建築学大系 28 住宅の設計』彰国社、1988 をもとに作成
(6,7,8,9,10,13,14,18,19) 安原治機
(2,3) 赤木徹也
(4,5) 内井昭蔵建築設計事務所
(11) 神戸市住宅供給公社、ユニットシステム研究所
(12) 彰国社写真部
(15,16) 現代計画研究所
(17) 現代都市建築設計事務所
● 53 ページ
(1,4) 石川県、現代計画研究所
(2,3) 赤木徹也
(5,8) エコープランニングオフィス
(6,7,10,11,15,16,21,22) 安原治機
(9) 一色建築設計事務所
(12) 日本建築学会編『第 2 版　コンパクト建築設計資料集成』丸善、1994 をもとに作成
(13) 新建築学大系編集委員会編『新建築学大系 28 住宅の設計』彰国社、1988 をもとに作成
(14,17) 日本住宅公団関西支社、環境・建築研究所
(18) 山本理顕設計工場
(19) 大野繁
(20) 福井通
(23) 住宅・都市整備公団、坂倉建築研究所
● 55 ページ
(1,12) 新建築学大系編集委員会編『新建築学大系 28 住宅の設計』彰国社、1988 をもとに作成
(2,3,4,5,6,9,10,13,15) 安原治機
(7) 大高建築設計事務所
(8) 彰国社写真部
(11) 新建築写真部
(14) 赤木徹也
(16) 平井広行
(17) 坂茂建築設計
(18,19) 彰国社写真部（畑拓）
(20) DON工房 / 大野正博
● 57 ページ
(1,5) 日本建築学会編『第 2 版　コンパクト建築設計資料集成』丸善、1994
(2) 山家京子
(3,6,13,14,17) 安原治機
(4) 福井通
(7) 槇総合計画事務所
(8,9,10,11,18,19,20,21) 赤木徹也
(12) 京の家創り設計集団洛西コーポプロジェクトチーム
(15) 金子友美

(16) 日本建築学会編『第2版 コンパクト建築設計資料集成〈住居〉』丸善、2006
(22) 楢崎恭介

■ 2.2 教育
● 59 ページ
(1,3,7) 日本建築学会編『第2版 コンパクト建築設計資料集成』丸善、1994
(2) 日本建築学会編『第3版 コンパクト建築設計資料集成』丸善、2005
(4,5,6) 赤木徹也
● 61 ページ
(1) 手塚建築研究所
(2,3,4,5,6) 木田勝久/FOTOTECA
(7,8,9,10,11,12,13,14,15,22,23,24,25,26,27,28) 赤木徹也
(16,17,19,20,21) 金子友美
(18) シーラカンス アンド アソシエイツ
(29) 谷川正己編著『図面で見るF.L.ライト 日本での全業績』彰国社、1995
● 63 ページ
(1,2,4,5,6,8,9,10,11,12,13,14,15,16,17,18,19,20,22,24) 赤木徹也
(3) 藤木隆男建築研究所
(7)『新建築 建築20世紀PART2』新建築社、1991
(21) 山本理顕設計工場
(23) 丹下都市建築設計
● 65 ページ
(1) 丹下健三・都市・建築設計研究所
(2,3,4,12,13,14,15,17,18,19,20,21) 赤木徹也
(5,6,7,8,9) 鈴木信弘
(10,11) 日本建築学会編『建築設計資料集成 教育・図書』丸善、2003
(16) 安藤忠雄建築研究所

■ 2.3 文化
● 67 ページ
(1,9,13,14) 日本建築学会編『第2版 コンパクト建築設計資料集成』丸善、1994
(2,3,4,6,7,8,10,11,12,15,16,17,18) 積田洋
(5) 建築思潮研究所編『建築設計資料49 美術館2』建築資料研究社、1994をもとに作成
● 69 ページ
(1) 谷口建築設計研究所
(2,3,4,6,7,8,10,11,13,14,15) 積田洋
(5) SANAA
(9) アトリエ・ファイ建築研究所
(12) 日本建築学会編『第2版 コンパクト建築設計資料集成』丸善、1994
(16) 鈴木弘樹
(17) ナカサ＆パートナーズ
● 71 ページ
(1) 日本建築学会編『建築設計資料集成 総合編』丸善、2001
(2,3,4,7) 日本建築学会編『第2版 コンパクト建築設計資料集成』丸善、1994
(5,9) 積田洋
(6) OPERAS D'EUROPE
(8) 岡田光正、柏原士郎、辻正矩、森田孝夫、吉村英祐著『現代建築学 建築計画2』鹿島出版会、1993
(10) ENCYCLOPAEDIA BRITANNICA（S.D.S.編集委員会編『S.D.S.第5巻 劇場・コンサートホール』新日本法規出版、1995）
● 73 ページ
(1) 古谷誠章/NASCA、茅野市設計事務所協会
(2) 三精輸送機株式会社
(3) 前川國男建築設計事務所
(4,5,6,8,9,11,12,13,15,16,17,18) 積田洋
(7,10) S.D.S.編集委員会編『S.D.S.第5巻 劇場・コンサートホール』新日本法規出版、1995
(14) 安井建築設計事務所
(19) 土田寛
(20) OPERAS D'EUROPE
● 75 ページ
(1,2,9) S.D.S.編集委員会編『S.D.S.第5巻 劇場・コンサートホール』新日本法規出版、1995
(3,4,6,8,10,11,13,14,16,18,19) 積田洋
(5) 伊東豊雄建築設計事務所
(7) 中山誠健
(12) 日本建築学会編『第2版 コンパクト建築設計資料集成』丸善、1994
(15) 中山佳彦
(17) 大江宏建築事務所
● 77 ページ
(1,3,7,8) 日本建築学会編『第2版 コンパクト建築設計資料集成』丸善、1994
(2) 日本建築学会編『建築設計資料集成 建築・文化』丸善、1981
(4,6,14) 積田洋
(5) Friedemann Wild編『e+p 10 図書館』集文社、1984

(9,10) 陶器二三雄著『国立国会図書館関西館の建築』丸善、2003
(11) 彰国社写真部（畑拓）
(12) 陶器二三雄建築研究所
(13) 鈴木信弘
● 79 ページ
(1) 鬼頭梓建築設計事務所
(2,3,6,7,9,10,11) 積田洋
(4,5) アトリエ・ファイ建築研究所
(8) 第一工房
(12) 日本建築学会編『空間演出』井上書院、2000
(13,14) 鈴木信弘

■ 2.4 コミュニティセンター
● 81 ページ
(1,2) 福井通
(3,4) 金子友美
(5) 都市計画教育研究会編『都市計画教科書 第3版』彰国社、2001をもとに作成
(6) 吉松秀樹
(7,8,10,11,13,14,15,16,18) 山家京子
(9) ワークステーション
(12) 飯田善彦建築工房
(17) 伊東豊雄建築設計事務所
(19) 相田武文設計研究所
● 83 ページ
(1,3,4,15) 鈴木弘樹
(2) 金子友美
(5) 新居千秋都市建築設計
(6,9,10,13,14) 山家京子
(7,8,11,12) ワークステーション
(16,17,18,19,20,21,22) 重村力
● 85 ページ
(1) 日本建築学会編『建築設計資料集成7 建築・文化』丸善、1981
(2)『建築計画・設計シリーズ11 公民館・コミュニティセンター』市ヶ谷出版社、1996をもとに作成
(3,4,5,6,7,8,9,10,11,12,13) 室伏次郎/スタジオ アルテック
(14,15,16,17) 山家京子
● 87 ページ
(1,2) 日本建築学会編『第2版 コンパクト建築設計資料集成』丸善、1994
(3,4,5,6,7,8,9,10,12,14,15,16,17,18,20) 山家京子
(11) 長谷川逸子建築計画工房
(13,19) 重村力

■ 2.5 商業
● 89 ページ
(1) 日本建築学会編『建築設計資料集成 業務・商業』丸善、2004
(2,6) 建築設計テキスト編集委員会編『建築設計テキスト 商業施設』彰国社、2008
(3,4,5,7,8,9) 福井通
● 91 ページ
(1,3,4,12,13,14) SHoP＋Jun Sung Kim
(2,5,11) 福井通
(6,7,8) 大林組（「建築雑誌増刊 作品選集2011」日本建築学会、2011）
(9,10) 建築設計テキスト編集委員会編『建築設計テキスト 商業施設』彰国社、2008
● 93 ページ
(1,2,6,7,8,9,12) SHoP＋Jun Sung Kim
(3,4,5,10,11,14) 福井通
(13) 大林組「建築雑誌増刊 作品選集2011」日本建築学会、2011）
● 95 ページ
(1,2,3,4) SHoP＋Jun Sung Kim
(5,6,7,8,9,10,11,13,14,16,17) 福井通
(12) 日本設計
(15) 商店建築社編『ショッピング施設の環境デザイン』商店建築社、2003
● 97 ページ
(1,2,3,4,5,6) SHoP＋Jun Sung Kim
(7) 伊東豊雄建築設計事務所
(8,9,10,11,12,13) 福井通

■ 2.6 業務
● 99 ページ
(1,2,5,7,8,10,11,12,13) 花里真道
(3,9) 建築設計テキスト編集委員会編『建築設計テキスト 事務所建築』彰国社、2008
(4) 鈴木弘樹
(6) 福地佑介
(14,15) 竹中工務店
● 101 ページ
(1,2,3,4) 鈴木弘樹

(5,6,7,10) 日建設計
(8) 建築設計テキスト編集委員会編『建築設計テキスト 事務所建築』彰国社、2008
(9) 三菱地所設計
(11) 花里真道
● 103 ページ
(1,5,10,12,13) 建築設計テキスト編集委員会編『建築設計テキスト 事務所建築』彰国社、2008
(2,3,4) 建築図解事典編集委員会編『図解事典／建築のしくみ』彰国社、2001
(6) 久米設計
(7,8) 花里真道
(9) 日本建築学会編『第 2 版 コンパクト建築設計資料集成』丸善、1994
(11) 鈴木弘樹
● 105 ページ
(1,2,3,4,5,6,12,13) 花里真道
(7,11) 建築設計テキスト編集委員会編『建築設計テキスト 事務所建築』彰国社、2008
(8) 日建設計
(9) KAJIMA DESIGN
(10) 竹中工務店
● 107 ページ
(1,2,3) 西日本工高建築連盟編『新建築設計ノート オフィスビル』彰国社、1989
(4,5,7) 建築設計テキスト編集委員会編『建築設計テキスト 事務所建築』彰国社、2008
(6) 日本建築学会編『建築資料集成 4 単位空間II』丸善、1980
(8) SS 東京
(9) イトーキ
(10) クライン・ダイサム・アーキテクツ
(11,12) イリア
(13) ケミレスタウン・プロジェクト

■ 2.7 宿泊
● 109 ページ
(1,2,3,4,5,6,7,8,9,10,11,16,18,20) 赤木徹也
(12) 吉江憲吉著『ホテル計画と設計』槙書店、1980
(13) 日本建築学会編『第 2 版 コンパクト建築設計資料集成』丸善、1994
(14) 彰国社編『建築計画チェックリスト 宿泊施設 新訂版』彰国社、1996
(15) 日本建築学会編『建築設計資料集成 余暇・宿泊』丸善、2002
(17) 日建設計
(19) ウィリー・ベージガー編、安藤正雄訳『ル・コルビュジエ』A.D.A EDITA Tokyo、1975
● 111 ページ
(1,2,3,8,9,10,11,12,13,15,16,17,18,19,20,21,22) 赤木徹也
(4,5,6,7) 安原治機
(14)『GA No.57〈ジョン・ポートマン〉』A.D.A EDITA Tokyo、1980
● 113 ページ
(1) 日本建築学会編『建築設計資料集成 余暇・宿泊』丸善、2002
(2,3,4,5,6,7,8,9,11,12,13,14,15,16,17,18,19,20,21,22,23,24,25,26) 赤木徹也
(10)『GA No.28〈ジョン・ポートマン〉』A.D.A EDITA Tokyo、1974

■ 2.8 医療・福祉
● 115 ページ
(1,2,3,4,6) J.D.Thompson、G.Goldin「The Hospital : A Social and Architectural History」Yale University Press、1975（S.D.S. 編集委員会編『S.D.S. 第 4 巻 医療・福祉』新日本法規出版、1995）
(5) N.Pevsner「A History of Building Types」Princeton University Press、1976（S.D.S. 編集委員会編『S.D.S. 第 4 巻 医療・福祉』新日本法規出版、1995）
(7) The Builder、April 14、1866（S.D.S 編集委員会編『S.D.S 第 4 巻 医療・福祉』新日本法規出版、1995）
(8) A.J.Ochner and M.J.Sturm「The Organization、Construction and Management of Hospitals」Cleveland Press、1997（S.D.S. 編集委員会編『S.D.S. 第 4 巻 医療・福祉』新日本法規出版、1995）
(9) 柳澤忠『病院建築 No.57 最近のアメリカ病院事情』日本病院建築協会、1982（S.D.S. 編集委員会編『S.D.S. 第 4 巻 医療・福祉』新日本法規出版、1995）
(10) 長澤泰（S.D.S. 編集委員会編『S.D.S. 第 4 巻 医療・福祉』新日本法規出版、1995）
(11) S.D.S. 編集委員会編『S.D.S. 第 4 巻 医療・福祉』新日本法規出版、1995
(12,14,18左,22,25,26,27,29,30,31) 鈴木弘樹
(13,17,20)「病院建築 No.145」日本医療福祉建築協会
(15,21) 彰国社写真部（畑拓）
(16) INA 新建築研究所
(18 右,23,24) 中山茂樹
(19) 伊藤喜三郎建築研究所
(28) 彰国社写真部

● 117 ページ
(1) 厚生統計協会編『日本の患者と医療施設』1999
(2) 日本建築学会編『第3版 コンパクト建築設計資料集成』丸善、2005 をもとに作成
(3,4)「病院建築 No.145」日本医療福祉建築協会、S.D.S. 編集委員会編『S.D.S. 第 4 巻 医療・福祉』新日本法規出版、1995 をもとに作成
(5) 鈴木弘樹
(6,7,8,10) 中山茂樹
(9) 澤谷徳幸
● 119 ページ
(1,2,3,4,5) 足立啓
(6,7,8,9,10,11) 狩野徹
(12,13,14,15,16,17) 赤木徹也
● 121 ページ
(1) 象設計集団
(2) 建築思潮研究所編『建築設計資料71 特別養護老人ホーム』建築資料研究社、2001
(3) 公共施設研究所
(4,6) 安原治機
(5,7,9,10,11,12,13) 赤木徹也
(8) 足立啓

■ 2.9 祝祭
● 122 ページ・表
日本建築学会編『建築設計資料集成 総合編』丸善、2001
● 123 ページ
(1,2,4,5,8,9,10,11,12,13,14,17,18,19,21,22,24,25,26,27,28) 金子友美
(3) 日本建築学会編『西洋建築史図集 三訂版』彰国社、1983
(6) 芦川智
(7) 坂茂建築設計
(15,16) 横濱久美子
(20) レーモンド建築設計事務所
(23) シィエル・ルージュ・クレアシオン
● 125 ページ
(1,2,3,4,7,8,9,13,22,25,26,27,28) 金子友美
(5) 昭和女子大学芦川研究室
(6) 坂倉建築研究所
(10,11,14,15,18,19,23,24) 赤木徹也
(12) 丹下健三・都市・建築設計研究所
(16,17) 山口英恵
(20,21) 村野・森建築事務所
● 127 ページ
(1,4,5,6,7,13,15,16,17,18,19) 金子友美
(2,9,10,11) 鈴木弘樹
(3) 高木亜紀子
(8) 前川建築設計事務所
(12) 日本建築学会編『建築設計資料集成 総合編』丸善、2001
(14) 槇総合計画事務所
● 129 ページ
(1,4) 日本建築学会編『建築設計資料集成 総合編』丸善、2001
(2,3) 高畑緑
(5,6,7,8,9,10,11,12,18) 佐藤理都子
(13,14,15,17,19) 横濱久美子
(16) 伊東豊雄建築設計事務所
● 131 ページ
(1,2,3,10,11,12,14,16,17,23,25,26,27,28) 金子友美
(4,5) 鶴田佳子
(6) 日本建築学会編『第3版 コンパクト建築設計資料集成』丸善、2005、『図説 茶室の歴史』淡交社
(7) 日本建築学会編『日本建築史図集 新訂第三版』彰国社、2011
(8,9) 鈴木弘樹
(13,15) 横濱久美子
(18,22) 東京都庭園美術館冊子 旧朝香宮邸のアールデコ
(19,20,21) 渡邉恵未
(24) 藤森照信

■ 2.10 複合
● 133 ページ
(1,2,3,4,5) 日本建築学会編『建築設計資料集成 総合編』丸善、2001
(6,7,8,9,10,11) 赤木徹也
● 135 ページ
(1,3,4,6,7,8,9,10,11,12,13,14,16,17,18,19,20,21,22,23) 赤木徹也
(2) アトリエ・ファイ建築研究所
(5) 大林組
(15) 森ビルほか
● 137 ページ
(1,2,4,5,6,7,8,9,10,11,12,14,15,16,17,18,19,20) 赤木徹也
(3) ラファエル・ヴィニオリ建築士事務所
(13) 丹下健三計画研究室

著者紹介

積田 洋（つみた ひろし）
- 1951年　東京都生まれ
- 1975年　東京電機大学工学部建築学科卒業
　　　　　同研究室、設計事務所勤務を経て
- 1978年　東京電機大学工学部建築学科助手
- 現　在　東京電機大学未来科学部建築学科教授
　　　　　博士（工学）

主な著書：『建築・都市計画のための空間学事典　増補改訂版』『空間デザイン事典』『建築・都市計画のための空間計画学』『空間体験』『空間演出』（以上共著、井上書院）、『人間環境学』（共著、朝倉書店）、『地域施設の計画』（共著、丸善）、〈建築設計テキストシリーズ〉『事務所建築』『図書館』『併用住宅』（共著、彰国社）ほか

福井 通（ふくい とおる）
- 1945年　高知県生まれ
- 1969年　神奈川大学工学部建築学科卒業
　　　　　神奈川大学工学部建築学科技術員
- 1970年　神奈川大学工学部建築学科助手
- 2007年　神奈川大学工学部建築学科助教
- 現　在　日本建築学会関東支部神奈川支所長

主な著書：『建築・都市計画のための調査・分析方法　改訂版』『空間デザイン事典』『建築・都市計画のための空間学事典　増補改訂版』『空間体験』『空間演出』『空間要素』（以上共著、井上書院）、『新・建築外部空間』（共著、市ヶ谷出版社）、『地域施設の計画』（共著、丸善）、『建築設計テキスト　商業施設』（共著、彰国社）ほか

赤木 徹也（あかぎ てつや）
- 1967年　大阪府生まれ
- 1990年　関西大学工学部建築学科卒業
- 1992年　関西大学大学院工学研究科建築学専攻修士課程修了
　　　　　清水建設設計本部勤務
- 2001年　工学院大学工学部建築学科専任講師
- 2004年　工学院大学工学部建築学科助教授
- 2007年　工学院大学工学部建築学科准教授
- 2015年　工学院大学建築学部建築デザイン学科教授
　　　　　博士（工学）
- 2020年　死去

主な著書：『建築デザイン用語辞典』『空間デザイン事典』『建築・都市計画のための空間学事典　増補改訂版』『空間要素』（以上共著、井上書院）、『認知症高齢者が安心できるケア環境づくり』（共著、彰国社）ほか

金子 友美（かねこ ともみ）
- 1965年　栃木県生まれ
- 1993年　昭和女子大学大学院修士課程修了
- 1997年　一級建築士事務所 CLIP 共同設立
- 1998年　昭和女子大学生活科学部生活環境学科専任講師
- 2008年　昭和女子大学生活科学部生活環境学科准教授
- 2013年　昭和女子大学大学院生活機構研究科生活機構学専攻博士課程修了
- 現　在　昭和女子大学大学院生活機構研究科環境デザイン研究専攻教授
　　　　　博士（学術）

主な著書：『建築デザイン用語辞典』『空間デザイン事典』『建築・都市計画のための空間学事典　増補改訂版』『空間要素』『空間演出』（以上共著、井上書院）、『世界の広場への旅　もうひとつの広場論』『建築設計テキスト　併用住宅』（共著、彰国社）ほか

鈴木 弘樹（すずき ひろき）
- 1966年　新潟県生まれ
- 1991年　東京電機大学理工学部建設工学科修士課程修了
　　　　　栗生総合計画事務所勤務
- 2006年　千葉大学工学部デザイン工学科建築系助手
- 現　在　千葉大学大学院工学研究院建築学コース准教授
　　　　　博士（工学）

主な著書：『空間デザイン事典』（共著、井上書院）、『建築設計テキスト　事務所建築』（共著、彰国社）ほか

主な作品：植村直已冒険館*、平等院宝物館*ほか（*栗生総合計画事務所在籍時担当）

山家 京子（やまが きょうこ）
- 1959年　大阪府生まれ
- 1982年　京都工芸繊維大学工芸学部住環境学科卒業
- 1984年　東京大学大学院工学系研究科建築学専攻修士課程修了
　　　　　大林組設計部、東京大学大学院工学系研究科建築学専攻博士課程、東京大学生産技術研究所助手を経て
- 1997年　神奈川大学工学部建築学科専任講師
- 現　在　神奈川大学工学部建築学科教授
　　　　　博士（工学）

主な著書：『空間デザイン事典』『建築・都市計画のための空間学事典　増補改訂版』（以上共著、井上書院）、『アジアのまち再生』（共著、鹿島出版会）、『図説日本建築年表』『建築設計テキスト　商業施設』（以上共著、彰国社）ほか

建築空間計画

2012年 9月20日　第1版 発　行
2020年12月10日　第1版 第3刷

著　者　積　田　　　洋・福　井　　　通
　　　　赤　木　徹　也・金　子　友　美
　　　　鈴　木　弘　樹・山　家　京　子

発行者　下　出　雅　徳

発行所　株式会社　彰　国　社

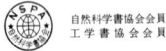

　　　　162-0067 東京都新宿区富久町8-21
　　　　電話 03-3359-3231（大代表）
　　　　振替口座　00160-2-173401

著作権者との協定により検印省略

Printed in Japan
©積田洋（代表）　2012年
ISBN978-4-395-02002-7　C 3052

印刷：壮光舎印刷　製本：誠幸堂
https://www.shokokusha.co.jp

本書の内容の一部あるいは全部を、無断で複写（コピー）、複製、および磁気または光記録媒体等への入力を禁止します。許諾については小社あてご照会ください。